教育部人文社会科学重点研究基地
河南大学黄河文明与可持续发展研究中心

河南大学历史文化学院

资助出版

黄河文化与日本

李玉洁 著

科学出版社
北京

图书在版编目（CIP）数据

黄河文化与日本/李玉洁著.—北京：科学出版社，2013.9
ISBN 978-7-03-038685-4

Ⅰ．①黄… Ⅱ．①李… Ⅲ．①文化-研究-日本 Ⅳ．①G131.3

中国版本图书馆CIP数据核字（2013）第226184号

责任编辑：牛　玲/责任校对：刘亚琦
责任印制：徐晓晨/封面设计：无极书装
编辑部电话：010-64035853
E-mail：houjunlin@mail.sciencep.com

科学出版社 出版
北京东黄城根北街16号
邮政编码：100717
http://www.sciencep.com

北京凌奇印刷有限责任公司 印刷
科学出版社发行　各地新华书店经销

*

2013年11月第 一 版　开本：720×1000 1/16
2021年 3 月第三次印刷　印张：17 3/4
字数：323 000

定价：68.00元
（如有印装质量问题，我社负责调换）

序

河南大学李玉洁教授与我初识是在1983年,到现在正好是30年了。她长期沉潜于中国古代历史文化研究,著述甚多,我大多读过,还为她的两本专著写过小序。然而,出我意外的是,2007~2008年,她应邀赴日本皇学馆大学研究,竟尽一年精力对日本的历史文化作细致系统的考察,归国后将其知见感想整理出来,撰成这部具有独到学术见解的著作《黄河文化与日本》。

自晚清以来,中国学人前往日本考察、游学、访问的不可胜数,有的还曾经在日本久居;然而能利用机会从中日文化交流史的角度与视野,专心研究当地的文化内涵,并且形成自己见解的,却实在不多。从这一点上说,李玉洁教授的这部书是值得推荐的。

我一贯认为,中国学术界对周围邻近国家的历史文化,应该有正确的了解、深入的研究。这既是学术的需要,也是现实的要求。近些年,大家在努力推进汉学的研究,可以说已经是粗具规模,成了气候;然而多数人讲国际汉学,主要指西方的汉学,对于在文化交流方面与中国有着悠久历史的日本汉学,研究和介绍的都很有限,这不能不说是憾事。

接触过日本汉学的人,都不会不知道著名的汉学家吉川幸次郎教授。他在20世纪二三十年代留学中国,著有《我的留学记》[①]。该书收有他的演讲《中国人的日本观和日本人的中国观》,强调指出中国人和日本人关于对方的历史文化都存在误解,"日中两国之间要产生真正的友情,第一步必须是互相真正地了解对方,必须舍弃过去那种双方只从自己方面来解释对方的天真态度"。他

---

① 〔日〕吉川幸次郎:《我的留学记》,钱婉约译,光明日报出版社,1999年。

还特别提到"学问是社会理性的中心"。吉川幸次郎教授详细地论述了学术界在这方面研究的必要性和重要性。这番话当然有其特定的时代背景，但还是有可借鉴之处。

李玉洁教授在本书"绪论"开头说："中国和日本是一衣带水的邻邦。在日本，对于我这个研究历史的人来说，满眼见到的都是历史。"这段话讲得很好。吉川幸次郎书的中译本封面有副题"日本人眼中的近代中国"。李玉洁教授这部书也可以说是：一位中国历史学家眼中的日本。相信李玉洁教授在与日本学术界不断的交流中，对日本文化有更进一步的研究和论述。

李学勤

2013 年 7 月 23 日于北京清华园

自 序

2007~2008年，为了完成项目"黄河文明的历史变迁"的研究，考察黄河文明对日本文化的影响，笔者受河南大学的派遣与日本皇学馆大学的邀请，成为皇学馆大学的客座研究员，为期一年。

日本这个国家的名字，对每个中国人来说都太熟悉了。在日本，对于笔者这样一个研究历史的人来说，满眼见到的都是历史和文化，处处都能感受到中国文化对日本的影响。日本的文字、文化、风俗等，多起源于中国。奈良、平安时代中日的友好；明治以后，甲午海战以及第二次世界大战时期日本带给中国的伤痛；历史上的风云变幻、恩怨情仇在两个民族之间留下了深深的印痕。

但是，初到日本时，笔者仍然感到这是一个陌生的国度。笔者仔细地体会着、揣摩着所发现和所经历的一切，观察着周围的人和事。

笔者在日本皇学馆大学工作。皇学馆大学位于伊势市，因此本书就以皇学馆大学及笔者所居住的伊势市为中心进行研究。伊势市，是一个很古老的小山城，是日本天皇祖庙——著名的伊势神宫的所在地，被誉为"日本的心"；古代曾被称为"势国"、"势州"等，有着深厚的文化底蕴。至今，伊势仍保留着很多古老的风俗，表现出更为传统的日本文化和敦厚的古风。

笔者对伊势所遇见的人物或事件进行考察，大概是出于历史学研究者的习惯，如对日本的巫女、女皇的考证，对其元日、盂兰盆节、迎秋、成人节、敬老节、石头崇拜、稻荷崇拜、田植祭、鬼门观念、动物崇拜进行探讨，并对这些历史文物、民间节日、人文信仰与华夏文化的关系等都进行认真的研究。

伊势小城保留着非常纯朴的民风。如果你在街上向一个陌生人看一眼，他马上就会和你打招呼问好；如果你问路，伊势人也会很热情地为你指路，甚至亲自带领你，一直到你所要到的地方。记得有一次，我向一位老先生询问伊势的寂照寺在什么地方。由于寂照寺离我问路的地方不远，那位先生就带我去了那里。当他知道我是中国人时，他说："离此不远还有一个古建筑，您愿意去看吗？"我当然愿意，也很高兴。于是，他又带我去看了伊势有名的、距今已有200多年历史的麻吉旅馆。

我所居住的皇学馆会馆离伊势市中心大约七八里路。有一次，我要到伊势市里去，向一位先生问路。那位先生正要骑摩托车外出，见我问路，便马上换了汽车说要带我一起到伊势市，这让我非常感谢。

在伊势我见到了全民参加的马拉松赛跑，许多白发苍苍的老人也参与其列，让我感到日本民族向上的热情与活力。

古代的日本确实学习中国，而现在日本其实也有很多值得我们学习的地方。日本对自然环境的爱护也是很值得称道的。例如，日本很早就进行了垃圾分类，伊势街道非常整洁，五十铃川河水清澈见底。日本汽车很多，但是交通有序。著名的富士山，公路只通到半山腰，没有通到山顶，以防对自然环境造成破坏。

我见到的日本人都很勤劳，也很节俭，对待工作非常认真。据说，日本人在教育孩子时，总是说"我们的国家资源极度贫乏，要俭省节约"。我觉得他们这样教育孩子是对的。我所在的皇学馆大学没有一辆汽车是公车，学校因此节省了许多不必要的开支。

日本的文物古迹保存得很好，除去遭到火灾、地震等天灾破坏以外，遭到人为破坏损毁的很少，例如京都。作为日本的千年国都，京都至今仍保存着3000多座寺庙和神社，有16处世界遗产。为了保护地面上的文物古迹，京都、奈良不修地铁，以免对地上文物造成损坏。

当然，京都、奈良文物的保护也得益于第二次世界大战时期同盟国家的宽容。1944年冬，当时日本败局已定，美国准备轰炸日本。清华大学营建系主任梁思成先生接受了一个新的职务——中国战区文物保存委员会副主任。梁教授的任务是每天用铅笔在给他的那些军用地图上，将太平洋战区内的重要历史名城和文物古迹、寺庙、古塔、博物馆等一一标出，以便在轰炸时予以保护。梁思成教授在地图上标出京都和奈良，向美国第十四航空队目标官史克门提出"免炸"京都和奈良的建议①。梁教授的建议对京都和奈良文物的保护起了重要的作用。

在考察日本期间，笔者每到一处，都注意观察当地的人文景观与风俗，研究其历史背景以及该处景观与中国文化的联系，研究日本与中国文化风俗的联系与差别等。

在本书的写作过程中，笔者以在日本的考察为线索，以中国与日本的古代史籍为基本资料，如日本的《古事记》、《日本书纪》、《续日本书纪》、《日本后纪》、《续日本后纪》、《伊势物语》、《彩云国物语》、《入唐求法巡礼行记》、《日本为什么成功》、《大日本史》等，中国的古籍《周礼》、《仪礼》、《礼记》、《左传》、中国的二十四史，以及中国近代史的有关书籍等，把日本文化与中国古代文献相结合进行研究。如果说本书还有些特点，不知这些是否可以算是本书的独到之处。

本书的撰写，不是按照笔者考察所到城市的次序，而大致是按照日本历史发展的时代顺序先后进行。如先写日本最早的国都奈良，再写京都，依次写大阪、神户、北海道、东京等。

在日本生活的一年里，皇学馆大学不仅很好地为笔者安排了在日本的食宿，而且对笔者在日本的工作和在日本各地的考察给予了很大的支持，使笔者有机会对日本的文化和风俗进行较系统的考察和研究，更多地了解日本。正因为有河南大学与日本皇学馆大学的支持，提供生活和研究方面的条件，笔者才得以完成本研究课题，才有本书的问世，在此表示感谢。

李玉洁
2012 年 12 月 12 日

---

① 王凯：《罗哲文与中国营造学社的几则旧事》，《中华读书报》，2012 年 6 月 6 日，第 7 版。

目 录

序（李学勤） …………………………………………………………… i
自序 …………………………………………………………………… iii
绪论 …………………………………………………………………… 1
  一、黄河文明对日本文化的影响 ………………………………… 1
  二、善于学习是日本人的长处 …………………………………… 3
  三、中日恩怨 ……………………………………………………… 4

上 篇　伊势——日本的心

第一章　客座皇学馆大学 …………………………………………… 9
  第一节　皇学馆大学 ……………………………………………… 9
    一、皇学馆大学的沿革与发展 ………………………………… 10
    二、皇学馆大学仓陵祭 ………………………………………… 12
    三、皇学馆大学的教师 ………………………………………… 14
    四、皇学馆大学的校本部 ……………………………………… 15
  第二节　三重县伊势市 …………………………………………… 16
    一、三重县伊势市之得名 ……………………………………… 16
    二、伊势市役所 ………………………………………………… 17
  第三节　皇学馆会馆 ……………………………………………… 19
    一、热爱中国文化的竹中老师 ………………………………… 20
    二、神户来的女教授 …………………………………………… 21

第二章　伊势神宫——日本天皇的祖庙 …………………………… 23
  第一节　伊势神宫与神尝祭 ……………………………………… 23

一、伊势神宫及宫域神灵 …………………………………………… 24
　　二、伊势神宫的鸟居、宫域与"式年迁宫" ……………………… 27
　　三、伊势神宫的扩建 ………………………………………………… 30
　　四、日本公主池田厚子主祭神尝祭 ………………………………… 33
第二节　日本的巫女 ……………………………………………………… 35
　　一、东京来的巫女 …………………………………………………… 36
　　二、日本巫女与斋王 ………………………………………………… 37
　　三、日本巫女与女皇 ………………………………………………… 39
　　四、中国古代的巫女 ………………………………………………… 41
第三节　猿田彦神社的御田植祭 ………………………………………… 42
　　一、猿田彦大神——伊势的地方神 ………………………………… 42
　　二、猿田彦神社的御田植祭 ………………………………………… 44
　　三、中国古代的藉田礼 ……………………………………………… 46
第四节　内宫太鼓祭 ……………………………………………………… 48
　　一、内宫门前举行的太鼓祭 ………………………………………… 48
　　二、中国古代的鼓祭 ………………………………………………… 50
第五节　日本神道教与中国道教的关系 ………………………………… 51
　　一、神道教的形成及沿革 …………………………………………… 51
　　二、伊势神宫的神职人员与祭祀 …………………………………… 54
　　三、神道教与中国道教的渊源关系 ………………………………… 56
第六节　镇守伊势神宫鬼门的金刚证寺 ………………………………… 58
　　一、攀爬朝熊山路 …………………………………………………… 58
　　二、镇守伊势神宫鬼门的金刚证寺 ………………………………… 60
　　三、日本的鬼门禁忌及鬼门镇守 …………………………………… 63

第三章　伊势风情 …………………………………………………………… 66

第一节　伊势民居与古市街 ……………………………………………… 66
　　一、伊势民居 ………………………………………………………… 66
　　二、伊势古市街与参宫街道资料馆 ………………………………… 69
　　三、江户时代的三大"游廓"之一 ………………………………… 70
　　四、艺妓祖神的神社——长峰神社 ………………………………… 72
　　五、古市街上的寂照寺 ……………………………………………… 75
　　六、两百多年历史的麻吉旅馆 ……………………………………… 77
第二节　伊势的精神与风貌 ……………………………………………… 78
　　一、伊势人的风貌 …………………………………………………… 78

二、从伊势"马拉松"赛跑看日本国民的精神 …………………… 79
　　三、日本樱花所寓意的武士道精神 ……………………………… 82
第三节　伊势湾海滨 ……………………………………………………… 84
　　一、日神遥拜所 …………………………………………………… 84
　　二、安乘埼的灯塔 ………………………………………………… 86
　　三、鸟羽牡蛎节 …………………………………………………… 88
第四节　日本的和尚、寺庙、墓地与丧葬礼 …………………………… 89
　　一、日本的和尚、寺庙和墓地 …………………………………… 90
　　二、本誓寺日本丧葬礼纪实 ……………………………………… 92
第五节　日本墓地碑文反映的侵华史 …………………………………… 93
　　一、井村大吉墓碑碑文反映的甲午海战后的侵华缩影 ………… 94
　　二、浅野英三墓碑碑文反映的二战侵华缩影 …………………… 97
　　三、从"一誉坊"墓地墓碑考察日本的侵华战争 ……………… 98
　　四、日本侵华给中国带来的伤痛 ………………………………… 100
　　五、国歌表现的民族感情 ………………………………………… 102

第四章　日本节日与中国的关系 …………………………………………… 104

第一节　日本的节日 ……………………………………………………… 104
　　一、古代日本完全采用中国的历法 ……………………………… 104
　　二、日本的法定节日 ……………………………………………… 107
　　三、日本的传统节日 ……………………………………………… 109
第二节　日本的"元日" ………………………………………………… 110
　　一、伊势的新年 …………………………………………………… 110
　　二、元日喝"屠苏酒"习俗与中国传统 ………………………… 112
　　三、伊势除夕与"苏民将来之子孙" …………………………… 114
第三节　日本的成人节与敬老节 ………………………………………… 117
　　一、日本成人节与中国的冠礼 …………………………………… 118
　　二、日本的敬老节 ………………………………………………… 120
第四节　日本太阴祭与中国古代的"迎秋" …………………………… 121
　　一、伊势"太阴祭" ……………………………………………… 121
　　二、"迎太阴"习俗与中国的"迎秋" ………………………… 123
第五节　日本的盂兰盆节 ………………………………………………… 125
　　一、伊势民间的盂兰盆节 ………………………………………… 125
　　二、盂兰盆节在佛寺 ……………………………………………… 127

三、日本的盂兰盆节源于中国 …………………………………………… 130

第五章　日本的民间信仰与动物崇拜 …………………………… 133

第一节　日本的动物崇拜 …………………………………………… 133
一、日本的乌鸦是神鸟 …………………………………………… 133
二、日本的猫头鹰是福鸟 ………………………………………… 136
三、日本崇拜的蟾蜍 ……………………………………………… 138

第二节　日本稻荷神社的创祀及源流 ……………………………… 140
一、稻荷大神——狐狸 …………………………………………… 140
二、伏见稻荷大社及其创祀者秦氏 ……………………………… 141
三、日本的农神信仰当源于中国 ………………………………… 145

第三节　日本石头崇拜当来自中国 ………………………………… 147
一、日本的石头崇拜 ……………………………………………… 147
二、中国的灵石崇拜 ……………………………………………… 150

第六章　日本文化的中国渊源 …………………………………… 152

第一节　日本的史书与汉文 ………………………………………… 152
一、中国史书记载的日本 ………………………………………… 152
二、日本古代史书用汉文写成 …………………………………… 154
三、日本史书编写体例与中国完全相同 ………………………… 156

第二节　日本的姓氏文化 …………………………………………… 157
一、日本的姓氏原则 ……………………………………………… 158
二、日本的姓氏原则源于中国 …………………………………… 159
三、天皇无姓 ……………………………………………………… 160

下篇　考察与漫游日本

第七章　日本的古都 ……………………………………………… 163

第一节　飞鸟时代的古都——奈良 ………………………………… 163
一、法隆寺与圣德皇太子 ………………………………………… 164
二、日本华严宗本山——东大寺 ………………………………… 168
三、鉴真大师与唐招提寺 ………………………………………… 171
四、春日大社的三千石灯塔 ……………………………………… 174

第二节　千年古都——京都 ……… 177
一、真如堂的红叶 ……… 178
二、京都最古老的寺院——清水寺 ……… 179
三、金阁寺与室町幕府 ……… 182
四、德川幕府与二条城 ……… 185
五、京都、开封两个相国寺 ……… 187
六、平安神宫与1895年 ……… 189

第八章　关西名城——大阪与神户 ……… 193

第一节　大阪之行 ……… 193
一、古难波城——大阪溯源 ……… 193
二、丰臣秀吉与大阪城堡 ……… 195

第二节　神户之行 ……… 197
一、神户中华街 ……… 198
二、神户异人馆 ……… 199

第九章　神奇的北海道 ……… 201

第一节　北海道之冬 ……… 201
一、北海道的雪原 ……… 201
二、小樽运河与小林多喜二 ……… 202
三、登别温泉与地狱谷阎魔堂 ……… 205

第二节　北海道的咽喉——函馆 ……… 207
一、函馆圣诞节夜景 ……… 207
二、"虾夷共和国"与幕府武士的最后消亡 ……… 209

第十章　东京纪行 ……… 213

第一节　东京的高校 ……… 213
一、早稻田大学与中国辛亥革命党人 ……… 213
二、东京大学 ……… 216

第二节　东京近代皇室建筑 ……… 218
一、东京皇居 ……… 218
二、明治神宫 ……… 220
三、新宿御苑 ……… 222
四、靖国神社的战争亡灵 ……… 225
五、大正天皇陵与昭和天皇陵 ……… 227

第三节　东京孔庙——汤岛圣堂 ································· 229
　　一、儒学传入日本及孔庙的出现 ································· 229
　　二、东京孔庙——汤岛圣堂 ······································· 231
　　三、明朝朱舜水与东京孔庙的关系 ······························· 234
第四节　横滨中华街 ··· 237
　　一、横滨中华街——日本最大的"唐人街" ··················· 237
　　二、寄托华侨思乡情感的关帝庙 ································· 240
　　三、中华街的妈祖庙 ·· 243
　　四、横滨中华学院的时代风云 ····································· 244
第五节　上野公园的故事 ··· 246
　　一、上野公园与中国人的泪水 ····································· 247
　　二、梁启超与上野公园 ·· 249
　　三、章太炎与上野"精养轩" ····································· 250
　　四、野口英世博士铜像前的遐想 ································· 253
　　五、上野国立博物馆 ·· 255
第六节　东京琐记 ·· 256
　　一、"御茶水" ··· 256
　　二、浅草寺 ·· 258
　　三、东京"表鬼门"——神田神社 ······························· 260

参考文献 ··· 263
后记 ··· 265

中国与日本是一衣带水的邻邦，千百年来中日人民有过非常友好的往来和交流。2007~2008年，笔者为了研究黄河文化与日本的相互影响和相互交流，在日本皇学馆大学做了一年的客座研究员。在这一年的时间里，笔者考察了日本的风俗民情，研究了日本的历史和文化，认识了许多日本朋友，受到他们的热情款待。笔者认为，虽然中日历史上曾有过许多的恩怨情仇，但是和平友好是中日关系的主流。

一、黄河文明对日本文化的影响

笔者认真地考察了日本的文化、文字、建筑与风俗，认为日本古代的文化简直就是中国文化的分支，但又极具自身特色。

在皇学馆大学的图书馆，我见到了许多日本的古代史书，如《日本书纪》、《续日本纪》、《日本后纪》、《续日本后纪》、《文德天皇实录》、《三代实录》等，合称六国史，还有日本的创世纪传说《古事记》等，皆用古汉文写成。日本史书的编写体例、纪年、纪月、纪日法，以及年号法与中国史书完全一样，都是采用中国史书的编写方法，这使我感到特别震撼。虽然大学课本上曾谈到日本的古书是用汉语写成，但由于在中国我从来没有见过这些书籍，总是没有实感。当在皇学馆大学的图书馆里见到这些用中国文字写的日本书籍时，我感到了一种惊诧和欣喜。惊诧的是日本的史书确实是用中国文字写成的，欣喜赞叹的是中国文字竟然有如此的魅力和影响，为中国文化的远播日本而自豪。

日本的传统服饰被称为"唐服"，是唐朝传入日本的服饰。明治维新之后，日本把汉文称为"和文"，把他们的服装称为"和服"，即日本大和民族原来的文字和服装。

日本的历法、命姓氏原则皆源于中国；日本的节日，如元日、端午节、中秋节、盂兰盆节、成人节、某些敬老仪式，与中国完全一样；日本的农神信仰、动物崇拜、插秧祭、太鼓祭、十二生肖崇拜、过年喝屠苏酒的习俗等，在中国古籍中都能找到它们的原型；6世纪左右，中国的儒学、佛教、道教几乎同时直接或间接地传入日本。

至今，日本还有数十座孔庙，东京的汤岛圣堂是日本最大、最有名的一座孔庙。

奈良的东大寺、法隆寺、唐招提寺等，这些都是日本在唐朝时期建造的寺院，其建筑风格完全是大唐的风格；京都的清水寺、相国寺、金阁寺皆是日本镰仓、室町时期（相当于我国宋元时期）的建筑，其风格也基本上是中国风格。平安神宫、京都御所完全模仿唐代建筑建筑风格，苑内宫殿的名字有太极殿、紫宸殿、青龙楼、白虎楼等，也是按中国的文化特色和习俗而命名的。奈良和京都是仿效我国古代长安、洛阳的城市格局而建造的。

日本的神道教，有人认为是日本土生土长的宗教。但经过考察、研究、比对，笔者认为神道教的形成及其祖先崇拜、多神崇拜与中国道教有密切关系。日本学者森岛通夫说："道教在日本列岛上却没有形成为独立的宗教，却由神道教代替了它。实际上道教在日本是以神道教的形式表现出来。我们可以把神道教看成道教的一种经过伪装了的翻版……道教的神在神道教中以改头换面的形式再现。"①

笔者在对日本文化的研究中，曾经想过为什么古代的日本相对于中国会如此落后的问题。在东京上野国立博物馆，我找到了答案。日本在与中国交流之前，没有金属器物出现。上野国立博物馆展出的、时代最早的20多面铜镜，虽在日本出土，但全是中国所产。4世纪之后，日本才开始有自己国家生产的铜镜。

中国自春秋时期就出现了青铜器和铁器，战国时期铁器普遍应用在农业生产中。铁器出现之后，有人称这是一场金属革命，其生产力大大发展，中国很快进入了封建文明的鼎盛期。而日本是一个岛国，资源贫乏，良田甚少，在古代的交通条件下，对外交流相对封闭。日本与中国往来之后，才开始有青铜器。《后汉书·东夷列传·辰韩》记载："辰韩耆老自言秦之亡人，避苦役适韩国……国出铁；濊、倭、马韩，并从市之；凡诸贸易，皆以铁为货。"中国避难于辰韩的秦人所生产的铁被"倭""市之"。日本的青铜器、铁器，皆从中国传

---

① 〔日〕森岛通夫：《日本为什么"成功"》，1页、54页，胡国成译，成都：四川人民出版社，1986年。

入。经济基础的低下，必然导致上层建筑的落后；古代日本在文化方面大大落后于古代中国是必然的。

二、善于学习是日本人的长处

古代日本在文化、文字、风俗、思想等方面全面接受了中国文化。有人认为，日本人没有创造性，只会学习别人的成果。但是笔者认为，善于学习别人的长处也是一个了不起的长处。

古代的日本之所以学习中国，那是中国在政治、文化、军事方面有可学之处，确实比日本进步。当还处于社会发展较低阶段的日本人来到中国，看到隋唐帝国文明的昌盛与辉煌时，不由得心向往之是必然的。

隋唐时期，日本为了学习中国，在60多年中先后派出19次遣隋、遣唐使团，学习中国的文化、艺术、音乐、美术、纺织、丝绸、医学、儒学、宗教、建筑、天文、历法、军事、武器制造、史书编纂等，最多一次达600余人。有的遣唐使，如阿倍仲麻吕在中国留学50多年，还做了唐朝的官员。吉备真备、空海、圆仁等，把大量的中国文化介绍到日本。日本为了学习佛教律宗，邀请中国高僧鉴真大师到日本。鉴真大师到日本后受到日本天皇的最高礼遇。日本天皇为鉴真大师建造的唐招提寺，成为中日文化友好交流的象征。在中国文化的影响下，日本先后进行了圣德皇太子的改革、大化革新等，日本的社会经济、文化艺术等，实现了飞跃性发展。

日本在学习中国的过程中也不是对所有的事物照单签收的。

日本没有学习中国女子缠足的习俗。女子缠足是中国社会的一大怪态，而中国全社会竟然乐此不疲，使女子缠足的怪现象在中国社会延续千余年。

日本没有学习中国皇室的太监制度。太监制度是附在中国封建社会上的一个毒瘤，对人的摧残不亚于女子缠足，在中国封建专制社会中的破坏与影响力也是不可小觑的。

日本也没有厚葬制度。日本人非常清楚国家小、资源贫乏的状况。孝德天皇二年，诏曰："乃者，我民贫绝，专由营墓。""故吾营此丘墟，不食之地，欲使易代之后，不知其所。无藏金银铜铁，以瓦器，合古涂车、刍灵之义。棺漆际会三过，饭含无以珠玉，无施珠襦玉柙，诸愚俗所为也。""为亡人藏宝于墓，或为亡人断发刺股而诔，如此旧俗，一皆悉断。纵有违诏，犯所禁者，必罪其族。"[①] 中国儒家推崇厚葬制度，日本虽然热衷于儒学，但并没有学习中国的厚

---

① 〔日〕坂本太郎・家永三郎、井上光贞・大野晋校注：《日本书纪・孝德天皇》，511页，512页，东京：岩波书店，2001年。

葬制度，而是按照中国墨家的某些节葬的标准去处理这样一个社会学、文化史上的大事，这说明日本天皇还是很明智的。

当西方文化传到东方之后，学习了中国一千多年的日本马上认识到了西方文化和技术的先进，开始全面学习西方，进行了闻名于世的"明治维新"。1868年，在明治政府的推动下，日本的政治、军事、文化、习俗等进行了全面的、前所未有的大变革，全盘西化；收回了藩王对土地和人民的所有权，即"奉还版籍"；废除大名和公卿的名号，改称"华族"。1871年，日本实行废藩置县，进行地税改革、官制改革、法制改革、废除封建的等级身份制度、废除武士俸禄制度、建立天皇亲兵和常备军、军事学校、警察制度。紧接着，日本又进行了产业革命，大办国有企业，引进先进技术和人才，大办学校，派遣留学生，全面接受西方的先进思想，对社会风习进行变革。从此，一个崭新的日本诞生了。

日本在学习西方的同时，开始对中国文化采取排斥态度。例如，不再使用汉字，而把日本的片假名、平假名作为正式的日本文字，尽管这些假名还不能完全脱离中国的影响。

1868年，明治维新后，日本政府曾下令毁掉儒学和佛学机构与建筑，颁布了"神佛不得混淆令"，取消了佛教的国教地位，让僧侣还俗或仕于神社，解散了大教院。由此，日本佛教的地位大大降低，成为神道教的附属，并将神社中的佛教势力彻底清除。在儒学方面，把东京汤岛圣堂变成日本文部省的办公室，后又把大成殿改成博物馆。

几年后，日本人认识到这种排斥儒学和佛学机构与建筑的行为，实际上就是在毁掉日本自己的文化，有诸多不妥。于是日本人又恢复了佛教与寺院的合法地位，把博物馆又改成大成殿，并举行了祭拜孔子的释奠仪式。

日本在学习西方的运动中，涤荡了旧文化中某些不合理、不符合社会发展的成分，吸收了西方文化的积极因素。日本迅速成为资本主义强国。善于学习是日本的长处。

三、中日恩怨

隋唐时期，日本在古老的黄河文明的影响下，迅速发展，走向繁荣昌盛。日本民族具有自信和不服输的性格，不愿意臣服中华帝国。隋炀帝时期，倭王派人来隋。"其国书曰：'日出处天子致书日没处天子无恙'云云，帝览之不悦，谓鸿胪卿曰：'蛮夷书有无礼者，勿复以闻。'"[①] 在中华帝国的天子看来，小小

---

① （唐）魏徵等：《隋书·东夷列传·倭国》. 北京：中华书局，1973年。

倭国竟然敢与天朝上国等同。之后，日本不再满意中国曾经称呼它为"倭国"，把自己的国名改为"日本"，认为自己的居地是"日出处"，即太阳升起的地方。日本国王原来被称为"倭王"，而至唐朝时期开始自称"天皇"，与中华帝国的"皇帝"等同。

中世纪时期，作为岛国的日本，极少良田，又无甚资源，向大陆挺进一直是日本上层贵族的渴求。日本原来在朝鲜半岛上有一块殖民地"任那"，但是由于远离日本，后来又被朝鲜收复。但日本仍然忘不了挺进朝鲜，再进中国的梦想。朝鲜半岛当时有三个小国：高丽、新罗、百济，三者之间战争冲突不断。唐高宗龙朔三年（663年），大唐与新罗联合伐高丽，日本、百济则救高丽。《日本书纪》天智天皇二年（663年）记载："大唐军将率战船一百七十艘，阵列于白村江……日本诸将与百济王（不）观气象，而相谓之曰：'我等争先，彼应自退。'更率日本乱伍中军之卒，进达大唐坚阵之军。大唐便自左右绕船夹战，须臾之际，官军败绩，赴水溺死者众。舻舳不得回旋，朴市田来津仰天而誓，切齿而誓，嗔杀数十人，于焉战死。是时，百济王丰璋与数人乘船逃去。高丽九月辛亥朔丁巳，百济州柔城始降于唐。是时国人相谓之曰：'州柔降矣。'是无奈何，百济之名绝于今日。"①

我国史籍也记载了这次战争。《旧唐书·东夷·百济》云：唐朝龙朔三年（663年）唐将军刘仁轨"遇扶余丰之众于白江之口，四战皆捷，焚其舟四百艘，贼众大溃。扶余丰脱身而走，伪王子扶余忠胜、忠志等率士女及倭众并降，百济诸城皆复归顺"。

白村江战役，以大唐全胜、日军败绩而告终。从此，日本直至丰臣秀吉之前，再也没有向朝鲜发动过进攻。

安土·桃山时期，幕府将军丰臣秀吉是一个大野心家，他不满足于在日本的统治，梦想统治朝鲜、中国。天正十八年（1590年），他致书威逼朝鲜国王说，他要率领军队"长驱直入大明国，易吾朝之风俗于400余州，施帝都政化于亿万斯年"②。丰臣秀吉曾一度占领朝鲜，并声称要把都城迁到中国的北京。1597年，明朝出兵支持朝鲜。中国将领李如松与朝鲜将领李舜臣组成联军，大败丰臣秀吉军队。次年，一代枭雄丰臣秀吉死去。德川将军乘机进攻丰臣秀吉在大阪的天守阁，灭掉了丰臣秀吉之子丰臣秀赖的幕府，日本历史进入江户时代。

古代日本对中国的战争主要就是白村江战役、丰臣秀吉进攻朝鲜的战役。向大陆挺进，是日本上层贵族的梦想。但是古代的中国，特别是唐朝时期，中

---

① 〔日〕佐伯有义：《日本书纪》，229页，东京：日本出版株式会社，昭和十八年（1943年）。
② 吴廷璆：《日本史》，210页，天津：南开大学出版社，2010年。

国的强盛使日本望尘莫及，日本欲以朝鲜为跳板进入中国的愿望始终没有实现。

元、明、清三朝，我国东南沿海一直有倭寇骚扰。倭寇非常强悍，有时甚至朝廷的官军也难以应付。笔者认为，中日两国没有公开宣战，还属于倭寇骚扰的问题和现象，不能算做中日之间关系的恶化。

1868年，日本推翻幕府统治，进行"明治维新"，成为一个资本主义的强国。狭小的国土、贫乏的资源，已不能满足迅速增长的日本国力的需要，于是日本上层贵族锁定目标，到中国掠夺财富，就成为日本贵族统治者努力的方向。

1894年，明治天皇号召，自天皇、大臣、民众进行全国性的集资，集全国之财力，更新海军设备，准备向中国开战。而中国的慈禧太后则为庆六十寿辰，挪用海军经费，修建颐和园，极尽豪华奢丽。

1894年9月12日，日本挑起对中国的甲午海战。古老的中华帝国被束缚在专制皇权的桎梏之下残喘，甲午海战中，中国一战而败是意料之中的。1895年日本强迫清政府签订《马关条约》。条约主要内容是：中国承认朝鲜的独立，割让台湾和澎湖列岛、辽东半岛给日本，赔偿日本白银2亿两。后来中国又以白银赎回了辽东半岛。日本拿到割地和赔款，从而完成了资本积累，得以迅速发展。而中国从此更加衰落，一蹶不振。中国承认朝鲜的独立，其实就是让日本占领朝鲜，再以朝鲜为跳板侵略中国。

1931年，日本发动"九·一八"事变，扶植溥仪建立伪满洲国汉奸政权，从而占领中国的东北。1937年，即第二次世界大战时期，日本发动了全面的侵华战争，之后相继占领了中国的华北、华东、南京、上海、武汉等大半个中国，日寇的铁蹄踩躏着中华大地。

在伊势，我见到许多墓地墓碑，其中很多是第二次世界大战中死在中国战场上日本青年的墓碑。墓碑碑文上记载了墓主人战殁的地点和时间。对照碑文，我在中国的史籍中都找到了对应的战役，以及该战役中中国成百上千、上万死伤百姓的数字。当这些墓的墓主人到中国去"南攻北伐"、"转战支那各地"之时，多少中国人惨死在墓主人的枪口下。如今60多年过去了，祝愿中日两国间再也不要发生战争。世界人民祈祷着和平。

上 篇

伊势——日本的心

第一章
客座皇学馆大学

2007年10月初,我因要主持一个学术研究课题"黄河文明的历史变迁",打点行装,前往日本三重县伊势市的皇学馆大学。

日本的学校是10月1日开学,我由于一本书稿要出版,所以耽误了一些时日。2007年10月15日我从开封到上海,乘飞机飞往日本名古屋。我坐在飞机的窗口旁,俯瞰那茫茫的云海,它就像一望无际的雪原,我觉得我离家乡已经很远了。飞机飞过茫茫的大海,飞过一片片被绿树覆盖的山峰,飞过地面上一个个的城镇。向下看,那些城镇像一片片的瓦砾。我想,在那些瓦砾中,此时此刻或许正在演绎着各种各样的故事。

在名古屋机场,皇学馆大学的玉田功先生前来迎接我。玉田先生是一个很负责任的人,我真心感谢他的诚恳和耐心。我和玉田先生一道来到日本三重县伊势市。在这里,我好像并不陌生,街上的字、城市名也多用汉字。在这方面,我好像没有太多的异乡他国的感觉。

第一节 皇学馆大学

皇学馆大学位于日本三重县伊势市,已经有100多年的历史。皇学馆大学,顾名思义,与日本天皇有关。伊势是日本天皇祖庙伊势神宫的所在地,在这里建立皇学馆大学是合乎情理的。皇学馆大学初建时,是天皇的藏书馆,是为了保存伊势神宫的资料而建,称为神宫皇学馆;以后招收生徒,逐渐地发展成为学校。皇学馆大学与日本天皇有密切的关系。

一、皇学馆大学的沿革与发展

皇学馆大学小巧而精致，两座教学楼排成一行。研究楼内设有研究所以及教师的研究室，与图书馆并排，对面是学校的校本部办公室。校本部办公室的上部是一个大的礼堂。几座楼房把校园围得像一个大四合院。院子的周围就是长满了绿树的仓田山。皇学馆大学耸立在仓田山上，面积不是太大，四季常青的苍松翠柏环绕。校园内有高松宫亲王及其高松宫妃殿下于1982年参加皇学馆大学百年校庆时所植的树木，它们为这个学校增添了许多色彩，显示了皇学馆大学典雅高贵的身份。

图 1-1　皇学馆大学校本部

皇学馆大学原称为神宫皇学馆、神宫皇学馆大学，其前身是神宫皇学馆，是伊势神宫的一部分。明治十五年（1882年）4月30日，日本的神宫祭主久迩宫朝彦亲王创立了神宫皇学馆，其功能是藏书，当时这里藏的主要是神宫的历史、神学方面的书。

明治二十九年（1896年），皇学馆大学开始招收预科和专科学生。又一任的神宫祭主贺阳宫邦宪亲王颁布了皇学馆的办学精神，就是要把学生培养成热爱日本文化的学者、神职人员。明治三十六年（1903年），贺阳宫邦宪亲王又颁布了皇学馆的官制。也可以说，皇学馆最初是明治政府创办的，为伊势神宫服务的、具有官僚体制性质的学术教育机构。

神宫皇学馆初建时就在伊势神宫的旁边。大正七年（1918年），神宫皇学馆才搬到今日的所在地——仓田山。

1940年,神宫皇学馆改名为神宫皇学馆大学,又颁布了《神宫皇学馆大学官制》,并开设了祭祀、政教、国史、古典文献四个专业,学校向教育体制转换。1962年,神宫皇学馆大学又改名为皇学馆大学,也就是现在的校名。20世纪60年代后,皇学馆大学所设课程逐渐定型。皇学馆大学没有理工科,只有文科。神道学科是皇学馆大学最重要的学科。除神道学科之外,还有国文、国史、教育、福祉学科。现在,皇学馆大学招收本科生、大学院生(硕士研究生)、博士后期(博士研究生)等。

皇学馆大学的神学在日本是最有名的。这所学校的神学不仅有本科的授权,而且还有硕士、博士的授权,可以培养硕士、博士研究生。学校每年培养出大量的神职人员,他们分布在日本各地的神宫、神社中工作。在日本,虽然工作不是太好找,但神职人员还是很好找工作的。

皇学馆大学还设有图书馆、神道研究所、神道博物馆、史料编纂所、体育馆等教学附属机构。

除此之外,皇学馆大学还有附属的初中和高中(高中称为皇学馆高等学校)。经常与我在一起学习日文、汉文的竹中老师就是皇学馆高等学校的国语教师,她很热爱中国文化(后文会单独介绍她)。

皇学馆大学内有一个神宫文库。在日本时,我经常到神宫文库去看书,那里面有很多书籍,当然神道方面的书籍最多,此外还有日本的历史、风俗文化方面的书,以及许多汉文的书。我见到有中国的二十四史、《论语》、《孟子》、《老子》。

图1-2 神宫文库

神宫文库有很多藏书，据说东京的学者也到这里来看书。神宫文库现在并不属于皇学馆大学，但皇学馆大学的教师和学者可以进去看书。

皇学馆大学的旁边有神宫徵古馆、神宫农业馆、神宫美术馆（包括神宫文库），它们都是日本天皇祖庙伊势神宫的组成部分。

二、皇学馆大学仓陵祭

皇学馆大学建在仓田山上。每年11月，即农闲之际，皇学馆大学都要举行仓陵祭，祭祀仓田山的花草树木和各种动物。所谓仓陵祭，就是祭祀仓田山。尽管现在仓田山上修建了学校，已经没有动物了，但是花草树木还是很繁茂的。仓陵祭应该算一个较为古老的祭祀习俗。

仓陵祭这天，学校周围的街上临时树立很多旗杆，挂上仓陵祭的彩旗。学校放假三天。校园里搭起临时的高台，学生大清早就来到学校，他们用鲜花、树枝扎成老虎、猪、鹰、鸟等各类动物形状的花车、附近的名胜景观，甚至还有大大的地球仪等。他们用各种材料做成字，如在老虎旁边写成"百兽之王"，有的学生甚至把这些字写在自己的衣服上，打出"保护人类居住的地球"的横幅。

仓陵祭的仪式开始时，皇学馆大学的学生们围坐在不大的校园里，穿着各种演出的服装和行头，全力地参加这场仓陵祭。

首先，几个神职人员走上临时搭建的讲台，他们手上拿着玉串。其中一个神职人员向四方各路神灵表示礼拜，并开始讲话，祝贺大自然繁荣发展，对仓田山为学校做出的贡献表示感谢。

所谓玉串，就是献神用的杨桐树小枝，带叶，用麻缠一白纸条。杨桐树枝是四季常青的树枝。杨桐树枝，有人称为"大麻"，但绝不是那种毒品的"大麻"。"玉串"是指在日本故有的植物"木神"上，悬挂纸垂（白色棉纸条）与麻。玉串有祓除的功能，即可以除灾求福。

在日文中，"玉"与灵魂的"灵"发音是一样的，日本人用"玉串"献神，其意当是"通灵"的意思。日本人认为"麻"也是能够通灵的。

杨桐树枝白色棉纸条也是有含义的，白色的棉纸条象征着纯洁。皇学馆大学的田浦老师曾给我一份介绍"玉串"的材料，上面说，白色棉纸条叫纸垂。这些纸垂，有二垂、四垂、八垂等，即把白棉纸剪成几条，就是几垂。纸垂的多少代表不同的流派，如伊势派、白川派、吉田派等。当然，我看不清仓陵祭仪式的神职人员手上拿的玉串是属于哪一派的。

神职人员讲话、礼拜之后，学生们开始表演各种节目。他们扮演各种小动物，编排舞蹈、杂剧来歌颂大自然的和谐，以及告诉人们破坏了大自然将会带

图 1-3　皇学馆大学仓陵祭

来的悲剧。每次上台时，他们或者一两个人，或者多人，看得出这场祭祀舞会是动员了全校学生的，而不是个别人的活动。台上台下人们的情绪连在一起，形成一个很欢快的会场。

节目结束之后，学生们当然还有教师，抬着他们自己做的各种彩色花车，包括龙车、虎车、牛车、鹰车、日本安土·桃山时代佩戴着长剑的武士车、伊势海湾的夫妇岩车、古代的城堡车、可爱的木偶车。有一个类似房子的木箱上写着一个"和"字，这大概是表现日本的大和民族，或者也是为了表现大自然的和谐。特别引人注目的还有一个车，车上的大大的"地球"上有一个大洞，一个怪物似的人从这个大洞里钻出半个身子。这大概是在表现生态不平衡对地球造成的恶劣影响吧。我所认识的国史系田浦老师也抬着花车和同学们一道去大街上了，到大街上去的目的是为了向市民宣传环保、宣传保护生态环境的意识。

仓陵祭当是一个较为古老的祭祀，环保意识可能是人们新加进的内容。从街上所挂的布制标语来看，每年一次的仓陵祭，到今年已经是第 46 次了。由此可见日本人在很早以前对环境保护就已经很重视了。在日本，我看到大大小小的河流，水都是清清的、亮亮的。我从未看到过哪一条河是浑浊的，哪一座山是没有树木的、光秃秃的。日本旅游景点的山，因怕破坏自然生态的平衡，公路一般是修到进山处或者半山腰的，上面的路就是山石之路。

日本社会是一个节俭型的社会。日本的孩子从小就受到这样的教育，家长和教师告诉他们，日本的资源极度贫乏，一定要注意节俭。我认为，日本人进门脱鞋的习俗源于节俭。日本人修建的多半是木头房子，铺的是木地板，睡的是榻榻米。如果穿鞋子进屋，不仅脏，而且对房子的木地板肯定损坏很大。日本人进屋脱鞋，可以说既卫生又节俭，应该说是一个良好的习俗。日本幼稚园的儿童、小学生、中学生进学校都是要脱鞋的，在皇学馆大学的高中部我就看见，学校大门口的一侧有一个很大的大厅，里面摆满了高高的鞋架，学生进校便换上拖鞋。我在其他的一些学校也看到过这种情况，这可能就是为了培养学生的良好习惯。但是，日本的大学生进学校是可以不换鞋的。当然，即使在大学也有些地方是要换鞋的，如神宫文库就明文写上"禁止泥足"。在我们的居处皇学馆会馆也是禁止穿鞋入内的。日本皇学馆大学的仓陵祭表现出的环保意识值得我们借鉴。

三、皇学馆大学的教师

刚到日本时，皇学馆大学的校长会见了我们几个中国同事。这位校长的办公室有十多平方米，里面放着几个很不显眼的沙发。校长说，欢迎我们来皇学馆大学工作，并希望我们尽快地熟悉环境，拿出更多的研究成果。接下来，我们又见到了皇学馆大学文史学院的院长、人事课长。他们告诉我，和我同时工作、从事研究的有三位日本教师，其中一个比较懂汉语。这三位教师，我们之后也见面了。他们都很热情，有礼貌，文质彬彬。

皇学馆大学还为我配了一间研究室、一台电脑。就这样我开始了在皇学馆大学的工作。我的研究室就在校本部对面的楼上，这座楼是皇学馆大学教授的研究楼。在皇学馆大学，副教授以上的教师都有一间工作室。正、副教授唯一不同的是，教授的工作室里有外线电话，副教授的工作室里只有内线电话。这座五层楼共有几十个房间，基本都是教授的工作室。皇学馆大学的教授们都很用功，每个房间每天基本都有人在认真地做学问。

讲师级别以下的教师在大办公室里办公，如我们中国大学的教师办公室一样，每人一张桌子。

皇学馆大学分配和我一起从事研究工作的有三位教师，其中一位是冈野友彦博士，他很年轻，是皇学馆大学的教授，他的工作室就在我的研究室的对面。

冈野友彦教授是研究日本中世纪史和古代幕府的学者，他已经有很多学术专著问世。他送给我他自己写的两本书，一本是《源氏和日本国王》。这本书主要讲述源氏家族的形成、历代天皇与武人的关系，日本从什么时候开始变为武人政权等。中世纪的日本，幕府将军被称为日本国王，是实际的执政者，而天皇是被架空的。另一本是《家康为什么选择江户》。这本书对江户（今东京）城市兴起的传说、江户的历史地理位置、德川家康与丰臣秀吉家族的关系，以及德川家康一族的世系源流进行了研究。冈野友彦博士的这两本书对我在日本的考察研究有很大的启发作用。

因我是研究古代史的,在日本所看的书籍也主要是日本的六国史。在一次谈话中,我和冈野友彦教授提到《古事记》和《日本书纪》两本书。冈野友彦教授说:"《古事记》是神话＋历史,《日本书纪》是历史＋神话。"当然,我在阅读《古事记》和《日本书纪》这两本书时也有同感。

皇学馆大学的同行都是很认真负责的。你向任何一个人询问问题,他们都会热心地接待并耐心地解答。记得我第一次去内宫,看见内宫的道路是以石子铺成的。正当我疑惑不解的时候,刚好碰见皇学馆大学的田浦教授。他也在这个研究楼上办公。我就向他请教原因。田浦教授说:"我明天给你一份资料,您看看就知道了。"结果第二天田浦教授就准时地给了我一份资料,使我明白了在日本人的眼中石头是通灵的(后面将详述这个问题)。在田浦教授给我材料的基础上,我写成了本书关于"日本的石头崇拜"这一章节。

在皇学馆大学还有两位中国人。一位是张磊老师,他获得名古屋大学计算机博士学位,如今在皇学馆大学是计算机方面的副教授。另一位是高老师,他在皇学馆大学教汉语。他们用辛勤和努力在异国他乡开辟了自己的事业和天地。在皇学馆大学,我和他们都进行了交流。他们告诉我伊势的风俗,在日本应该注意的事项等,并为我提供了在日本生活的各种方便。

四、皇学馆大学的校本部

在皇学馆大学,我最感兴趣或者说最令我感动的是皇学馆大学校本部的工作人员,即我们所说的行政人员的工作态度。

校本部办公室是皇学馆大学的"心脏"。办公室有20多个人(不算分校),他们全在一个办公大厅里工作,担负着管理整个皇学馆大学的教学、管理、财务、研究等所有的事务性工作。办公大厅里,有一圈高高的、宽宽的类似中国的柜台,如果有教师去办理事情,就站在这个柜台外面与工作人员谈话、签字、盖章等。

柜台外有一过道。柜台的对面有一些空着的、小客厅之类的房间,如果有客人需长时间地谈话,就在这些小客厅里进行。皇学馆大学的职员坐在柜台的里面工作。每个人都在很认真地工作,没有聊天、看报纸、说闲话的现象。他们每天上午9点钟上班,中午休息1个小时,下午6点下班。除了校长有一间十多平方米的办公室外,我没有看见哪一个部门领导有单独的办公室。在皇学馆大学我更没有看见过带套间,并且套间里带卫生间铺着床铺的办公室。

皇学馆大学的行政办公人员(包括图书馆的管理员)除去星期天、节假日之类的公休假以外,没有像教师、学生那样享有春假、暑假、寒假,所以即使假期，学校依旧办公。每到假期，图书馆的管理员要先拿出大约半月时间整理图书，然后开馆。即使在假期，教师也可以照常到图书馆看书。

皇学馆大学没有汽车队，没有所谓的"公车"，所有的教师、学生开的全都是私车。作为一个外国人，我到日本后需要办理一些手续。我从皇学馆大学到市里去办过两次手续：一次是办理登录证，即我们国家的临时户口之类；还有一次是去办理银行卡。由于初到日本，对环境、道路不熟悉，我想学校大概是不放心，就派汽车让管理外国留学的行政人员玉田先生（日本学校把教师与行政人员分得很清楚）带我们去。我们到伊势市办理关系时所用的汽车，第一次是用学校事务长的车。事务长，就是皇学馆大学的校长。第二次到伊势市去，去的时候还是用事务长的车；回来的时候，因为事务长要用车，我们只好由学校租"面的"回校。当然，这个"面的"费用由皇学馆大学报账。

当时我很奇怪，为什么总是用事务长的车。后来我才知道皇学馆大学根本没有汽车队，没有公车，当然只好用校长的车了。

我觉得这样很好。如果说在汽车稀少的年代里，公车是领导工作中必不可少的；但在汽车逐渐普遍的情况下，我国是否也应该吸取日本某些好的做法和经验呢？

第二节　三重县伊势市

皇学馆大学位于日本三重县伊势市，处在日本的东海道，濒临伊势湾，距离大海五六十里。这里属于亚热带海洋性气候，温暖湿润。日本天皇的祖先天照大神的御镇座、著名的伊势神宫就坐落在这里，从而使伊势成为日本的"心"（关于这一点，在下一章将详谈）。三重县伊势市是一个很古老的小山城，保留着许多日本古老的风俗。我在这个小城里整整生活了一年，感慨颇多。

一、三重县伊势市之得名

日本的县就相当于我国的省，日本的省则相当于我国的部。如日本的外务省就相当于我国的外交部，农业省相当于我国的农业部。

省，本来是观看、视察之意，又有禁中的意思。《玉海·官制·台省》："《汉书》旧名'禁中'，避元后讳，改名'省中'。师古曰：'省，察也'；言入此中者，皆当察视，不可妄也。"西汉孝元皇后王政君的父亲名王禁，王政君曾临朝称制五年，为了避王禁之讳，所以把"禁中"，改为"省中"。《旧唐书·职官一》云：唐高祖武德七年（625），唐王朝的政府机构分为"尚书、门下、中书、秘书、殿中、内侍为六省"。日本的"省"与中国唐代的"省"是同一含义，就是一个政府机构。

中国自元代开始实行"行省"制度，从此"省"就成为中国的地方行政区划，而日本的"省"还与唐代中国"省"的含义相同，是一个政府的部门。中国在唐代时期意义的"省"已经改为"部"了。孔子说"礼失而求诸野"，我们国家的年轻人大概还不知，日本的"省"的设置概念原来就是从中国传入的。

中国的"省"大于市，省是可以管辖市的，而"市"可以管辖"县"。"县"从属于市，在地方行政区划中是级别最低的；而日本的县大市小，县是可以辖市的。日本的地方行政区划虽然最早是学习中国的，但现在与我们国家有所不同。

三重县伊势市位于日本尾张平原的南端，东临太平洋海滨。我所见到的伊势市大部分是丘陵和山地，很少有平原。伊势的纬度与我国上海的差不多，但是由于其是海洋性气候，气候要温暖湿润得多。来日本之前，我认为日本很冷，带了很多衣服，包括棉大衣、棉鞋等，但是到伊势之后，才知这里冬天并不冷，仅穿一件很薄的小棉袄，着单鞋就可以过冬了。

三重县的名字，与日本王子的征战有关。据说日本景行天皇曾下诏书给小儿子倭建命，让倭建命去平定东方。所谓的"东方"，就是伊势市一带。倭建命在征战的过程中，到达一个村庄时，已经累得筋疲力尽。他需要休息一下，说："吾足如'三重勾'而甚疲，故号其地谓'三重'。"① 这就是三重县的来历。倭建命被认为是日本的一位智勇双全的王子和勇士。

明治九年（1871年），日本废藩置县之前，伊势还是古伊势国（Ise），属东海道，俗称势州。现在伊势位于三重县东南部。孝德天皇时代（7世纪初），伊势国、志摩国、伊贺国合为一国。天武九年（680年），伊贺国分置；8世纪时，志摩国分立，伊势自成一国，即伊势国。废藩置县后，伊势分为安浓津、度会县，明治九年合并为三重县。至今，伊势是三重县的一个市。日本的市就相当于中国的县。

伊势市是日本天皇祖庙所在地，是一个很古老的小山城。如今，伊势仍保留着很多古老的日本风俗。日本的文字、文化、风俗等多源于中国。我想，这个古老的伊势小城，对研究日本的历史文化肯定会很有价值。

二、伊势市役所

皇学馆大学在伊势市。伊势市政府的办公室也使我感触颇深。在日本，我

---

① 〔日〕仓野宪司校注：《古事记》中卷，298页，日本东京：岩波书店，2008年。

曾几次到伊势市政府办事。我到皇学馆大学的第二天，玉田先生就通知我和一个中国同事去伊势市政府办理入住本地的手续，即外国人必须办理的登录证、医保卡等各种手续。

伊势市政府门前挂的是"伊势市役所"的牌匾，原来日本所有的县、市政府的名字皆曰"市役所"。我想，日本把市政府称为市役所，顾名思义，就是一个为伊势市服役的场所，里面的工作人员当然就是服役的人。

伊势市役所的工作人员也全部集中在一个大厅里办公。这个大厅又分为各个办公区，如有"医保课"（课，就是中国现在通行所用的"科"），为外国人专门办理事务的"外国人事务课"等。我看到的每个人都很忙碌。由于我没有接触到市役所的高级官员，所以也不知道他们是否有单独的办公室。全体工作人员都集中在一起办公，是日本官员办公的特色。在一起办公有什么好处呢？我想这样就没有人偷懒、闲聊，损公肥私的机会可能也会少些。

在市役所，包括在皇学馆大学校本部的办公室里，在各个部门中，我发现日本人都是很认真工作的，没有说话、聊天、看报纸、看杂志的情况。职员们都在紧张地工作。

后来，我也到过名古屋市役所，那里同样是一个很大的办公大厅。各个科室、部门的人员皆在大厅里办公。我觉得这样的办公形式很好。办公人员可以互相监督，较少出现徇私舞弊现象。

由于河南大学与皇学馆大学是友好学校，因此和皇学馆大学来往的人员和机会比较多。我曾经与河南大学的一位中层领导莫起升老师交谈过，他也曾经去过皇学馆大学。他告诉我：他去伊势的那一年，刚好皇学馆大学一个教授竞选为伊势的市长。伊势市长就邀请他们到伊势市役所去参观。伊势市役所是一个三层楼，职员不到 200 人。每层楼都有一个工作大厅，职员都集中在一个大厅办公。

伊势市的市长有一个带有客厅的办公室，可以用来接待来访的客人。但伊势市没有副市长，只有几个市长助理。市役所下面分为几个局。市长上班的第一件事，就是翻开市长信箱看市民来信。在伊势，市长信箱是公开的。

伊势市的财务也是公开的。市长宴请莫老师一行吃一顿饭，伊势市出席的只有一两个人。招待的情况，第二天就在网站上公布了，包括中国的几个客人，伊势市役所参加人员的名单，花多少钱等。莫起升老师说，他们是在伊势街头邮局门口显示的市役所网站上查到了这些情况。

莫老师还告诉我一件事，就是伊势市长请他们去参观伊势动物园。市长说，这是私人邀请。于是市长自己开车把他们带到动物园门口。在门口，他自己去买票，因为这与公务无关。

莫老师说，他在东京见到的官员以及中日友好协会的人员皆公私分明，无不如此。例如,接待他们的中日友好协会的先生,吃饭的时候不和他们一起吃,自己要一份饭,坐在一边吃。

我记得到皇学馆大学之后,学校一共宴请我们两次。参加的学校人员基本上是两三个人,与本事无关的人绝对不参加。

皇学馆大学及伊势市役所关于办公、车队、吃饭、公私分明的接待方式都是值得我们借鉴的。我想好的行政措施、切实的管理制度,不仅值得我们学习借鉴,也对管理工作有好处。

第三节　皇学馆会馆

在伊势市生活的一年中,我就住在皇学馆大学的会馆里。所谓会馆,就是异乡客人们在本地生活居住的地方。我们国内有很多的山陕会馆、山陕甘会馆,那是山西、陕西或者加上甘肃商人在其他省份建筑的住处,以供商人做生意食宿之用。清末到日本的留学生就住在清国会馆中。我国现在的公职人员出差所住的地方叫做招待所,或者酒店、饭店之类,而日本还叫会馆。当然,会馆也是从中国传过去的名称,只不过在中国已经很少叫这个名称了,只能从过去的遗迹中,还能见到这样的名称。在日本的一年,会馆就是我的家,对我有非常重要的意义。

我在会馆中认识的日本朋友,都是来皇学馆大学学习或者工作的人,他们是我的邻居,又是我的同事,对我在日本生活的那段时间有非常重要的意义。

图1-4　皇学馆会馆

一、热爱中国文化的竹中老师

竹中老师是日本皇学馆大学附属高中的国语教师,是我到日本后结识的好朋友。竹中老师个子不是太高,长得很漂亮,大大的眼睛,圆圆的脸,虽然已经50多岁,但风韵犹存。看得出,她年轻时是一个美人儿。竹中老师有一个很幸福的家,丈夫在一家公司做工程师。她有三个儿子,其中两个是大学生,一个在读研究生。小儿子在名古屋外国语大学读中文专业,这使我们与她更亲近一些。她家中除去自己住的一套房子外,又建起两座小楼,共有30间房子出租。这在日本算是一个比较富裕的家庭。

图1-5 竹中老师(左)与作者(右)

竹中老师非常喜欢中国文化。每个星期六下午,她都要带着几个学生到会馆来向我们学习汉语。会馆有会议室专门供学习之用。

竹中老师的学生分为两个班:一个是到会馆来学习汉语的这个班,这些都是皇学馆大学喜欢汉语和汉文化的大学生。另一个是皇学馆大学附属高中的学生,就是竹中老师所在学校的高中学生。在竹中老师的带动下,他们学校成立了汉文班,汉文班每个星期二下午学习汉语。这个班,由皇学馆大学附属高中请中国留学生去教课,是要付费的。

除此之外,竹中老师还辅导上海体育学院去日本的吕老师及其儿子学习日语。吕老师的妻子在日本留学,后来就留在日本工作,已经有十几年的时间了。

几年前，吕老师及其儿子一起来到日本。吕老师在单位工作，儿子在小学读书。竹中老师每个星期三的晚上都要开车到吕老师家中，免费去教他们父子俩学习日语。由于我们也想向竹中老师学习日语，所以也和她一起到吕老师的家去学习，很快就与竹中老师、吕老师熟悉了。

竹中老师是一个非常热情的人。在日本的一年，竹中老师对我们几个中国人非常照顾，她经常请我们到她的家里吃饭，给我们做中国风味的饺子、薯泥。她还给我们做一些具有日本风味的饭菜。我在异国他乡的生活充满了温暖和情趣，与竹中老师有密不可分的关系。我非常感激她。

竹中老师对当地很熟悉，她经常与其丈夫一起开车带我们到日本的一些景点去参观考察。竹中老师曾带我们到伊势附近的志摩海滨去看日神遥拜所、安乘崎的灯塔，到二见（伊势附近的市名）去看苏民祠，伊势的古码头、商人馆；到本浦田参加牡蛎节，到京都看红叶，到内宫看黄叶，到北海道看雪景、温泉，到大阪天守阁、神户中华街……她向我们讲解了日本的风俗民情。竹中老师对我们的帮助真是太大了，我们一块儿去日本的中国同事，提起竹中老师时，心中无不充满感激。

竹中老师是一个国语老师，对日本的文化、地理环境都比较熟悉。我们和她一起旅游，并经常在一起谈彼此的风俗文化，从而了解了许多通过书本无法了解的日本本土的风情和文化。我们向竹中老师介绍中国的春节、中秋节、端午节，竹中老师给我们讲日本的新年、神宫、盂兰盆节等风俗，使我们对日本的文化有较深的了解，并把中日文化和风俗进行比较。这对我项目的完成起了很大的作用。

因为有了竹中老师的照顾，我在日本的一年才那么丰富多彩和愉快。在日本能认识竹中老师是我的幸运。

二、神户来的女教授

会馆里还住着一位来自日本神户女子大学文学部的女教授前田礼子先生。前田礼子教授每个星期二、星期三从神户来到伊势，住在会馆，辛辛苦苦地在皇学馆大学图书馆查资料，然后进行研究，最后写成学术著作。每次来，她都背着一个很大的背包，里面装着她的资料和一些日用品。

我认识前田礼子教授的时候，她已经72岁了。她的丈夫已经去世，四个儿女也都已经工作，一个在东京，一个在大阪，两个在神户。她自己一个人生活，不愿意和孩子们住在一起。

在伊势，我每天早上都到会馆附近山坡上的小操场舞剑，有一次被前田礼子教授看见了，她找到我说想让我教她舞剑。她请我每个星期教她两次，每次

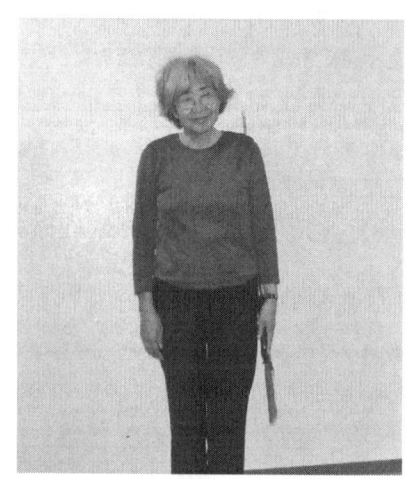

图 1-6　神户来的前田礼子教授

半个小时。看来她是怕占用我太多的时间。她的要求如此低，我毫不犹豫地答应了。此后，我和前田礼子教授有了较多的接触。

前田礼子教授老骥伏枥的敬业精神令我特别感动。前田礼子教授是从事文学研究的，毕业于日本甲南大学院人文科学研究科英国文学专业，是神户女子大学文学部的教授，已经出版了好几本著作。她把自己著的《白鲸》送给我，该书是写白鲸的教育思想。当她听说我研究中国与日本文化的交流的时候，便送了我一本日本的名著——《古事记》。当时我正需要这本书，收到这本书时我高兴得连声说"谢谢"。

前田礼子教授在退休后开始研究神道学。皇学馆大学是日本研究神道学的中心之一，神道学资料极为丰富，所以前田礼子教授不惜坐火车几百里地来皇学馆神宫文库看书、查资料。我每次到她的房间，她都在写作。我很奇怪，像她这样一个 70 多岁的老人，何必这样辛苦呢？我曾经问过她，一个人生活是否有些寂寞。她大概觉得我以为她是因寂寞才做学问的。她说，自己现在退休了还在工作，但是她不能忘却的是搞研究，这完全是出于一种追求。她不觉得寂寞枯燥，很习惯自己的生活。

日本没有 60 岁退休的政策，所以很多老人照样辛勤工作。不仅前田礼子教授 72 岁，我在皇学馆大学见到的许多教授都是很大岁数，也仍在辛勤地工作。许多日本人都有极强的敬业精神，无论他们做什么工作，都非常努力。

在伊势的超市，我也曾见过像前田礼子教授那样年纪的老人，他们仍是那样勤奋、那样敬业，充满着活力。我想这大概就是日本民族迅速发展的原因所在。

第二章
伊势神宫——日本天皇的祖庙

伊势神宫在日本人的心目中有非常崇高的地位。伊势神宫供奉着天皇的祖先天照大神，所以伊势神宫处于日本神宫、神社的核心地位，是日本神道教的总本社。因伊势神宫的神圣地位，伊势被称为"日本的心"。伊势周围的神宫、神社、祭祀基本都是围绕伊势神宫修建的，就连我去工作的皇学馆大学也是伊势神宫的附属部分。

每年伊势都要为天照大神举行各种祭奠活动，祭祀天照大神的功绩；而在这些祭祀活动中最重要的祭祀就是每年一度的神尝祭。神尝祭是当新的稻谷收割之后，献给天照大神的祭品，以感谢天照大神对人们的恩赐。

第一节 伊势神宫与神尝祭

日本的神宫、神社有8万多个，日本所有的神社中最核心、最重要、规格最高的就是伊势神宫。日本的天皇是世代相传的。日本的皇室没有像中国那样经历的改朝换代的腥风血雨。即使在幕府将军控制天皇的局面时，幕府将军虽然可以更换天皇，但新立的天皇也必须具有皇室血统，幕府将军是不敢篡位自立为天皇的。现在的明仁天皇的血统可以追溯到第一代日本天皇。天照大神是日本天皇永恒不变的祖先，是日本民族的最高神。从伊势的火车站出来，迎面而立的一个大的宣传木架上写着"日本的心"，这说明了伊势神宫在日本人心中至高无上的地位。伊势市因伊势神宫而名扬天下。

在伊势，在皇学馆大学，我处处能感受到一种神的氛围。这种现象对于我这个从无神论国度来到这里的人来说，十分新奇。后来我想了想，新中国成立前，我国不也是一个多神崇拜的国家吗？日本文化受到中国文化的深刻影响，但日本人没有经过无神论教育，没有经过"文化大革命"，他们仍然像过去的中国一样，是信神的。

一、伊势神宫及宫域神灵

伊势神宫是日本天皇的祖庙，位于伊势市，离皇学馆大学仅五华里左右，是日本神道教的总本社。天照大神是天皇的祖先，伊势神宫供奉着天照大神，因而在日本具有至高无上的地位。

图2-1　伊势神宫的内宫及神职人员

伊势神宫的有关资料保存在公元712年成书的《古事记》里。这本书记载了日本天皇传说中的家谱。据《古事记》记载，伊势神宫建于公元前4年，但据历史学家考证，伊势神宫的建造不会早于公元690年。《古事记》所记载的前几代天皇只是出于传说。天照大神的传说可能来源于曾接受中国东汉颁赐的倭奴国王金印的邪马台国女王卑弥呼。邪马台国是有历史记载的日本最早的国家，当时日本有几百个小国。日本最早的国王就是邪马台的卑弥呼女王，天照大神也是女性，当与卑弥呼女王有关。

伊势神宫由内宫和外宫两部分组成。

内宫，正式名字称为皇大神宫，据说已有2000多年的历史，是祭祀天照大神的地方。自神武天皇到崇神天皇时期，天照大神一直都被供奉在古都大和（今奈良县）的皇宫里。崇神天皇时期，日本国内流行疫病，再加上当时朝廷内部矛盾尖锐，天皇希望天照大神的御镇座（即神宫）离皇宫远一些，不要让天照大神的御镇座被某些权臣所控制。

《日本书纪·垂仁天皇廿五年》卷六记载：崇神天皇之子垂仁天皇"托于倭姬命，爰倭姬命求镇座大神之处而诣菟田筱幡，更还之入近江国，东回美浓，到伊势国。时天照大神诲倭姬命曰：'是神风伊势国，则常世之浪重浪归国也。傍国可怜国也，欲居是国。'故随大神教，其祠立于伊势国，因兴斋宫于五十铃川上，是谓'矶宫'，则天照大神始自天降之处也"①。《集韵·彻韵》云："矶，感激也。"在伊势五十铃川建造的伊势神宫称为"矶宫"。矶宫之"矶"，是日本皇室为了表示对天照大神繁衍众生的感激而为之建造伊势神宫，使天照大神在这里接受子孙后裔的祭祀与膜拜。

外宫的正式名称是丰受大神宫，所祭神主丰受大神，是掌管天照大神衣食住宿之神。丰受大神宫大约有1500年的历史。丰受大神御镇座原在丹波国（今京都府北部）。雄略天皇时期，为了照顾天照大神的生活，就在伊势修建外宫，把丰受大神的御镇座建在外宫，侍奉天照大神的膳食。外宫每年的祭祀同内宫完全一样。

在伊势市共有14座与伊势神宫有关的神宫和125座神社。在日本，神宫、神社都是敬奉神的场所，神宫的规格更高一些。一般的说，凡是所敬奉的神灵与天皇有关系的称为神宫，所敬奉的神灵与天皇没有关系的称为神社。

在内宫、外宫的宫域内是天照大神、丰受大神的神灵，或者是祈求与农业有关的风雨雷电之神等。

日本人认为相信神有多种灵性，他们把这些灵性称为"魂"。每个神灵皆有"荒魂"、"和魂"。"荒魂"，表现出一种勇猛暴力的倾向，是一种活泼的灵性，人们必须用祈祷祭祀安抚他；这样神灵的"和魂"才能出现。"和魂"是平和的灵性；是向人们赐福的灵性。

居在内宫宫域内的神灵御镇座还有正殿、荒祭宫、风日祈宫等。

内宫正殿：所敬奉的是天照大神之和魂。在祭祀正宫之后，必定要祭祀荒祭宫。

荒祭宫：所敬奉的是天照大神的荒魂。荒祭宫位于内宫宫域内，正宫以北50米处。

风日祈宫：所敬奉的神是级长津彦神和级长户边神，这二神是农业生产中极为重要的风神和雨神。风日祈宫位于内宫神乐殿以北100米处。

在外宫宫域内的神灵御镇座还有：

外宫正宫：供奉的是丰受大神的"和魂"，在祭祀正宫之后，必定要祭祀荒

---

① 《日本书纪·垂仁天皇》，463页，东京：岩波书店，2001年。

祭宫。

多贺宫：祭所敬奉的是丰受大神的荒魂。

土宫：所敬奉的是大土御祖神，此神司掌外宫的土地。土宫位于外宫正宫南100米处。

风宫：也敬奉级长津彦神、级长户边神，即风神和雨神，位于外宫正宫以南90米处。

伊势神宫（包括内宫、外宫）的宫域中主要是敬奉的天照大神、丰受大神的御镇座，但是天照大神家属成员的御镇座皆不在内宫、外宫的宫域内。天照大神家属成员的御镇座在伊势市，主要有：

（1）伊佐奈岐宫。该宫所敬奉的是伊奘诺神，即天照大神之父。

（2）伊佐奈弥宫。该宫所敬奉的是伊奘冉神，即天照大神之母。

根据日本古籍《日本书纪》和《古事记》中的记载：伊奘诺神是阳神，伊奘冉神是阴神，他们二人结为夫妇，生下了"八大洲国及山川草木"。他们认为，我们"何不生'天下之主'欤？于是共生'日神'，号'大日䨴贵'。此子光华明彩，照彻与六合之内。……次生'月神'，其光彩亚日，可以配日而治。次生素盏鸣尊，此神有勇悍而安忍。……远谪之于根国"。注曰："一书曰'天照大神'，一书曰：'天照大日䨴贵'。"① 故有人认为这里所说的"日神"，号"大日䨴贵"者，就是天照大神。但是《日本书纪》和《古事记》中还有记载，当伊奘冉神生火神时，为火神烧焦，化去。伊奘诺神难忘他们之间的爱情，于是随之也到了妻子伊奘冉神之处。但是妻子已经不想见他，因她已经变得很丑。但丈夫爱心难泯，强见之。最后夫妻二人反目成仇，丈夫与妻子断绝恩爱。伊奘诺神独自回来之后，"洗左眼，因以生神，号曰'天照大神'；复洗右眼，因以生神，号曰'月读尊'；复洗鼻，因以生神，号曰'素盏鸣尊'；凡三神矣。已而伊奘诺神敕任三子曰：'天照大神者，可以治高天原也。月读尊者，可以治沧海原潮之八百重也。素盏鸣尊者，可以治天下也'"②。

（3）月读宫。该宫是皇大神宫之别宫，所敬奉的是月读神。此神是天照大神之弟弟月夜见尊，是司掌黑夜世界之神。月读宫位于内宫不远处。根据古籍《日本书纪》和《古事记》中的记载，月夜见尊是辅助天照大神"配日而治"的神灵。是时，天照大神"闻苇原中国有保食神"，命月夜见尊到苇原中国（今日本的本土）来见保食神。月夜见尊到达苇原中国，得知保食神用"口吐饭"招待他。"月夜见尊忿然作色曰：'秽哉！鄙矣！宁可以口吐之物，敢养我呼？'乃拔剑击杀。然后复命，具言此事。时天照大神怒其之曰：'汝是恶神，不须相

---

① 《日本书纪·神代上》，428页，429页，东京：岩波书店，2001年。
② 《日本书纪·神代上》，433页，东京：岩波书店，2001年。

见,'乃与月夜见尊,一日一夜,隔离而往。"① 从此以后,天照大神白天出来,而月夜见尊晚上出来。天照大神不再与月夜见尊见面。月夜见尊,就是月亮大神,即天照大神的弟弟。

(4) 月读荒魂宫。该宫在月读宫的宫域内,所敬奉的是天照大神的弟弟——月夜见尊的荒魂。

(5) 月夜见宫。该宫在外宫附近。月夜见宫与月读宫敬奉的是同一个神灵,皆是天照大神之弟月夜见尊的神灵。月读宫与月夜见宫分别在内宫与外宫的附近。

(6) 本田神社。该神社敬奉的是天照大神的另一个弟弟素盏鸣尊。根据古籍《日本书纪》和《古事记》中的记载:素盏鸣尊"远谪之于根国"。《日本书纪·神代上》记载:素盏鸣尊"甚无状,……春则回放种子,且毁其半;秋则放天斑驹,使伏田中"。素盏鸣尊作为弟弟,一直欲夺天照大神的高天原。当天照大神正在织神衣之时,素盏鸣尊躲在斋服殿,剥天斑驹从殿上的上面投下来,使天照大神受惊,"以梭伤身"。天照大神非常生气,躲在石窟中,使六合之内常暗,后山天钿女命用舞蹈才把她骗出,天地重见光明。众神皆逐素盏鸣尊到根国去。本田神社就是素盏鸣尊的神社。素盏鸣尊虽然是天照大神的弟弟,但其御镇座却不称神宫,而称神社,说明他与天照大神关系之恶劣。这件事也反映出远古时期,部落之间激烈的斗争和冲突。

(7) 倭姬宫。倭姬宫所敬奉的神是倭姬。此神在距今约 2000 年前得到了天照大神的神示,选定了内宫建宫之址,奠定了神宫的基础,由此功绩而被供奉为神。倭姬宫在伊势市楠部町,位于连接外宫与内宫的御幸路的中段。

伊势市之外而与神宫有关的还有:

(1) 泷原宫和泷原并宫。这两宫所敬奉的是天照大神之魂。传说这两座神宫是 2000 年前倭姬命为供奉天照大神而建,建宫年代是在内宫建立之前,位于三重县度会郡大宫町泷原,泷原宫位于内宫以西 50 公里处。

(2) 伊杂宫。该宫所敬奉的是天照大神之魂。此宫是倭姬命为了确保天照大神的膳食在去志摩郡时所建,位于三重县志摩郡矶部町大字上之乡。伊杂宫位于内宫以南 15 公里处。

伊势市有大大小小的神社 125 座之多。在伊势,我总是感到这是一个神的世界,充满着浓浓的神的气氛。

二、伊势神宫的鸟居、宫域与"式年迁宫"

内宫离我住的皇学馆会馆不远,只有三四里,所以内宫是我常去参观游玩

---

① 《日本书纪·神代上》,436 页,东京:岩波书店,2001 年。

之处。在内宫,我更能清楚地了解日本人的思想意识和信仰。

走近内宫,一个高大的鸟居迎面而立。所谓鸟居,就是一个高大的类似中国牌楼的"开"字形的木架子,但比中国的牌楼要简单得多。日本人崇拜原色,所以鸟居的木柱不着漆和任何颜色。从内宫的第一道鸟居到内宫的正殿,共有五道鸟居。五道鸟居以第一道和神宫正殿门口的鸟居最为高大。

图 2-2 伊势神宫鸟居

鸟居的高低大小与神宫、神社规模的大小相呼应。

在日本,凡有神宫、神社的地方必有鸟居。皇学馆大学的前面也有一个非常高大的鸟居,这是因为皇学馆大学里面有神宫文库,旁边有神宫征古馆、神宫农业馆、神宫美术馆等。神宫前面的鸟居非常高大,有人说,鸟居是一个"门"字形的,类似中国牌楼一类的建筑。也有人说,神宫前立鸟居是因为害怕鸟来侵犯神的灵魂,而修建让鸟居住的地方;或者是害怕鸟粪落在神宫或神社上,影响神的清洁,因为日本神是爱干净的。但是,鸟居在神道学里,是神界和人界的划分之门。走过鸟居,就进入了神界。

鸟居的前面是宇治桥,清清的五十铃川水从桥下流过。

进入神宫的宫域之后,迎面的参道是一条宽宽的、由松散的石子铺成的大路(关于石子路,后面将会详述)。神宫中古木参天,这些有着七八百年甚至上千年历史的老树在向人们诉说着那悠久的历史。我曾伸开臂膀去测量一株大树,大约需要我用七次伸开的臂膀才能量完这株古树,由此可见这个园子的古老。自建宫以来,园子的树木就严格禁止采伐,这对于保持五十铃川河水的清澈、维护自然环境也起了极大的作用。

内宫从宇治桥到正宫参拜路的中段有一个神乐殿。参拜者希望用神乐去感谢天照大神和丰受大神的神恩。参拜者在神乐殿表演神乐，敬献给神，表现了日本人的一种信仰。每一个神宫里面都有神乐殿。神乐殿是内宫最辉煌的建筑。

正殿是内宫的主体建筑，也是神宫特有的日本最古老的木构建筑形式。有研究者认为，这种建筑形式是以大约 2000 年前日本人储藏稻米的高架式粮仓为原型，并揉进了古代天皇宫殿建筑的要素，用桧木支撑，以萱草为屋顶，山墙上有山花中柱，悬山屋顶呈四面坡式。

当见到内宫正殿的时候，我才明白为什么每一个神宫、神社前面都有鸟居了。我认为，鸟居当来源于阻止鸟进入粮仓去吃粮食的设施，当"两千年前日本人储藏稻米的高架式粮仓为原型"的建筑发展成为日本祖先的神宫之后，鸟居也当然地耸立在神宫前面，成为保护神宫的屏障。

伊势神宫有一个"式年迁宫"的制度，即每隔 20 年要把伊势神宫的建筑毁掉重建，按照原样重新建造新殿。同时还要将天照大神用了 20 年的衣服、日用品、武具等宝物也按照原样重新制作后纳入新殿；最后从旧神殿中将天照大神的神体迁入新殿。最近一次是在 1993 年的第 61 次"式年迁宫"，下一次在 2013 年，即第 62 次迁宫了。"式年迁宫"始于距今 1300 多年前的 7 世纪后半叶，第 40 代天武天皇定下了这个制度，其妻子第 41 代持统天皇时开始了第一次"式年迁宫"。后来虽然多少有一些例外，但到 1993 年仍已经进行了 61 次"式年迁宫"。

至于为什么每 20 年就要迁宫？据日本人说，"式年迁宫"还包含了将日本文化传给下一代之意。在"式年迁宫"时要将殿舍、神宝重新制作，其制作技术来自于 1300 多年前的最初的"式年迁宫"，因此现在依然可以制作出同古代完全一样的殿舍和神宝。我想大概日本是一个多火山的国家，神宫有可能被焚毁，所以日本天皇干脆就 20 年焚宫再建吧。

在"式年迁宫"中，人们为神建造新殿，制作新的宝物（衣），像举行神尝祭一样将最早收获的稻米供奉给神。"式年迁宫"是伊势神宫 20 年间最大的祭祀活动。他们对自己的祖先——天照大神充满感激之情，向天照大神虔诚地祈祷天皇长寿以及日本与世界的和平。外宫和内宫都要举行"式年迁宫"。

自中世纪以来，神宫宫城的树木一直都是"式年迁宫"的用材专用林。中世时代以后虽然曾中断过几百年，但自 1926 年又开始了植树造林，计划 200 年后可以确保"式年迁宫"的用材。

2013 年，内宫、外宫就该"式年迁宫"了。现在内宫、外宫准备好了迁宫的用地，就在原来内宫、外宫正殿的旁边。

三、伊势神宫的扩建

伊势神宫的规模非常大，我所去工作的皇学馆大学及其附近的徵古、农业二馆皆属于伊势神宫扩建的一部分。明治维新以后，天皇的地位大大提高，于是伊势神宫也进行扩建。

我第一次到皇学馆大学报到，快走到学校大门的时候，一块高大的石碑映入眼帘。那是一块明治四十四年三月的《神苑会记》碑，横额题字曰"崇敬致诚"。碑文铭：

神苑会记

海军大将大勋位功三级威仁亲王题领

　　天祖建极皇统，德配天地，神宫之尊严，亿兆崇敬焉。迨王纲解纽，武臣专权，禁制渐弛。至有亵渎灵境者，可胜叹哉！明治维新，百度更革，此地未复古，乡人凤图廓清。十九年，遂创设神苑会，百方经纪，事始就绪。朝廷赐金、神宫司助资、会宾顿加醵金亦不甚少，因奉有栖川宫为总裁，嘱显宫名，名士分会务，于是在内宫撤民屋五十六户，拓土七千五百三十步。在外宫撤民屋一百二十七户，拓土一万二千五百七十一步。开园池，植花木，以为神苑，内宫□□□□□□旁购山林五十万余步之地，以添内宫风致；又买收仓田山凡三万余步，诛荆棘，填豀壑，建徵古、农业二馆，品汇类集，以供众庶观览。灵境之宏丽庄严，迥轶前日，神苑会之功可谓伟矣！顷者会员胥谋，欲树石勒记以传于后，征余文乃叙其梗概云。

明治四十四年三月
帝室博物馆总长正三位勋一等股野琢撰并书、井龟田刻

碑文记载，日本政府为了"添内宫风致"，"朝廷赐金、神宫司助资、会宾顿加醵金"，并建徵古、农业二馆，买收民田及仓田山而撤民屋的情况。

有人说日本明治维新之后，开始不用汉文，改用日本的平假名、片假名，即用现在的日文。这篇碑文是明治四十四年三月所写，可以看出明治以后的若干年中，日本用的仍然是汉字。

在皇学馆大学附近我发现好几通石碑。每通石碑都有用汉语写的碑文，其中有太田小三郎的功德碑。从碑文中看，太田小三郎对营建伊势神宫的别苑、神宫徵古、农业二馆起了很大的作用。从这块碑文里可以看出日本营建伊势神

图 2-3 《神苑会记》碑

宫的别苑、神宫徵古、农业二馆的情况,以及日本明治维新时期的一些情况。碑文如下:

太田小三郎记功碑
正二位勋一等伯爵清蒲奎吾题额

君本姓鹰羽,初称匡一,嗣太田氏,改称小三郎。弘化二年,生于丰前英彦山。少学经史,能诗文。幕府造一山志士勤劳王事,伯兄净典等殉大义,君亦备尝艰苦。王室中兴,入京师,受三条相国知遇。明治五年,来伊势拜神宫,见宫垣咫尺,肆廛密迩,烟尘丛集,深忧其亵渎尊严,慨然有廓清之志。而事体重大,难遽措手,乃定居山田,拮据累年,条画粗成。县令石井君见而是之。市郡有志,亦乐成其事。于是列名倡建神苑会,奉一品只仁亲王为总裁会长,评议诸员并推当世名卿,疏告四方,权集义捐事间,赐内帑金以奖之。众心感激,踊跃从事,乃于内、外下收私地二万余步,撤民房一百八十余户,划其弊壤，代以净土，植卉木，凿池沟，因天造之胜，加人工之美，别买民林五十余万步附入神域。更于仓田山营别苑三万余步，筑徵古、农业二馆，工完物备，归诸神宫。朝廷嘉君劳绩，赏赐三套金杯，实明治四十五年也。君于一境利泽，靡不尽心。如铁路、银行、电车、电灯，皆其所经始也。大正五年九月以寿七十二终。士民追思，久而弥切，遂于远近同志谋刻石纪功，垂之不朽。由廉乃据所闻见，叙其大概如此。

宇治山田市长正七位勋五等福地由廉撰
香川长尾田书　东京石胜刻
昭和九年十一月五日

图 2-4　太田小三郎记功碑

在距功德碑不远的那块墓地上，我见到了太田小三郎的墓和墓碑。他的墓碑要比别人高大得多，在这块墓地中独占一个完整的墓园。碑文下面的内容也是关于修建伊势神宫的别苑、神宫徵古、农业二馆的情况。

从这两通碑文中可以看出，明治时期，太田小三郎与伯兄净典君一起"奔走于诸藩之间。净典君遂遭害，君亦属履危"，说明当时情况还是很凶险的，也反映了明治维新初期复杂的社会背景。明治维新成功以后，太田小三郎为伊势神宫扩建做了很多工作。通过这两块碑文，我们才知道这里原来是"肆廛密迩，烟尘丛集"，是神苑会、太田小三郎等人的努力，才使神宫有了如今的规模。

四、日本公主池田厚子主祭神尝祭

我刚到日本的第三天，即2008年10月17日，中国留学生小潘告诉我："明天伊势神宫进行神尝祭，是伊势神宫祭祀天照大神的日子，一年一度，非常隆重，你刚好赶上，一定要去看看。"

图2-5　神尝祭日身穿和服到内宫的参拜者

天照大神是天皇的女性祖先。在古代，神宫祭祀都是由未婚的皇女来伊势主祭侍奉天照大神。现在，皇室依然按照古代的传统，祭主必须由有皇族血统的女性担当，并以天皇的名义侍奉天照大神。伊势神宫的大祭——神尝祭，以日本天皇委托姐姐，即日本公主，又称为内亲王的池田厚子为祭主。

10月18日这天，我和几个中国同事起了个大早，向内宫进发。内宫离我们的住处大约5华里，我们很快就走到了。

从上午9点开始，就有一批一批的参拜者陆续而来。一排排穿着漂亮和服的女子，袅袅娜娜而来；一队队穿着学生服的年轻中学生排队而来；还有穿百姓服装的人自由结伴而来；还有坐着轮椅的老人，下轮椅后，让人搀扶而来，其虔诚让人感动。

这些参拜者向神祈祷的一般方式如下：参拜者首先深鞠躬两次，在胸前合掌，然后击掌两次，其意思是让神知道他的心意，这就是通神；然后合掌祈祷，最后再深鞠躬一次。他们不像中国拜神时要放炮、烧香、磕头等。

在日本古代神话的传说里，天照大神派自己的孙子带着稻种到地上做天皇，教会日本人种稻。人们每年都要将最早收获的稻米供奉给天照大神。在神宫中，我发现神宫的正殿，以及荒祭宫的墙上都挂着一束束的新收割的稻穗。这是可以理解的，把新收割的稻子献给神，这就是神尝祭。中国古代祭神时也是要将新收割的谷物、粟、枣等拿来祭神的，称为"尝新祭"。神宫的正殿以及荒祭宫的墙上，还挂着缠着白纸条的杨桐树枝，就是前面所说的玉串。日本人认为玉串是通灵的，是向神虔诚敬献的表示。

献神时，日本人还要用摇铃铛的方式让神知道，他们认为这种方式是通灵的。

快到12点时，有几十个身穿白衣、头戴类似唐代官员戴的黑色帽子、脚穿黑色的木屐的神职人员宫司出现了，最前面的神职人员还抬着一个大箱子，据说里面放的是敬神的祭品。

紧接着，祭主池田厚子出现了。她的到来使此次神尝祭达到高潮。池田厚子就是天皇的姐姐、日本的公主。

图 2-6　日本公主池田厚子（左一）主祭神尝祭

池田厚子头上系着一条浅米黄色的丝带，脑后扎着一条辫子；身穿长的白上衣，杏黄色的类似裙子的下裳，脚穿杏黄色的木屐。池田厚子走路略显佝偻，虽然已经是近80岁的人，但她不要人搀扶，走在最前面。她身后是几十位身穿白色神职服装的宫司，还有几个身穿黑色燕尾服的日本官员走在最后。他们先进了偏殿，大约经过了半个小时，又抬着箱子进了正殿。正殿里响起音乐的声音。神宫的正殿是不让其他人进去的，也不准任何人观看。一些资料上说，日本的神宫、神社里是没有神像的，神宫里敬奉的是三件神器。这三件神器是天照大神授予其孙琼琼杵尊作为继承皇位象征的三件神器，即八咫镜、天丛云剑（亦称草薙剑）和八阪琼曲玉（八尺琼勾玉）。八咫镜被敬奉在伊势神宫，可以反射出万事万物的原貌，使人们不会受到欺骗。天丛云剑被祭祀在名古屋热田神宫，可以斩除一切邪恶。八阪琼曲玉则被敬奉在皇宫，它代表着善良和美好。我想，伊势神宫正殿里面供奉的大约就是那面天照大神传下来的八咫镜了。

大约又经过一个小时，池田厚子从正殿出来。只见她脱下木屐，跪坐在神宫院子里白石头上面铺的席子上，其他神职人员也同样跪坐在神宫院子地上铺的席子上。四个身穿黑色燕尾服的日本官员没有跪，而是坐在神宫院子中所放的凳子上。整个过程，大约用了两个小时。

在这中间，其他的人被一道门隔开，只能从木栅栏中看到跪坐着的池田厚子。日本警察负责这里的治安，不让拍照，所以我没有留下这些宝贵的镜头。当然，内宫正殿也是不让拍照的。

两个小时后，拜祭才结束。主祭人池田厚子走在前面，几十个身穿白色长服的神职人员跟在这位年迈的日本公主的后面，离开神宫正殿。有一部分神职人员又到荒祭宫去祭。这个时候可忙坏了我，我跑在池田厚子的前面，对着她拍了几张我很满意的照片，也算不虚此行了。为了拍这几张照片，我与我的中国同事唐永亮先生等也跑散了。

我一人又在一个剧场内看了一会节目、唱戏等。当我从内宫出来，才发现外面还有一个世界，原来街上还有华丽的神舆（彩车）、喧闹的人群、舞蹈的队伍……

第二节　日本的巫女

我们会馆里还住着一位巫女。她就住在我的隔壁，很热情，也很容易接近。我对她的职业充满了好奇和兴趣，很快与她成为好朋友。

在日本，巫女是圣女的意思，是一个很受尊重的职业，就如同天主教的修女一样。与中国相比，日本的社会进程较晚，当中国已经进入封建社会，男子掌权成为根深蒂固、不可摇动的现象时，日本还保留着许多母系社会的遗存。日本与中国交往之后，虽然学习了中国的政治、文化等，但是思想意识并没有发生迅速的转变，女性在社会上仍有很高的地位。特别是日本的飞鸟、奈良时代，出现了很多能够与神灵相通的女子。这种女子就是巫女。因为她们能够与神灵相通，因此有很高的社会地位，甚至是最高统治者，如女皇、皇女等。这些女子其实就是巫女。

人们多认为女子是最容易与神灵相通的。至今，现代日本仍有相当数量的巫女，她们在神宫或者神社中工作，属于神职人员。巫女如果到25岁还不结婚，就可以终生留在神宫或者神社中工作，巫女就是她们的职业。

一、东京来的巫女

我来日本的第二个学期，会馆里来了位巫女，名叫饭田美子。饭田美子是东京附近酒折宫跳神乐舞的巫女，到皇学馆大学进修神道学并到神宫里面实习。

酒折宫，《古事记》和《日本书纪》中都有记载：景行天皇的小儿子倭建命，被称为日本武尊，去征服虾夷。平定虾夷之后，日本武尊"至甲斐国，居于酒折宫，时举烛而进食"①。饭后，日本武尊在这里与举烛的老者唱歌，互相答对，因此留下了酒折宫的名胜和佳话。

图2-7 作者（左）和饭田美子女士

饭田美子看上去还很年轻，最多50多岁，脑后梳着一个马尾巴的辫子，中等个子，苗条挺拔。但经过谈话才得知，她已经是71岁的老人了，终身没有结婚。听完她一番话，我大吃一惊，她竟然已经到了古稀之年。我想她年轻时肯

---

① 《日本书纪·景行天皇》，480页，东京：岩波书店，2001年。

定很清秀。这个把青春和爱情都献给神的女子,大概是因为心地纯净,才把青春保存得那么好。

饭田美子很有学问,是个神学家。在她的房间里,我看见有《古事记》、《日本书纪》等古代书籍。

"巫女"在日本宗教界是一种传统职业,神宫或者较大规模的神社都有巫女。巫女自幼就在神宫里面,学习神道学和神乐舞蹈。如果到25岁结婚,就可以离开神宫;如果到25岁不结婚,经过考试就可以转为神职人员。饭田美子就是转为神职人员的巫女。巫女在日本是能够与神灵相通的女子。日本人信神、信巫,巫女有很高的权威。日本神宫的巫女是很受人尊敬的,她们终生不婚,把自己的一生和爱情献给了神,是圣洁、纯真的象征。

饭田美子是跳神乐舞的。日本人认为神乐舞是可以通神的。伊势神宫也有神乐殿,是专门用于跳神乐舞的场所,在每个神宫或者较大规模的神社里都有跳神乐舞的巫女。

神宫里的巫女身穿白衣绯裤,长发飘飘,长袖善舞,显得那么纯洁美丽,给人一种清新、神圣、古典、神秘莫测的感觉。她们手持铃、扇或者杨桐枝而舞。巫女神乐舞实际上是古时遗留下来的神灵附身的形式,后来逐渐演变为神乐舞。今天许多日本神社仍表演巫女神乐。

饭田美子是一个很善良的女子。她到会馆以后,每当伊势有较大的祭祀活动时,她总是邀我同去,使我开始对日本的祭祀活动有了兴趣,增加了很多见识。她总是用日语和我交流,不断地给我正音,晚上还陪我散步。饭田美子对我在日本的生活有非常大的影响。

二、日本巫女与斋王

日本神话和历史上都记载有许多巫女,天钿女命是神话传说中最早的巫女,因此她被跳神乐舞的后代巫女尊为祖神。当然,天钿女命也是日本艺妓的祖神。日本的艺妓与巫女共祖(后文将详述)。

《丰受皇太神宫御镇座本纪》记载神乐的起源云:"凡神乐起,在昔素盏鸣神奉为日神,行甚无状,种种陵侮。于时,天照太神赫怒,入天石窟,闭盘户而幽居焉。尔乃六合常暗,昼夜不分。群神愁迷,手足罔厝。凡厥庶事,燎烛而式辨。……猿女君祖——天钿女命,采天香山竹,其节间雕风孔,通和气,今世号笛类是也。亦天香山弓,兴并叩弦,今世谓和琴,其缘也。木木合合,而备安乐之声。移和风,显八音。即猿女神伸手抗声,或歌或舞,显清静之妙音,供神乐曲调。当此时,欻解神怒,妖气既明,天无复有风尘。以来,风雨时若,日月全度。一阴一阳,万物之始也;一音一声,万乐之基也。神道之奥颀，天地之灵粹。丝竹之要，八音之曲，已以为贵。故依旧氏之权，猿女氏率来目孙屯仓男女，转神代之遗迹，而今供三节祭，永为后例也。"日本人认为天钿女命的神乐可以"移和风，显八音"，化解"天照太神赫怒"，这就是人们以神乐舞娱神的起源。

伊势神宫是天皇家族的神社，是用以祭祀天皇祖先天照大神的场所，每一任天皇登基时都要派自己年轻的、未婚的姊妹或女儿去神宫，做掌管祭祀的斋宫。这个管理斋宫的皇女被称为"斋王"。在日本历史上，一般来说，每一代天皇都要派出斋王。斋王由占卜决定的，如果行为不端正要更换。每个皇女可做三年以上的斋王。这个能够通神的斋王，就是巫女。斋王十几岁就进入天照大神神宫的斋宫，三年之后才可以出宫嫁人。巫女是非常受尊重的。出任斋王的皇女需在宫中的斋院斋戒沐浴，才能到伊势神宫就任。

日本把皇女封为斋王祭祀天照大神，是自崇神天皇的皇三女丰锹入命开始的。《日本书纪》崇神天皇五年记载：日本"国内多疾疫，民有死亡者，且大半矣。六年，百姓流离，或有背叛，其势难以德治之。是以晨兴夕惕。先是天照大神、倭大国魂，并祭于天皇大殿之内。然畏其神势，共住不安，故以天照大神讬丰锹入命祭于倭笠缝邑；乃立矶坚城神蓠"①。

丰锹入命是崇神天皇的第三女，即皇女。丰锹入命被认为是可以与天照大神通灵的巫女。从此，天照大神和人类的沟通，皆由一位皇女来执行，这就是斋王。丰锹入命是日本的第一代斋王。丰锹入命被封为斋王时，伊势神宫还未创建。天照大神的神宫还在平城京（奈良）一带。

日本历史上有名的巫女还有倭姬命。姬，日语的意思是公主。倭姬命是垂仁天皇的长女。垂仁天皇命令皇女倭姬命去寻找最适宜祭祀天照大神的地方，也就是为天照大神建造御镇座神宫的地方，即寻找最适宜祭祀天照大神的地方。倭姬命从大和出发，经近江、美浓来到伊势。在伊势，倭姬命得到了天照大神的神示曰："是神风伊势国，则当世之浪重浪归国也。傍国可怜国也，欲居是国。"于是，倭姬命将天照大神的指示和祭祠立于伊势国，因兴斋宫于五十铃川上。② 由此可见，倭姬命就是可以与天照大神相通灵的巫女。倭姬命在日本的神话传说中是一个有名的巫女。

从倭姬命开始，被选择的斋王都要到伊势神宫中的斋宫待三年以上的时间，有的甚至要去十几年；之后这些巫女斋王才可以回到国都结婚。

日本以皇女祭祀天照大神成为传统的形式，如日本景行天皇时期"遣五百

---

① 《日本书纪·崇神天皇》，503 页，东京：岩波书店，2001 年。
② 《日本书纪·垂仁天皇》，463 页，东京：岩波书店，2001 年。

野皇女，令祭天照大神"①。

豊锹入姬命、倭姬命、五百野皇女，被认为是日本前三代伊势神宫巫女斋王。自12代巫女斋王之后，被封为巫女斋王开始称为内亲王；内亲王当然地位更高。"皇女"是"公主"之意，而内亲王是封了王的皇女。

三、日本巫女与女皇

日本是一个浓厚的信神好巫的国家，能够与神灵相通的巫女当然得到人们的拥戴，最早的巫女是能够通神的女性。日本的社会进程较晚，当中国进入魏晋隋唐时期，日本还处于母系氏族社会，因此一些女性的部族首领往往借助巫术进行统治。日本的飞鸟、奈良时期，巫女仍然有很高的社会威望，因此出现了一些女天皇。

日本神话中的天照大神，即太阳女神，就是日本人的祖先。天照大神的全身放着光明，如果她躲在山洞，天下就会变得黑暗。

《后汉书·东夷传》记载："桓灵间，倭国大乱，更相攻伐，历年无主。有一女子名曰卑弥呼，年长不嫁，事鬼神道，能以妖惑众，于是共立为王，侍婢千人，少有见者，唯有男子一人给饮食、传辞语，居处宫室，楼观城栅皆持兵守卫，法俗严峻。"卑弥呼女王建立的国家，名曰邪马台王国。有学者认为，这位卑弥呼女王就是日本人的女性祖先——天照大神。

卑弥呼女王能"事鬼神道，能以妖惑众"，其实就是一个巫女。

日本古代就有巫女可以接受神的凭依，传达神意志。"卑弥呼"女王就是位于"邪马台国"最高统治者地位的巫女。

古代日本足仲彦天皇（仲哀天皇）的神功皇后也是一个巫女。神功皇后虽然仅是一个皇后，但有学者认为，神功皇后实际上是日本的一个女皇。仲哀天皇执政九年驾崩死去，"皇后伤天皇不从神教而早崩。以为知所祟之神，欲求财宝国。是以命群臣及百寮以解罪改过，更早斋宫于小山田邑。三月壬申朔，皇后选吉日，入斋宫，亲为神主"②。神功皇后"上蒙神祇之灵，下藉群臣之助"，在其摄政的69年中，每当有困难之时，她都要向神祈祷。神功皇后要攻打新罗（今朝鲜半岛）时，"神有诲曰：和魂服王身，而守寿命；荒魂为先锋而导师船即得神教而礼拜之。……时飞廉起风，阳侯举浪，海中大鱼，悉浮扶船；则大风顺吹，帆舶随波，不劳橹楫，便到新罗。时随船潮浪，远逮于国中，即知天神地祇悉助与！"神功皇后出师有功，打败了新罗，使新罗"春秋献马梳、马

---

① 《日本书纪·景行天皇》，476页，东京：岩波书店，2001年。
② 《日本书纪·神功皇后》卷九（第二册），493页，东京：岩波书店，2001年。

鞭，复不烦海远，以每年贡男女之调"①。正是由于神功皇后是一个"蒙神祇之灵"、能够通灵的巫女，她才能得到众人的拥戴。

日本历史上共有八位女性天皇。推古天皇（公元593～628年）当是最早的女性天皇。推古天皇在位时期，曾有人说："天上有神，地有天皇。除是二神，何亦有畏乎？"② 也就是说，天上的神与地上的天皇是最高的两个神。天皇与天上的神同样尊贵，其实也是相通的。除去这两个神，其他神灵都没有什么可怕的。日本的女天皇就是与神相通灵的巫女。

皇极天皇（公元642～644年）是舒明天皇的皇后。舒明天皇即位13年之后驾崩。皇后即天皇之位，是为皇极天皇。她即位之初，逢天下大旱。"八月甲申朔，天皇幸南渊河上，跪拜四方，仰天而祈；即雷大雨，遂雨五日，溥润天下。于是天下百姓俱称万岁，曰'至德天皇'。"③ 很明显，这位皇极天皇也是能够与神通灵的巫女。

当佛教传入日本之后，日本天皇多崇信佛教。日本的飞鸟、奈良时期，女天皇辈出，如齐明天皇（公元659～662年）、持统天皇（公元690～670年）、元明天皇（公元707～716年）、元正天皇（公元727～733年）、孝廉天皇（公元751～764年，公元765～783年，两度在位），以上五位女天皇皆是藤原京（飞鸟）和平城京（奈良）时期的天皇。

日本女皇的出现，一般是在国内混乱的情况下践祚为王的。日本历史上的卑弥呼女王在"倭国大乱，更相攻伐，历年无主"的情况下，而因其"年长不嫁，事鬼神道，能以妖惑众，于是共立为王"，稳定局势。

日本女天皇称帝的条件是，首先她们必须是皇后。日本皇族认为自己的血统高贵，不娶平民家的女子。因此，日本皇室盛行兄妹婚，日本的皇女（公主）有很多被自己的同父异母的皇兄（天皇）纳为妃子，封为皇后。有的皇后本身就是皇女。如前所述，日本的斋王皆是有通灵功能的皇女。而有些皇女竟然能够成为皇后，这在中国是不可思议的。但是，可以想象被封为皇后的皇女在日本朝廷有多么高的地位和威望。如推古天皇就是额田部皇女，被敏达天皇纳为皇后。敏达天皇死后，敏达天皇的弟弟用明天皇被大臣所逼"出家修道，又奉造六佛像及寺，天皇为之悲痛"，"癸丑，天皇崩于大殿"。用明天皇忧郁而死。敏达天皇的儿子崇峻天皇继位5年之后，被大臣苏我氏刺杀而死。是时，日本处于一片混乱之中。推古天皇在崇峻天皇死后，国内混乱时即位为天皇的。日本飞鸟、奈良时期的女天皇能够在形势大乱的情况下稳定局势，在日本历史上形成一道亮丽的风景。

---

① 《日本书纪·神功皇后》卷九（第二册），496页，东京：岩波书店，2001年。
② 《日本书纪·推古天皇》卷二十二（第四册），456页，东京：岩波书店，2001年。
③ 《日本书纪·皇极天皇》卷二十二（第四册），487页，东京：岩波书店，2001年。

日本天皇一脉相承，没有过改朝换代。他们相信自己就是最正统的天照大神的子孙。而天皇家的皇女，以及那些成为皇后的皇女，就是可以与天照大神相通的巫女。这些皇女、皇后完全可以代表天照大神的意志，去治理天下，稳定国家的形势。

此后，日本的平安时代，以及镰仓幕府、室町时期、安土•桃山时代等900多年中再也没有出现过女天皇。德川幕府时期，日本破天荒地出现了两位女天皇，即明正天皇（公元1630～1643年）和后樱町天皇（公元1763～1770年）。但这两个天皇皆是皇储尚未长成而即位的。一旦皇储长大之后，女皇就把皇位让给弟弟。而且她们在位时期是没有实权的，实权掌握在德川幕府手中，当然她们也没有什么政绩可言。

四、中国古代的巫女

在中国，巫女的名声并不好，人们总是把巫女与巫婆联系起来。提起巫女，人们会想起装神弄鬼、让人们喝香灰的巫婆。

中国历史上很早就有巫女，但中国古代的巫女与日本的巫女的地位完全不同。在中国，天子被认为是上帝统治下民的代表。华夏上下五千年的文明史中，经历了许许多多的改朝换代。也就是说，中国的许多家族都在历史上当过皇帝执掌大权。为了能够使自己的政权不被夺去，王朝统治更长久，中国皇帝把一切大权都控制在自己手中，使自己手中政权不断加强，彻底地专制化。中国古代是一个崇拜皇权的社会。中国皇帝不会把与神通灵的权力交给巫男、巫女。中国的巫女绝对没有日本巫女那样的权力。

我国古代史籍《周礼》就记载有"司巫"、"男巫"和"女巫"。中国古代的女巫，与日本的巫女有同样的职责和意义，皆是以舞乐向神祈求消灾解厄，以求福佑的。

但是，中国古代的女巫名声并不好。战国时期魏国西门豹为邺令，治理漳河。是时，地方官与巫婆（女）相互勾结，以神的名义，把百姓的女儿嫁给河伯。"邺三老、廷掾，常岁赋敛百姓，收取其钱，得数百万，用其二三十万为河伯娶妇，与祝、巫共分，其余钱持归。当其时，巫行视人家女好者云：'是当为河伯妇。'即娉取。洗沐之，为治新缯绮縠衣，间居斋戒为治斋宫河上，张缇绛帷。"[①] 十余日后，让此女坐在席床之上，顺河漂之，最后沉入河中，即为河伯娶妇，以此诈取百姓的钱财。西门豹以给河伯之妇不美为由，把巫婆（女）、三老、廷掾投入河中，让他们去向河伯报信，从此巫婆（女）再也不敢为河伯娶

---

① 司马迁：《史记•滑稽列传》，北京：中华书局，1982年。

妇了。所以，中国人有信神不信巫的传统。

巫女在中国只是跳大神的角色。（明）李东阳《怀麓堂集》卷三十八《文稿》记女巫："女巫者，主呼召鬼物，问吉凶祸福，祛疾病。凡疾病者，女医不能治，则之焉。女巫者，焚香饰盛服、或被发手刀剑自试，以神其不能伤；或衣锦、衣腰数十铃，跳梁嗷号、或啸以呼鬼，且至则呼其先姓名；曰：'某为神，某为女神，某为祟，某为祸，可禳可除，惟令之从祈。'而听者曰：'某之先诚有是，诚有是咸稽首伏地，不能起，愿杀鸡羊、以酒化楮以为谢。'盖人之死者，无有不为神；神者无有不祟，且祸焉者也。又令图其神之形于家以祀、以祷；乃弃毁其所事之主，而鬼其亲之身。若是者，家有之焉。有所喜则召女巫至，鼓舞号嗷以为福，有所忧患则因以除之。虽湛溺老，佛亦未有；若是甚者卜筮而下弗论也。彼女医者，予恒慨之。若是者将何如邪。夫女医者不过杀人之身，而巫乃能丧其心。此其害又有甚者，人不自爱其身，又不有其心，其愚不明又甚矣。呜呼，又岂独女巫哉。"

这就是中国古代对巫女的印象和看法，巫女在中国的地位绝对是不高的，所从事的被认为是骗人的把戏。当我看到日本巫女的地位和受尊重的情况时很是震惊，为我的那位巫女朋友祝福。

第三节　猿田彦神社的御田植祭

猿田彦大神是伊势的地方神，娶了天钿女为妻。每年伊势都要在猿田彦神社举行很多祭祀，如七五三祭、田植祭等。田植祭其实就是插秧祭，这是农业社会的重要祭祀。我曾经与日本朋友巫女饭田美子等去参加过猿田彦神社的田植祭。我发现，猿田彦神社的田植祭与中国古代的藉田礼有很多相似之处，这些礼仪应源于中国古代的藉田礼。

一、猿田彦大神——伊势的地方神

猿田彦神社就在内宫的旁边，是内宫的组成部分。每年五月五日猿田彦神社都要举行田植祭。所谓田植祭，就是插稻秧的仪式和祭祀。

在日本古代神话中，猿田彦神是古老的伊势国的国神（土地神）。日本的创世纪神话《古事记》记载：天地间原本分为三层：高天原（天上）、苇原中国（日本）、黄泉国（冥界）。日本的祖先——天照大神居住在高天原，向苇原中国的大国主要求统治苇原中国，两次派出使者交涉都没有成功，最后派天迦久神和建御雷神去与大国主谈判。天迦久神、建御雷神到苇原中国，先拔出宝剑，

图 2-8　猿田彦神社

向大国主要求让国。大国主要求把他的儿子封为方神，把苇原中国让给天照大神的孙子。这个让国故事表现了日本早期的兼并战争以及天照大神统治日本的正统性和合理性。

天照大神派自己的孙子迩迩艺前往统治苇原水穗国。水穗，就是水稻。当迩迩艺从高天原下降到伊势（即水穗国）时，遇到一个神。《古事记》记载：这个神对迩迩艺说："仆者，国神，名猿田彦古神也；所以出居者，闻天神御子天降座，故仕奉御前而参向之侍。"①

《日本书纪》亦记载了这个神话传说：天照大神得到苇原中国之后，赐皇孙天津彦彦火琼琼忤（《古事记》中的迩迩艺）三件宝物：八坂琼曲玉、八咫镜和草薙剑，派皇孙到苇原中国。并且说："苇原千五百秋之瑞穗国，是吾子孙可王之地也。宜尔皇孙，就而治焉，行矣！宝祚之隆，当与天壤无穷者矣。"于是皇孙出发到苇原之瑞穗国，先驱者回报曰："有一神居天八达之衢，其鼻长七咫，背长七咫余，当言七寻；且口尻明耀；眼如八咫镜，而赩然如赤色酱也。"这个神就是猿田彦大神。皇孙派天钿女来询问这个神的情况，"天钿女乃露其胸乳，抑裳带于脐下，而咲（同"笑"）噱（大笑）向立"，于是猿田彦大神表示愿意臣服皇孙，为皇孙服务。神说："闻天照大神之子，今当降行，故奉迎相待。吾名是猿田彦大神。"又说："天神之子当到筑紫日向高千穗槵触之峰，吾则应到

---

① 《古事记》上卷，265 页，东京：岩波书店，2008 年。

伊势之狭长田五十铃川上。"①

皇孙就去筑紫日向高千穗槵触之峰，把天钿女留下与猿田彦神社配婚，住在伊势之狭长田五十铃川上；赐天钿女随猿田彦大神之姓氏为"猿女君"，是艺伎、婚姻、歌唱之祖神。猿田彦大神与天钿女是夫妻。今猿田彦神社有佐瑠女神社，就是"猿女君"的御镇座。在伊势的古市街上亦有天钿女的神社（后文将详述）。猿田彦大神就在伊势开拓、经营，使伊势成为一个秀美的"鱼米之乡"。

垂仁天皇时期，皇女倭姬命来到伊势，认为伊势是最适宜祭祀天照大神的地方。在伊势，倭姬得到了天照大神的神示："神风伊势是美丽的鱼米之乡，我希望永远住在这里。"于是，倭姬命在伊势建造天照大神的庄严的神宫。伊势天照大神的神宫也迁到伊势五十铃川，猿田彦神社就成为神宫的组成部分。伊势神宫的内宫前，即有名的猿田彦神社。

水穗国，《日本书纪》中称为"千穗国"。千穗，就是把稻穗堆起来之意。伊势是生产水稻之地。国神，就是地方神，猿田彦神是伊势的地方神，是管理地方水稻生产的大神，所以每年五月五日的御田植祭在猿田彦神社中举行。

五月五日，也是日本的男孩节。就在这一天，倭姬宫举行"春之祭"。我和饭田美子等一行人参加了倭姬宫的"春之祭"之后，就匆匆地来到猿田彦神社参加田植祭。

二、猿田彦神社的御田植祭

当我们赶到猿田彦神社的时候，平时冷冷清清的猿田彦神社，挂满了灯笼，神社的一些宫司正在忙碌着，已经把神社装点得很有生气了。我们一行人先在猿田彦神社的休息室，那里有为参拜者准备的茶水，墙上贴满了日本一年级至六年级小学生的图画。日本人非常重视对少年儿童的教育，猿田彦神社也是儿童们七五三祭过节的场所。

田植祭首先在猿田彦神社正殿中举行祭典仪式。我们来到正殿的时候，正殿里坐满了人，伊势市的政要坐在了第一排。正殿神坛布置得很是肃穆，一队队身穿彩色服装、头戴斗笠的女子，身穿白衣红裙、头戴花环的年轻巫女，一些神职人员，身穿白色和服、或红色和服的宫司正忙碌着，这一切使我感到有点神秘。

祭典从十二时十五分开始，祭典仪式可分为六项。

（1）修祓。将神田的御苗（稻子的秧苗）按礼仪运到猿田彦神社。

---

① 《日本书纪·神代下》（第一册），458页，东京：岩波书店，2001年。

（2）本殿祭。这是在猿田彦神社的正殿中举行的仪式。首先一个身穿和服、戴着类似中国唐朝官帽的老者，手里拿着笏板，走上台去，向神祈祷。又有神社的宫司手拿玉串进行祓拔，这是日本所有的祭祀仪式必不可少的。接着，伊势市的政要走到前面，对着神坛深深地鞠躬。然后，一批身着色彩艳丽和服的小姑娘，手托秧苗走上台舞蹈，大概是祈求神的祝福。这些秧苗就是即将要进行御田植祭的神苗。这种舞蹈表演了好几场。

图 2-9　猿田彦神社田植祭

（3）田植祭。田植祭仪式进入祭典的高潮。祭典在猿田彦神社后面的神田中举行。这块神田大约呈方形，与一般的土地没有什么区别。之前我经常从那里经过，只是以前不知道那就是神田。神田的四周挂着"猿田彦神社御田植祭"的竖幅，摆着鲜花。还有临时设置的祭典主席台，一个身穿红色衣服的宫司与一个身穿蓝色衣服的宫司在忙碌地准备神田祭的仪式。这时由八男八女组成 16 个人的队伍排成一排，走进神田。这 16 个人，是一男一女相交叉排成的队列，男人头戴蓝色的帽子，身穿带蓝条的白色衣服；女子头戴斗笠，身穿彩色的和服，不过这种和服较短一些。这 16 个人下到神田中，开始插秧。每人大约插 6 行。神田两边各有一人为他们输送秧苗。神田的边上有人用横笛、太鼓伴奏，以配合神田插秧。神田的四周围满了观看的人群，注视着插秧的一排人。大约经过了半个小时，神田的秧苗插完。这排插秧者完成神田插秧的表演和仪式，走出神田。

（4）团扇角力。这时又有两个与插秧男子穿着同样服装的男子走进神田，每人手中拿着一把巨大的扇子，站在已经插过秧苗的神田中间，用力地舞动巨扇。这个仪式叫做"团扇角力"，其目的是用巨大的扇子除去田中的虫子和各种灾害。这巨扇是他们手中的武器,寄托着他们的希望。团扇角力大约进行半个小时。

（5）丰年踊。接下来,进行丰年踊,即对丰年期盼的舞蹈。人们从神田回到猿田彦神社正殿前面的庭院中,开始表演古老的丰年舞踊。丰年踊在猿田彦神社正殿前面的庭院中举行,这是日本古代非常古朴的乐舞。猿田彦神社正殿前面坐着一排身穿彩色服装的年轻女孩子,当是巫女；中间坐着一个神职人员。一批批中年甚至老年的日本男子身穿青、白两种服装,在舞踊。他们或者拿着木杖,或者手里拿着扇子或舞或蹈,表现出他们对丰年的期盼。这古朴的乐舞,不加雕琢,把人们带回到那古老的岁月中。

图 2-10　丰年踊

（6）团扇破灾舞。最后一项是团扇破灾舞。在神社宫司的带领下,参拜者及人们拿着团扇舞动,破除今后的灾难,扫除不祥,寄托着人们美好的愿望。

由于我对御田植祭的浓厚兴趣,我那两位同事回去后,我一直把祭典看完,而这时已经是下午四点多钟了。

三、中国古代的藉田礼

自西周开始直至清朝,中国每年的春耕之前都要进行藉田礼,对农神要举行隆重的祭祀。我国史书上记载的多是皇家的藉田礼。

先秦至明清时期,每年春天,天子先行斋戒,百官御事皆斋戒三日,掌管神祭的官员陈列美酒,掌管祭品的官员牺人准备太牢。

祭先农（农神），即是首先在藉田之中筑一个高坛。在这个高坛上以太牢祭祀。一只牛、一头猪、一只羊，称为一太牢；由天子亲自向农神献上牛羊酒醴、祭拜农神。

《国语·周语上》记载：每年举行藉田礼时，司空在藉田上筑一高坛，周王亲自洗刷食器，进行献神礼。然后，然后天子行亲耕之礼。天子亲自耕田一墢。一墢土地，就是一个耜所耕的土地。王耕一墢，公卿、九大夫要耕三墢，而"庶人"才是藉田的真正耕作者，但这也表现出贵族统治者对农耕的重视。

我国许多古籍都记载了古代实行农业祭祀、天子亲自参加农耕礼的场面和礼典。周成王率领农夫耕田，播种百谷，在藉田上耕种。大家都跟从耕作，进行耦耕。藉田，就是借民力耕种的田，即周王室拥有的公田。

每年的三月，群臣百官要敬事农事。王命令众人，备好农具，从事农田耕作，治新畬（休耕的田）以求丰年。只有恭敬地祭祀农神，辛勤地春耕，才能得到上帝所赐的丰年。

唐朝武则天开始，筑先农坛，以祭祀神农。神农就是中国的农神。"武后改藉田坛为先农坛。"① 先农坛还曾经被改称为"帝社"。从先秦时期的祭祀藉田，"立坛于田"，到筑先农坛、帝社，直至清王朝时期在帝都北京建筑的祈年殿，都表现出历代帝王对农业的重视，对农神的崇拜。

中国古代非常重视对祖先和农神的祭祀，由天子进行亲耕之礼，后代虽然在个别仪式上有所变更，但是皇帝行亲耕之礼的仪式是不变的，并延续到清代。

《诗经》上的很多诗篇就是每年秋冬报丰年、祭祀田祖、先农、方社以及祖先的乐歌。《诗·周颂·丰年》："丰年多黍多稌，亦有高廪；万亿及秭，为酒为醴，烝畀祖妣，以洽百礼，降福孔皆。"黍，古代的谷物；稌，稻也。是说今年的谷物、稻子收获之多如小山，可以上及万数；可以为酒为醴，可以祭祀祖妣，备百礼，而神也一定会偏降福祉。

我在猿田彦神社所见到的御田植祭，是地方性的农神祭祀，其规模与场面当然不能与中国古代帝王祭祀农神的规模相比，但是中国农耕祭典活动已经很难见到了。日本古代用中国的历法，猿田彦神社的御田植祭在农历五月初五，就是在端午节这天举行。伊势猿田彦神社的御田植祭，使我浮想联翩。伊势猿田彦神社的御田植祭在形式或者日期上，都与中国古代藉田礼有密切的关系。

---

① （宋）陈祥道：《四库全书·礼书（卷二十九）》，台北：台湾商务印书馆景印本文渊阁，1986年。

第四节　内宫太鼓祭

在很多场合，如日本人的太阴祭、盂兰盆节、御田植祭礼上等，我都见到日本的大鼓。日本的那些鼓与中国的鼓形制完全一样，圆圆的鼓腹，用兽皮蒙鼓面。小伙子们、姑娘们挥舞着鼓槌，有节奏地用力敲打着大鼓，烘托出一种热烈奔放、士气高昂的气氛。日本的所有活动与中国一样，大多用欢快的鼓声伴乐。在日本见到的太鼓祭给我留下了深刻的印象。

一、内宫门前举行的太鼓祭

9月5日在伊势内宫前面举行太鼓祭。饭田美子早饭时约我去看太鼓祭，她说太鼓祭是在收获之前对神恩的感谢，地点在内宫宇治桥前，10点开始。在伊势，我对日本所有的活动都感兴趣，于是毫不迟疑地背上包，带上相机，吃过饭后就和她一块到内宫去了。

当我们走进内宫一条街的时候，街上的商家已经挂上"神恩感谢日本太鼓祭"、"鼓魂"等竖幅。整个伊势，只有在内宫一条街上，才能看到这么多的商店和商家，店铺林立，各种小吃、玩具、工艺品、超市等，应有应尽。在会馆附近，也只有一个大超市，是伊势最大的超市，还有一些小的超市，其他我就见不到什么商店了。每当我想体会一下古代日本的市井民风或者想念国内的市容，就来到内宫的这条商业街转一转。

到内宫时，时间还有点早，太鼓祭尚未开始。我和饭田美子先到内宫转悠一圈。我来日本很快就一年了，再过一个多月我就要回国了，对这里的一切已经较为熟悉，似乎还有点留恋，特别是对饭田美子，自她到皇学馆大学进修之后，作为日本人对我的诸多照顾，使我非常感谢。

将近10点时，我们来到内宫的宇治桥前。这里已经搭起了临时舞台，舞台上面摆着十几面大鼓，中间放着一面特别大的鼓。舞台之上还高架着一面鼓，鼓上挂着彩条；另外还挂着日本的国旗。舞台下面坐满了人。

太鼓祭是由日本各地的太鼓保存会、艺能同志会组织，在内宫的宇治桥前表演，其目的是感谢天照大神的神恩。

演出开始了。首先有一个人主持讲了几句话、报节目以后，就开始了鼓祭节目。第一个节目是由三宅岛艺能同志会、和知太鼓保存会联合表演的"疾风打太鼓"。舞台上架着十几面大鼓，有十几个男子走上舞台，在台上挥动鼓槌。鼓槌挥舞，如疾风、如骤雨地落下，台上、台下的情绪一下被调动起来，显得热烈高昂。

图 2-11　太鼓祭之焱太鼓

之后，就是丰之国八濑太鼓会的焱太鼓。这时舞台上又架起了十多面大鼓，舞台中间的鼓架上架起一面黑色鼓身大鼓，鼓面上画着象征中国道家阴阳的纹饰。只见三个女子走上台，她们身穿黑色的衣裙，从手腕到肘缠着紧束胳膊的大红小袖。一个女子站在舞台中间那面黑色鼓身的大鼓前面，两个分坐在红色鼓身的大鼓前。三个女子开始在台上挥动着鼓槌，鼓点由缓到急，越来越急。时而两个女子敲中间鼓架上的黑身大鼓，时而三个女子都敲红色鼓身。三个女子还在台上还做着一些舞蹈的动作，她们的情绪也发挥到了极致。9月初的天气还是很热的，三位女子已经是汗流浃背，身上穿的舞衣也湿透了。她们不停地变换着位置，以舞蹈动作轮番敲打着台上的十多面鼓。鼓乐热烈如火，欢庆如歌，高昂奔放，点燃着人们的情绪；感谢神恩，庆祝丰收的到来。这一通"焱太鼓"，真是太精彩了。

三重县的"水乡轮中大鼓"，由 16 个身穿水蓝上衣、白色裤子的男女青年表演，鼓声轻缓明快，带着水乡的柔美。

熊野的鬼蜮太鼓，津市的高虎太鼓、大太鼓，中条虫仓太鼓的鼓魂、松平的和太鼓、雾岛九面太鼓合奏、神恩太鼓、八潮太鼓会的总太鼓等，这些鼓乐有一定的章法乐理，鼓点有缓有急，表现出日本民众对神恩的感谢，主要是对日本人的祖先天照大神的感谢。太鼓祭之所以在伊势神宫的宇治桥前举行，其原因就在于此。另外，他们还感谢各种对农作物收成有好处的虫禽，即我们所说的益虫，对农作物所起的良好的作用。

这时虽然是阳历的九月，但是在中午 12 点左右，头顶是那炎炎的烈日，天气还是非常炎热，有人用小手巾盖头，或用衣服盖住头；但是人们聚精会神地看着舞台上各种鼓祭的表演，毫无倦意为鼓祭的热烈所感染，没有人离开。这也表现着日本人对神恩感谢的诚意。

二、中国古代的鼓祭

上古时期，中华民族就以鼓作为宣泄自己情绪的乐器。最早中国用的是土鼓。土鼓，有人说是抟土作鼓。

中国自石器、陶器时代就已经发明了土鼓。古籍云："土鼓、蒉桴、苇钥，伊耆氏之乐也。"① 《礼记·礼运》云："蒉桴而土鼓，犹若可以致其敬于鬼神。"（汉）郑玄注云："谓抟土为桴也；土鼓，筑土为鼓也。"②

所谓"抟土为桴"、"筑土为鼓"，就是用陶做成一个圆圈，即匡；再用革皮蒙其两面，就可以击响了。清朝人江永的《礼书纲目·乐器》记载："土鼓以瓦为匡，以革为两面，可击也。"当是最初的"抟土为桴"、"筑土为鼓"的形式。

笔者还认为，最初可能是人们吃过饭后，拿棍敲打陶盆、陶碗，来宣泄自己的情绪，以后也以敲打盆碗召集众人，再后来才有江永所说的"土鼓以瓦为匡，以革为两面，可击也"，这就是鼓的初级形式。

《周礼·春官·宗伯》云："中春昼，击土鼓，吹豳诗，以逆暑。中秋夜迎寒亦如之。凡国祈年于田祖，吹豳雅，击土鼓，以乐田畯。国祭，蜡则吹豳颂，击土鼓，以息老物。"掌管土鼓、音乐的长官钥师，每年中春的白天，要率领众人击土鼓，吹奏《豳风》之歌，以迎暑季；中秋夜迎寒亦如迎暑一样，率领众人击土鼓，吹奏《豳风》，以迎寒。凡是国家向田祖（农神）祈求年成，必须吹《豳雅》，击土鼓，以乐田畯。这个祈年的祭祀当在春天里举行。蜡祭，在秋天以后举行。"击土鼓，以息老物"，就是敲起土鼓，让那些已经老了植物的休息，更换新物，即报本反始之意。

西周时期，人们已经开始用动物的皮来蒙鼓了，以动物的皮来蒙的鼓被称作"鼍（tuó）鼓"。《诗·大雅·灵台》记载有"鼍鼓"、"贲鼓"。贲，就是大鼓。明朝季本《诗说解颐正释·大雅·灵台》云："鼍，象龙形，长丈余，声如鼓，皮坚厚，故以冒鼓而名鼍鼓，盖即贲鼓，以其大也。"西周时期，有贲鼓、鼍鼓；而南方由于潮湿，还有铜鼓。

鼓作为乐器，最早当用在祈年，即祈求农神乐歌中。如《诗·小雅·甫田》云："琴瑟击鼓，以御田祖，以祈甘雨，以介我黍稷，以谷我士女。"这几句诗

---

① （清）阮元校刻《十三经注疏·礼记·明堂位》，1481页，北京：中华书局，1980年。
② （清）阮元校刻《十三经注疏·礼记·礼运》，1415页，北京：中华书局，1980年。

的意思是，我们已经迎来了好的收成，对于农夫来说这是最值得庆祝的。现在我用吹琴、奏瑟、击鼓，来祭拜田祖，并且祈求甘雨降临，使我们的庄稼很好地生长，以给我们黍稷，来养我们的人民，养我们的男子和女子。

另外，鼓可以用在战争中，用鼓声号令军队进攻，以激发士气。《左传·庄公十年》记载："一鼓作气，再而衰，三而竭"，指的就是鼓在战争中所起的作用。

古代中国人在农作物的收获之际，用鼓乐表达对农神的感谢、对丰收的庆祝，并宣泄欢乐喜庆的情绪，这是庆祝丰收的礼仪。中国人还把鼓乐用在生活各个方面，如祭祀鼓乐，迎宾客鼓乐、节日的庆典鼓乐、军事鼓乐等。鼓在中国人生活中发挥着巨大的作用。日本的鼓，在作用、形制上与中国的完全一致。特别是在农神的祭祀上也完全与中国的一致。这种风俗在6世纪左右从中国传到日本，并在日本成为庆祝丰收、庆祝重大节日的重要礼仪形式。

第五节 日本神道教与中国道教的关系

明治维新之后，明治政府采取扬神道、贬佛、儒的政策，神道教成为日本的国教。祖先崇拜、多神信仰与神社、神宫的出现，表示神道教的形成。

伊势神宫以及对天照大神的祭祀是神道教的核心。日本的神道教与中国道教有非常密切的关系。6世纪时，佛教、儒教和道教几乎同时从中国经朝鲜传入日本，道教在日本列岛上虽然没有形成独立的宗教，但"实际上道教在日本是以神道教的形式表现出来"[①]。我在日本看到那些神社、神宫虽然都贴着日本的标签，但是看到了中国道教的基本内容和实质。神社、神宫的神灵也与中国道教神灵有相似之处，日本神道教是中国道教的翻版。

一、神道教的形成及沿革

一般认为，神道教是日本的土著宗教，如《日本书记·用明天皇》卷二十一记载："天皇信佛法，尊神道。"

日本用明天皇（公元586~587年）在位时期正是日本大扬佛法的时期，神道教尚未形成。用明天皇的"信佛法，尊神道"，所尊的"神道"，还仅仅是"神道"之初始形态。

---

① 〔日〕森岛通夫：《日本为什么"成功"》1页，54页，胡国成译．成都：四川人民出版社，1986年。

神道教是什么时候建立的呢？一个宗教的形成，必须有固定的神坛、完整的宗教思想、严密的宗教组织、系统的宗教仪式、专职的神职人员。神道教是在日本建立了完整的神统之后形成的。

《日本书纪·崇神天皇》记载：崇神天皇五年，日本的祖先"天照大神、倭大国魂，并祭于天皇大殿之内。然畏其神势，共住不安，故以天照大神讬豊锹入命祭于倭笠缝邑；乃立矶坚城神篱"①。也就是说，崇神天皇五年之前，天照大神的神主还被"祭于天皇大殿之内"，尚未与人间天皇分离，没有独立的神统；后来畏天照大神的"神势"，于是为天照大神"乃立矶坚城神篱"，以为其御镇座。天照大神的"神篱"，应是神宫的雏形。

《日本书纪·垂仁天皇》记载：垂仁天皇时期，倭姬命奉命寻找风水宝地建立斋宫，以祭祀天照大神。倭姬在伊势听到天照大神的训示，于是"故随大神教，其祠立于伊势国，因兴斋宫于五十铃川上，是谓'矶宫'"②。这里所说的"斋宫"、"矶宫"，就是后来所说的"神宫"。神宫的建成当在5世纪中期，距今已有1500年左右。

神道教的形成须有三个重要的要素，即神祇、神社和祭祀。白井永二、土岐昌训编著的《神社辞典》指出："神社是日本固有信仰的中核，长久以来在日本民族的历史中，神社常常作为精神文化的标志，发挥了和并将继续发挥重要的作用。神道的历史是日本人的精神和思考原则的基础，神社的历史是民族的信仰心和思想的结晶，是神道史的基盘。"③

伊势神宫的建成，所敬奉的神灵是日本天皇之祖先天照大神，意味日本最高的神格、最高的神祇已经形成了。紧接着，一些家族氏族神的神社陆续建成。如京都附近的小野神社，根据日本的内藤湖南先生考证，"小野毛人相当于圣德皇太子时代入隋的小野妹子之孙。……从圣德皇太子前后时起，京都北部进入了以近江为根据地的小野氏的统治之下"④。五六世纪之交，是圣德皇太子在位时期。小野神社的建立当在6世纪之初。

随着伊势神宫以及大批神社的建成，又由于日本自古以来就有以自然万物为崇拜对象的原始宗教，属于多神灵信仰。日本神道教形成了。

自佛教传入日本后，日本苏我氏和圣德皇太子大力推崇佛教，佛教在日本非常盛行，日本土著宗教的地位式微。一些反对佛教的朝廷大臣为了与外来的

---

① 《日本书纪·崇神天皇》卷五（第一册），503页，东京：岩波书店，2001年。
② 《日本书纪·垂仁天皇》卷六（第二册），463页，东京：岩波书店，2001年。
③ 转引自葛继勇：《试论日本古代的大陆移民系神社》，《华南农业大学学报》，2004年第1期，第1页。
④ 〔日〕内藤湖南：《日本文化史研究》23页，24页，储元熹、卞铁坚译，北京：商务印书馆，1997年。

宗教对抗，便借用中国汉字"神道"一词，把日本的土著宗教命名为"神道教"，以区分佛教。9世纪初至明治维新以前，佛教是日本的国教，在日本拥有强大的势力，而神道教则是佛教的附庸。

12世纪，蒙古成吉思汗率领着他的铁骑占领了欧亚大陆，又占领了中国的华北，征服了高丽，所向披靡。后宇多天皇文水十一年（公元1274年），蒙古、高丽联军大举征伐日本。即将在登陆时，一场意外的台风刮沉元兵海船200多艘，剩下的船只不得不返航。这就是著名的"文水之役"。弘安四年（公元1281年），元军又调动近400艘兵船发动第二次远征日本的战争。结果决战前夕，一场台风又刮沉了大部分元军战船。这就是"弘安之役"。

这两次战役的胜利大大鼓舞了日本的士气。"以前日本都仰慕中国，视中国为日本文化之师。而身为文化之师却被蒙古灭亡了。蒙古又侵袭日本，日本在国难当头时，向伊势大神宫、石清水八幡三千余座尊神祈祷。神之子孙却战胜了犬之子孙。"日本在神的保护下，"于是乃产生了'日本乃神国'的观念。当时伊势产生了一种神道，这是由外宫神主度会氏新创建的神道"①。日本人的自信心逐渐建立，认为大和民族是最尊贵的，进一步为神道学的发展铺平了道路。

1868年，明治维新之后，明治政府颁布了"神佛不得混淆令"，定神道教为国教，取消了佛教的国教地位；让僧侣还俗或仕于神社。佛教地位大大降低，成为神道教的附庸。神道教在日本迅速发展，并依据日本经典《古事记》、《日本书纪》等来探明日本神道教的教义，提出系统的以神道为主体，以儒、佛、道为从属的神道理论。

日本明治政府把神道教定为国教之后，宣传天皇至上和日本民族优胜的理论。日本把其祖先天照大神视为主神，而日本天皇就是人间最高的神。这些成为第二次世界大战时期日本对外侵略的精神支柱。

日本有"天神地祇八百万"，花草树木、宇宙天地、嫁娶婚丧、消灾免祸、求职晋升，均有相应的神来各司其职。日本的神社敬奉日本的祖先神天照大神，还有《古事记》、《日本书纪》记载的各位神灵，如前代天皇、祖先的灵魂、重要的历史人物；或是狐狸、乌鸦等各类动植物，自然界的山川、森林、太阳、火、雷等都是他们祭祀崇拜的对象，因此有山神、水神、稻荷神、海神、田神、地神、雷神、太阳，以及自然现象都是其祭祀膜拜的对象。日本人认为他们祖先所做过贡献，或者对农业生产有好处的动物都应该受到祭祀。

神道教虽是多神崇拜教，但是其最尊贵的神，即主神则是天照大神和人间的神——日本天皇。

---

① 〔日〕内藤湖南：《日本文化史研究》，145页，146页，储元熹、卞铁坚译，北京：商务印书馆，1997年。

第二次世界大战日本战败后，1946年元旦，美国以盟军总部名义发布《神道指令》，要求日本废除国家神道教，实行信仰自由和政教分离，神道教成为民间宗教，并要求裕仁天皇发表宣言承认自己是人，而不是神。尽管如此，神道教在日本的国教地位已经奠定，仍然是日本最强大的宗教，信仰人数占日本人口的80%。

二、伊势神宫的神职人员与祭祀

日本神宫、神社都有管理的神职人员。神职人员是分级别的，伊势神宫有100多名神职人员，日夜侍奉着诸神。在这些神职人员中，最高位的是大宫司，其次是少宫司，即助理大宫司的神职人员。以此类推，祢宜是上级神职人员，权祢宜是中级神职人员，宫掌是一般的神职人员，出仕是见习神职人员，还有祭祀时演奏音乐的乐师等。

在伊势神宫，我见到了许多的神职人员。他们身穿白色的长服、白色的下裳，戴着黑色的类似唐代的官帽、黑色的木屐。这大概是他们礼拜神灵时的服装。当然，他们的服装也是有级别的。在猿田彦神社我还见到一种神职人员穿的是白色的上衣、青色的下裳；还有穿的是蓝色的长服、白色的下裳，或红色的上衣长服、紫色的下裳等。他们穿着的不同大约与他们神职级别的高低有关，也与这些神职人员服务的神宫、神社的级别有关。

伊势神宫的祭祀是非常复杂的，较大的祭祀每月最少有两次，甚至七八次。对于神宫的神职人员来说，据说每年以天照大神为中心的祭祀有1600次，还不算每天的例祭。

奈良时代，即从神武天皇到崇神天皇时代，对天照大神的祭祀在皇宫内举行，天皇亲自主祭。天皇亲自祭祀天照大神，是感谢、赞颂天照大神的神德与神恩，祈祷国家繁荣、人民幸福。现在神宫的祭祀内容主要是神职人员大宫司带领其属下，以天皇名义向天照大神不断地祈祷天皇长寿以及日本的繁荣和平，据说也祈祷世界和平。

神宫一年的祭祀都是围绕农业生产周期而进行的。如每年2月的祈年祭，4月的下种祭、5月的风日祈祭和插秧祭、8月的风日祈祭、9月的拔穗祭、10月的神尝祭、11月的新尝祭等皆与农业生产有关。

日本人的主食是稻米。日本人认为，稻米是天照大神赐予给子孙后裔的神圣礼物，所以每年10月当新稻米收获之际，日本人都要把最早最新收获的稻米献给天照大神尝新，又称为"尝新祭"，或者"神尝祭"。这是一年祭祀中最为重要的祭祀，也是祭祀的高潮。神尝祭时，天皇向神宫派遣敕使，向天照大神献上天皇亲自耕种的稻米和五色绢、布。神尝祭之日，就是2000年前天照大神迁移到伊势的日子。

伊势神宫的祭祀可分为每天的例祭、常年例祭等。

每天的例祭。因为外宫的神主是御馔都神的丰受大神,所以设在外宫的御馔殿,每天早晚两次给天照大神、丰受大神、各殿内众神以及各别宫众神奉献大御馔。他们使用钻木取火的工具,取得洁净的火种,用之制作神馔。据说神宫现在使用的钻木取火工具与从1500年前的日本古代遗址中出土的文物十分类似。当然这样的取火工具,我也只在材料上读到过。

常年例祭。每年1月的祭祀有1月1日岁旦祭、3日元始祭、11日在内宫的四丈殿向天照大神及神宫诸神供奉饮食、献舞乐。

2月11日建国纪念祭,17～23日祈年祭。

3月的御园祭、春季皇灵遥拜祭。

4月的神田下种祭、神武天皇遥拜祭。

5月的神御衣奉织开始祭、风日祈祭、神田插秧祭。

6月底的御酒殿祭、兴玉神(内宫宫域的守护神)祭、御卜。

6月15～25日的月次祭,即内宫、外宫两宫分别在下午10点和凌晨2点向诸神供奉神食;翌日正午向诸神献上天皇币帛的奉币祭。6月30日大祓。

8月的风日祈祭。向神祈祷风调雨顺、稻米丰收。

9月的拔穗祭。

10月15～25日的神尝祭。神尝祭是神宫祭典中最重要的祭祀,神宫一年的祭祀达到最高潮。

11月23～29日新尝祭。

12月的御酒殿祭、兴玉神祭、御卜、月次祭、天长祭(为了祝贺天皇诞辰而举行的祭祀)、大祓。

伊势神宫除去每天、每月、每年都有复杂的祭祀外,还承担着许多社会活动的重要功能。每年都要在伊势神宫举行很多的活动,如每年1月第二个星期一上午8点30分在外宫神乐殿,举行成人节,为20岁年轻人成年举行的庆祝仪式,感谢神灵保佑年轻人健康、良好地成长,祈祷神灵保佑他们能够成为对社会有用的优秀人才。每年5月5日上午8点30分在外宫神乐殿、上午10点在内宫神乐殿,为儿童节举行神乐舞会。儿童节是日本传统的成长仪式之一。5月下旬上午10点30分在内宫神乐殿,举行延寿节,即敬老节。这项活动中,居住在伊势市及周围地区的80岁以上的老人将受到招待并得到健康长寿的祝福。特别是对刚满80岁的老人,还要赠予手杖等。

另外,还要举行丰穰祈愿祭、春季神乐祭、植树祭、展览杜鹃花和盆景、神宫雅乐讲习会、焰火大会、插秧祭、相扑比赛、守武祭、菊花展等活动。

三、神道教与中国道教的渊源关系

日本的神道教与中国道教有非常密切的关系。日本神道教的重要词汇，如"神道"、"神社"、"神宫"等，皆出自汉语。

"神道"这一词最早见于中国的儒家经典《周易》。《周易·序卦》曰"观天之神道，而四时不忒。圣人以神道设教，而天下服矣"。这里的"神道"很明显是神之道理。

春秋战国时期，齐国已经有神社。《墨子·明鬼》记载：齐国有两人诉讼，"齐君若兼杀之，恐不辜；若兼释之，恐释有罪；乃使之人共一羊，盟齐之神社"[①]。(汉)班固《白虎通义》卷上《社稷》曰："正月祭稷何？礼不常存，养人为用，故立其神社。"

"神宫"一词，最早见于东汉学者郑玄为《诗经·閟宫》所做的笺（解释）。《诗经·閟宫》云："閟宫有侐。"(汉)郑玄笺曰："閟，神也；姜嫄神所依，故庙曰神宫。"郑玄是东汉时期的经学大师。由此可见，至少在东汉时期，把祖先的庙已经称为神宫了。西晋时期，酒泉太守马岌上言："酒泉南山，即昆仑之体也。周穆王见西王母乐而忘归，即谓此山。此山有石室玉堂，珠玑镂饰，焕若神宫。宜立西王母祠，以裨朝廷无疆之福。"[②]

隋唐时期，皇帝一般都把自己祖先的宗庙称为"神宫"。《隋书·音乐志》云：皇帝在祭宗庙时，初献奏登歌七曲四言："神宫肃肃，灵寝微微。嘉荐既飨，景福攸归。至德光被，洪祚载辉。"中国自汉、唐时期就把皇室的宗庙称为"神宫"。

日本的神道教与中国的道教有很多相同的内涵。

首先，日本神道教中的重要称呼，即"神宫"、"神社"，以及"神道"之名皆来自中国。当然，是时日本还没有自己的文字词汇来表达自己的思想也是重要原因。但是也不可否认，日本神道教中的"神道"、"神宫"、"神社"，在某种意义上与中国的词汇有相同的含义。

其次，日本的神道教与中国道教信奉的神灵有相似之处，当然二者敬奉的祖先神不一样。日本敬奉天照大神，而中国敬奉的祖先则是炎、黄、尧、舜等。

道教是汉民族的土著宗教，产生的社会文化基础是汉民族多神论。道教信奉的神灵主要有祖先神、氏族神，还有天神、土地神、山神、水神、门神、财神、灶君、送子娘娘、奎星、文昌、各种家畜、家禽之神；历代皇帝诰封的或

---

① 《诸子集成·墨子·明鬼》，北京：中华书局，1983年。
② 《晋书·张轨列传》，北京：中华书局，1982年。

老百姓敬重的神祇，如关羽、岳飞、妈祖、诸葛亮等。

神道教是多神教，日本人认为有800多万种神，祖先神、氏族神，还有山神、水神、海神、田神、地神、雷神，自然界的山川、森林、太阳、火、雷、动物（狐、蛇、狐狸）等都是他们敬奉祭祀的对象。

中国道教与日本神道教皆是多神信仰。

日本的神道教与中国的道教皆把他们所创造的神灵称为"尊"。

在中国，道教最高的神是由道衍化的三清，即"一炁（同"气"，音 qì）化三清"；其尊神，即元始天尊、灵宝天尊和道德天尊，合称为"三清祖师"。其中道德天尊即是太上老君，张陵，又称张道陵（祖天师），道教尊称为降魔护道天尊。

日本神道教的神亦称"尊"。天照大神亦称为"大日霎尊"，天照大神之父伊奘诺尊、天照大神之母伊奘冉尊、之弟月读尊（月夜见尊，亦称月弓尊）、素盏鸣尊等。

中国道教与日本神道教的不同之处也很明显。

东汉末年，中国最原始的道教，即张陵创立的五斗米道和张角创立的太平道产生了。李贤在《后汉书》注转引《典略》曰：太平道和五斗米道"皆主以老子五千文"，春秋时期老子创立的道学，是道教的哲学思想基础。

另外，战国、秦汉时期一些被称为"方士"的人把神仙学说注入道教。当时，有一个名叫宫崇的人向朝廷"上其师于吉于曲阳泉水上所得神书百七十卷，皆缥白素朱介青首朱目，号《太平清领书》"①。宫崇所上的《太平清领书》一百七十卷改名为《太平经》，成为道教的经典。

中国道教有系统哲学思想基础——老子的《道德经》，有完整的道教经典《太平经》。而日本神道教的思想基础是《古事记》和《日本书纪》。《古事记》和《日本书纪》是日本的创世纪传说和前期历史，不是一部宗教经典。

中国的道教形成于东汉末年，即2世纪左右，有完整的理论和经典。

日本的神道教出现于6世纪时，比中国道教晚三四百年。而这个时期正是日本向中国学习的高潮。是时，佛教、儒教和道教几乎同时从中国经朝鲜传到日本。日本神道教接受中国道教的影响是毫无疑义的。

日本的森岛通夫在《日本为什么"成功"》中说道：

> 道教在日本列岛上却没有形成为独立的宗教，却由神道教代替了它。实际上道教在日本是以神道教的形式表现出来。我们可以把神道教看成道教的一种经过伪装了的翻版。日本土生的宗教信念和来自国

---

① 范晔：《后汉书·襄楷传》，北京：中华书局，1982年。

外的道教思想在大约六世纪时融合起来,现今我们已无法把它们区别开来。

　　神道教通常被认为是真正地在日本土生土长的。但是要找到它的纯粹的和初始的形式却极端困难。因为在中国字传入日本之前,根本就没有任何记录。历史学家能够利用的一切文字记录都已经受到中国的某些影响。事实上,正如道教强调它的中国血统一样,神道教也声称自己起源于日本,其实这种断言可以被认为是真正的道教的。人们可以把神道教看作是道教的日本翻版,也可以把它看成是道教和原始神道教的结合。……道教的神在神道教中以改头换面的形式再现,这是很有意思的,道教的许多仪式和典礼已经结合到皇家的神道教典礼和乡村的节日和典礼中去了。神道教也包括了这样一些道教的魔术因素、诸如算命、占星术、泥土占卜等等。①

　　日本学者也承认,中国的道教与日本的神道教有着渊源关系。二者的区别则是,日本是单一民族,其天皇又是"万世一统"。而中国幅员辽阔,民族复杂,历史上的改朝换代频繁,所以祖先神的崇拜不像日本那样集中。

第六节　镇守伊势神宫鬼门的金刚证寺

　　伊势神宫是伊势最重要的建筑,是日本天皇的宗庙,而金刚证寺则是伊势神宫的鬼门。我不知道金刚证寺成为镇守伊势神宫的鬼门的原因,因为金刚证寺是一座佛教的寺院,而伊势神宫则属于日本神道教的总本社;金刚证寺是伊势神宫的鬼门,对此我不能理解,因此很想去看看金刚证寺。这个金刚证寺位于伊势的东北(丑寅)方向。从地图上看,我觉得这个地方并不远。伊势的许多寺院、神宫、神社我都去过,但这个朝熊山和金刚证寺却没有去过。有人说,到伊势没有到朝熊山的金刚证寺是一个遗憾。我觉得路也不算太远,于是8月17日,我向朝熊山金刚证寺进发了。

一、攀爬朝熊山路

　　上午9点,我从会馆里出来,乘上火车,往东坐了一站就到了朝熊车站。这个车站很小,连个检票的人都没有。

---

① 〔日〕森岛通夫:《日本为什么"成功"》,54页,胡国成译,成都:四川人民出版社,1986年。

我走出车站，沿着村里不宽的柏油路，向朝熊山走去。我看见有很多农家的门前或者院子里都有一座小木屋，好像是厕所。我看见路上还有抽水马桶，这在今天日本现代化的都市里是绝对见不到的。在通往朝熊山的路上，间或有熟透的柿子掉下来，这个小村还保留着很多日本的古俗。

在朝熊山口的一块木牌上写着：朝熊山高 555 米，此处至金刚证寺约 4 公里。看到这块木牌，我似乎已经预感到这次登山的艰难了，我把这个金刚证寺想得太简单了，没有想到它会有这么高。我原想是一座小山，走上两三里路就会到了，看来我要爬山了。

山口处，还是比较平坦，路也经过一番修整。然而当我走过几百米以后，山路逐渐变得难走。一条乱石满道的山路蜿蜒而上，我沿着山路艰难地向上爬。这时从山上下来一个老人，拄着一根拐杖。当他看见我背着包，穿着薄薄的礼士鞋，赤手空拳往上爬时，对我说："爬山，要拄拐杖，穿皮鞋。"我这才看到老人和每个爬山者的脚上都穿着厚厚的皮鞋。原来山上尖利的乱石会硌得脚疼。他们所用的拐杖下面带有一个铁钉，铁钉的作用是在陡峭的山路上防滑。然而我什么也没有准备，但这个时候，我只有硬着头皮往上爬了。

山上的行人非常少，空荡荡的山路上很远才能见到人。山路上乱石密集，湿漉漉的泉水在山路上流淌，很快我的鞋湿了。山道两边高大的原始森林遮住了阳光，荫翳蔽日，天气凉爽得好像是已经到了深秋，暗的也好像已经是下午五六点钟了。天虽然不热，但我的衣服很快被汗水湿透，像水洗一样。我努力地往上爬，忽然我看见山头上明亮了。啊！那应该是山头了！我高兴地想。然而，当我爬到那阳光处，那只是一个峰回路转的山坡。一抹刺眼的阳光照亮山坡，洒在参差扶疏的树叶上，在山坡上留下一块块金黄，我也感到一阵炽烈的热气，这才又意识到此时正当上午的 10 点左右，而 8 月中旬的太阳还在散发着盛夏的炎热。我坐在路边一块较大的石头上休息一会，喘了口气，继续向上爬。

转过这道山坡，那条崎岖陡峭的山路仍然布满了乱石，通向莫测的高处，……我想起在山口处见到一块牌子，说这山里有狐狸、鹿等动物，我的心里一阵紧张。但我已经没有回头的路了，只有咬紧牙关，继续向上攀登。就这样，我爬过一道山坡又一道山坡，看到一抹刺眼的阳光又一抹刺眼的阳光，眼前那条乱石密集、蜿蜒而上的山路，似乎挂在天上……这使我想起了电影里所见到的山中采药人所攀爬的山路。

总算到了山顶，还看见一块牌子，上面写着第 22 町。22 町的意思，可能就是我大约爬过 22 座山坡吧。在现代化程度很高的日本的旅游点上竟然还有这样的山路，我想在中国是很难有的。有人说这是日本人不想破坏自然，才不对这些山林进行开发，尽量地让它保持原貌。东京的富士山是日本的名山，是日本的象征，据说整个山上连个小亭子也没有，也是只在山的下部修理一下，而山腰以上也是乱石满道,很原始的,登山者还经常出现危险。所以,我去东京时,就不敢去爬富士山了。

中国人讲究休闲,不要说像泰山、庐山、峨眉山、华山这样的名山皆有很好的开发,修建有规整的登山台阶,就连那些不知名的小山,只要上面有旅游景点,也会有很好的开发。我记得在河南泌阳,有一座并不太知名的小山,名叫铜山,也修有规整的台阶供游人攀登。四川的岷山黄龙寺海拔3620米左右,那山路也比这座555米的小山平稳易登。

到了山顶,还并未到金刚证寺。大约又走了一段山路,走了一段下山的山路,我才到了金刚证寺。

二、镇守伊势神宫鬼门的金刚证寺

我累得气喘吁吁,终于到了山顶伊势神宫的鬼门——金刚证寺。在金刚证寺,倒是不乏游人,一队队的旅游者或者单个的登山者到这里参观、游览、朝拜。

金刚证寺,属于南禅派的日本名刹,是"晓台上人"为镇守伊势神宫的鬼门而化缘修建的,殿中供奉着虚空藏菩萨。"上人"是中国古代对和尚的尊称。"晓台上人"自然是名为晓台的和尚了。平安时代后期,日本僧人晓台为守卫护伊势神宫,不让伊势神宫受到鬼门中恶鬼邪魔的侵害而创建的"金刚证寺",原来金刚证寺就是为了保护伊势神宫而建。

金刚证寺确实很美,非常气派的大殿门楣上挂着"祈祷"的匾额,殿堂是红柱碧瓦、单层挑角,斗拱式的木构结构,显示出一派唐风。大殿前竖有四盏日本式的灯塔,其中石头底座上的两盏铜灯,还有两盏石的灯塔,上面写着"献灯"的字样。殿的前方是一个香火亭,参拜的人先在香火盆燃上香火,再到正殿去参拜,并用那根粗绳击响铜钟两下,以与神灵相通,这是日本人的习俗。我在那里站了好长时间,看到来这里参拜的虽谈不上人潮如织,但也是络绎不绝。

金刚证寺大殿的门是向东北方向开的。日本人认为鬼门在东北方向。按照中国十二地支各表示一种方位的配置,子、午、卯、酉分别代表北、南、东、西。这四个方向称为四正。丑寅表东北、辰巳表东南、未申表西南、戌亥表西北。这四个方向称为"四隅",即以十二地支代表四面八方。中国古代又以十二生肖属相与十二地支相配。

地支序数:子、丑、寅、卯、辰、巳、午、未、申、酉、戌、亥。

十二生肖:鼠、牛、虎、兔、龙、蛇、马、羊、猴、鸡、犬、猪。

如果以十二生肖来表示方位,那么鼠、马、兔、鸡分别表示北、南、东、西四个方向，牛、虎代表东北，龙、蛇代表东南，羊、猴代表西南，犬、猪代表西北。中国古代的十二地支所示是东北方向以"丑寅"表示。丑牛、寅虎表示东北方向。

图 2-12　福丑——牛

图 2-13　智慧寅——虎

金刚证寺正殿前香火亭的两边各有一尊铜兽像，引起了我的兴趣。左边的是称为"福丑"的铜牛像，右边的是称为"智慧寅"的铜虎像。

牛是以丑表示，虎以寅表示。金刚证寺正殿前用中国的十二生肖中最威风的兽中之王的虎冠以"智慧寅"的美称。虎，是勇敢智慧的象征；白虎在中国古代被认为是吉祥的动物，如果白虎出现就认为是一种祥瑞。（唐）成伯玙《毛诗指说·兴述》："龙、麟、凤、龟、白虎，为五灵之长，乃圣王之嘉瑞，升平之世，王者有德，应期而至。"（宋）罗泌《路史·夏后纪下》：把五灵配以五行，"龙为木，鳳为火，麟为土，白虎为金，神龟为水"。《宋书·符瑞中》云："白虎王者不暴虐；则白虎仁不害物。"（汉）应劭撰《风俗通义》卷八《祀典》云："虎者，阳物，百兽之长也，能执搏挫锐，噬食鬼魅，今人卒得恶遇，烧煮虎皮饮之，击其爪亦能辟恶，此其验也。"（宋）王应麟《玉海》卷八十《车服》："青龙、白虎辟邪。"

最有耐力、最辛勤的牛，被冠以"福丑"之名。中国古代把牛认为是勇敢强壮、勤劳智慧、力大无比的象征。中国往往以"九牛二虎之力"来形容古代大力士。（明）陆深在《王文成全书·附录六·传世德纪·海日先生行状》中说："夫牛，丑属也，谓之一元。""一元"，具有领先之意。

中国以"丑寅"表示东北方向，日本以丑牛、寅虎镇守伊势神宫东北方向的鬼门，真是有创意。"鬼门"之说虽源于中国，但是"鬼门"禁忌却盛行于日本。日本结合表方向的十二地支、十二生肖，创意以丑牛、寅虎镇守鬼门，有独到的思路。

当我从大殿向前走，看到金刚证寺朱红色的山门，门楣上写着"朝熊岳"三个大字，门侧的竖牌上写着"胜峰山金刚证寺"，我才发现我是从后山到金刚证寺的，所以先见到金刚证寺的大殿，然后才见到山门。门前有汽车往来，如果我坐汽车来，大概也不会冒那么多的风险了。

走过朱红色的山门，又有一道高大雄伟的"仁王门"。"仁王门"的左侧有一个小小的稻荷神社。稻荷神社完全是日本的特色，我在日本见到很多稻荷神社，仅在伊势就见到五六座。但是在这个稻荷神社我才第一次见到两只相对的石刻狐狸像，其实别的稻荷神社也有敬奉的狐狸，只不过我没有注意到罢了。

在金刚证寺，我最喜欢的是那座红色的拱桥，它们立在金刚证寺庭园中，把整个的寺院衬托得幽雅、美丽而富有诗意。金刚证寺里还有开祖弘法大师的庙宇，以及开山堂、明月堂、宝物馆、望海院、奥之院等建筑。

站在望海院，可以看到鸟羽湾和那辽阔的大海，据说还可以看见日本的富士山。我所看到的那黝黑仓绿的山不知是否就是富士山，但就那辽阔的、翻腾着银色浪花的大海已经陶冶了游者的胸怀。

很快我该下山了，我从来的山路上回去。有人说，下山容易上山难，但由于山路上乱石密集，下山并不比上山容易。而且，我也没有那种带钉的拐杖，所以我下山时，还是很困难的。这样的山路，如果摔下去，可能会遍体鳞伤。尽管我小心翼翼地往下走，但还是摔了两跤。很多人都从我的后面走到我前面去了。

日本是个很现实的民族，他们可以修筑规模宏大的高架桥的高速公路，修建本州岛与九州岛之间的海底隧道，但不会把钱用在开发旅游景点的建设上，让人不得不佩服日本人的环境保护意识。

终于到了山脚下，这时已是下午3点多钟。从上山到下山，包括在金刚证寺游玩的一个多小时，共花了6个多小时。这一天还是很有意义的，因为我总算到了有名的守卫伊势内宫鬼门的金刚证寺。

三、日本的鬼门禁忌及鬼门镇守

我看到金刚证寺这个南禅寺派的日本古代名刹时，心中格外感动。中国的佛教源于印度，日本的佛教却源于中国。金刚证寺正殿被指定为日本的重要文化遗产，日本三大虚空藏菩萨之一就供奉在这里。

金刚证寺是晓台上人为镇守伊势神宫的鬼门而建，是属于佛教南禅宗的寺院。我在去金刚证寺之前就有一种疑惑，那就是金刚证寺是属于佛教南禅宗的寺院，却为什么与伊势神宫有关系？伊势神宫是属于日本的神道教，佛教寺院怎么会成为日本神道教的卫士呢？佛教的神灵与神道教有哪些关系？当我查阅了一些文本资料后，这些疑问终于有了解答。

日本有非常浓厚的"鬼门"禁忌。在日本，关于"鬼门"的禁忌是家喻户晓、非常严重的。日本人相信"鬼门"是恶鬼邪魔出入之门，会给人们带来灾难和不祥，于是就出现了许多被除不祥、保护人间安宁的办法，人们开始对"鬼门"进行镇守。

"鬼门"之说来自中国古代的史籍。（汉）王充《论衡·订鬼篇》引《山海经》曰："沧海之中有度朔之山，上有大桃木，其屈蟠三千里，其枝间东北曰鬼门，万鬼所出入也；上有二神人，一曰神荼，一曰郁垒，主阅领万鬼。恶害之鬼，执以苇索，而以食虎。于是黄帝乃作礼以时驱之，立大桃人，门户画神荼、郁垒与虎，悬苇索，以御凶魅。"根据《论衡·订鬼篇》引《山海经》所说的"恶害之鬼，执以苇索，而以食虎"的记载，我想金刚证寺正殿前面的"石虎"，不仅是要镇守东北方向的"鬼门"，也当用来食"鬼"的。

（宋）王应麟编的《周易郑康成注》云："九五，天子之爻，互体有艮。艮为鬼门，又为宫阙。地上有木，而为鬼门。宫阙者，天子宗庙之象也。"

王充《论衡卷·订鬼篇》所引《山海经》，以及（宋）王应麟编的《周易郑康成注》皆说"鬼门"的方向是在东北，如"其枝间东北曰鬼门"，"艮为鬼门"，艮也是指东北方向。

中国"鬼门"概念传入日本之后，在日本奈良时代形成了"鬼门"的禁忌。日本人认为自己居所的东北方向是鬼门，这个鬼门需要强大神力来镇守。为了防止鬼门中的恶鬼邪魔出来作祟，必须在东北方向修建一个能够镇守鬼门中恶鬼邪魔的建筑。

据说，当桓武天皇从平城京（今奈良）迁都平安京（今京都市）时，平安京的东北方向正是鬼门所在之处。

平安时代的日本以佛教为国教，相信佛教的神力才能镇住来自东北方向鬼门恶鬼邪魔的侵扰和伤害。《续日本纪》卷卅八"桓武天皇四年七月癸丑"敕曰："释教深远，傅其道者，缁徒是也。天下安宁，盖亦有由其神力也。"桓武天皇非常相信天下安宁，是因释教之神力所致。桓武天皇相信，只有佛教的神力才能镇住鬼门，使恶鬼邪魔不敢出来作祟，危害人世。平安京的东北方向有一座比睿山，当时有一个僧人最澄法师在山上结庵为寺。桓武天皇下令，将此庵扩充规模，建立延历寺，使之镇守东北方向的鬼门。

延历寺是属于南禅宗的寺院。南禅宗是在中国发展起来的一支佛教宗派。当南禅宗传入日本之后，其教义与日本幕府武士有了密切的联系。

禅宗初祖是北魏时来华在嵩洛一带传禅的菩提达摩，称为达摩祖师；北齐的慧可为二祖，隋朝的僧璨为三祖，唐朝的道信为四祖、弘忍为五祖。

禅宗五世祖弘忍有两个弟子神秀、慧能。弘忍让他们作偈语。

神秀云："身如菩提树，心如明镜台。是时勤拂拭，不使惹尘埃。"

慧能云："菩提本无树，明镜亦非台，本来无一物，何处有尘埃。"

禅宗五世祖弘忍对慧能的偈语非常欣赏，认为他得到了禅宗的真谛，于是传衣钵于慧能。慧能就是禅宗的六世祖。慧能曾到韶关曹溪、广州传经布道，并开创了禅宗南派，即南禅宗。慧能是南禅宗之祖。慧能认为一旦顿悟，当下就可成佛，提出了"直指人心，见性成佛"的顿悟说，创立南禅宗，使佛学迅速地中国化。在国际上，慧能、孔子、老子并列为东方的三大思想家。

慧能的弟子在镇州（今河北正定）建临济院，后世称为临济宗。临济宗提倡"即心即佛"的禅宗新法，而临济院也因之成为临济宗祖庭。

宋代，日本僧人明庵荣西是日本禅宗的创始人。明庵荣西两次到中国学习临济禅法，回到日本后创立了日本最早的临济宗，即南禅宗的一支。

禅宗传入日本，正值日本的镰仓时代，是幕府掌权的开始。幕府需要大批忠诚于幕府的武士支持。禅宗要求禅僧克服营私纵欲之念，与当时武士们提倡的廉洁操守很相似，对武士的忠孝、武勇、不畏生死的精神影响很大。日本禅宗从它产生那天起，就与幕府政权发生了密切的关系。

临济宗的开山祖师荣西为了传播其道统，写《兴禅护国论》，这就把禅宗与保卫国家结合起来，得到了幕府的有力支持。幕府将军为禅宗推波助澜，建立大量的禅宗佛寺，如室町幕府将军足利义满，在京都创建临济宗寺庙的五山，即五所著名佛教：天龙寺、相国寺、建仁寺、东福寺和万寿寺；另外还创建有金阁寺、银阁寺等。南禅宗在日本迅速地扎根并发展起来。

金刚证寺属于南禅宗寺，是以保护日本天皇祖宗天照大神的伊势神宫的鬼门为宗旨，当与日本武士对主子的忠贞果敢有关，也与日本禅宗把宗教与国家联系在一起有关。伊势神宫，作为日本天皇祖先天照大神的御镇座，当然受到日本人的特别关注和保护。因此，镇守伊势神宫"鬼门"也成为金刚证寺的宗旨和义务。

"鬼门"在日本形成了一种禁忌，与中国的风水堪舆相似。"1930年9月11日东京《朝日新闻》的一则消息报道，东京市参事会在分析市政运营不利的原因时，认为其根源在于市公所的市长室位于鬼门方向，并做出决议调换市长室。"日本平民的住宅不能把大门开在东北方向，厨房、厕所、浴室也不能设在东北侧等。①

至此，我才明白，金刚证寺作为一个佛教寺院为什么能成为镇守伊势神宫鬼门的重地。伊势神宫虽然是日本的神道教，但它是天皇的宗庙。寺院要想发展，当然要为天皇效力。在晓台上人的提议下，金刚证寺作为镇守伊势神宫鬼门的古寺名刹得以建立。

---

① 王秀文：《日本"鬼门"信仰之实态及渊源》，《东北亚论坛》，2000年第2期，85页。

第三章
伊势风情

伊势是一个很小的山城,很古老、很偏僻。伊势神宫使这个小城成为"日本的心"。江户时代,所有的日本人在其一生中最少要到伊势参拜神宫一次。伊势的古市街就是江户时代形成的从内宫到外宫的一条古街。伊势保留着古老的建筑风格和风俗。在伊势海湾,你能见到日本天皇的日神遥拜所、古老的灯塔,品味牡蛎节上的美味;你能看到蕴藏在日本人心灵深处的精神,见到伊势那古老的、纯朴的民风民俗。

第一节 伊势民居与古市街

伊势那些古老漂亮的、木结构的民居,是典型的日本民居,表现出江户时代的辉煌。伊势民居,室内都是地板,无甚家具,人们睡在榻榻米上。皇学馆大学会馆不远处有一条小街,叫古市街,是日本江户时代(公元1603~1867年)的古老而又繁华的街道。这条小街有艺妓祖神的长峰神社,有200年前的麻吉旅馆,有寂照寺、大林寺……江户时代,这条小街上有游廊、油屋70多家,游女1000多人,是这一时期日本三大游廊之一。由于这条小街离我居住的皇学馆会馆不远,我经常到这条小街上散步,希望能寻访到这条小街曾经的铅华。

一、伊势民居

伊势位于本州岛的东南部,气候温暖湿润,坐落在苍田山上,又濒临海洋,不仅气候好，街道也很干净。平时在街上很少看到行人，令人目不暇接的是那些来来往往的汽车。

在伊势，无论是市中心还是会馆附近从来都是少有行人的。我曾经和上海去的吕老师谈论过，日本街上的人到哪里去了。吕老师说，行人少，是因为人们都坐在汽车里，在超市、学校、工作单位、运动场、公园，还是有很多人的。我平时在街上只看见上学的孩子或者散步的老人。当然，在东京、京都这样的大城市还是有很多人的。

伊势的街道很干净，路边树上落下的树叶会有人及时清扫。伊势有的街道两边种上樱花树，有的种上鲜花；有的民居院落中还会种上腊梅和一些我叫不上名的花。伊势大街上几乎四季鲜花不断地开放，当樱花开放的时候，其景色更是带着一种迷人的美。

图 3-1　伊势民居

我仔细观察过伊势的民居。这些民居是典型的日式民居，大部分是别墅住宅，很有特色。其风格也不尽相同。有的较为古老，类似庙宇，日本许多的庙宇就是这种风格。这种古老的庙宇式的建筑，有中国古建筑的影子。还有些住宅类似现在的平顶楼房，但基本都是二层楼的别墅建筑。平顶楼房与中国一样，是由西洋传入的。

日本民居的建筑材料与中国民居有很大的区别。中国的房子多是砖木结构。中国疆域辽阔，所以各地民居有很大的区别，如河南民居是高高的屋脊到房沿呈两面坡形，山西民居是从屋脊到房檐呈一面坡形，陕西的院子皆有影壁，安徽民居是房子两边的山墙高高耸起，呈山字形……但不可否认，这些民居都是中国庙宇的雏形和简略形式，富丽堂皇的庙宇是民居的升华形式。

图 3-2　正在建筑的日本民居

日本民居多是木构建筑，我曾经目睹了好几座从起建到建成的日本民居。日本民居都是用方木或者钢架搭的架子，然后在架子上面贴上很薄的纤维板，留下窗户和门。房顶铺的瓦也很轻薄，房檐的瓦溜与中国完全一样。屋内安上楼梯、铺上地板，房子就基本建成了。

在地板上铺上席子、褥子，放上被子，就可以睡觉了；这就是日本人的榻榻米。日本人要脱鞋，换上拖鞋后，才能进屋，故日本人的门前放很多的拖鞋。我想，日本人的房子都是木地板，而且就睡在地板上；进屋脱鞋，既可以保持房间内的卫生、干净、整齐，对房子也是一种爱护。日本由于资源缺乏，人们非常节俭，爱惜所有的物品。

我住的皇学馆大学会馆，进门有一个较大的厅，摆置着一些铁架柜子，每个铁架柜分成一个个带小门的方格，上面写着每一个住宿者的名字，里面有一双拖鞋。每个人进门都要换鞋，出门换上皮鞋、布鞋等自己穿的鞋。

伊势每一个中、小学的进门处都有一个很大的厅，里面摆满了鞋架，那是学生们进校要换的鞋，这可能是让学生从小就养成干净、整洁、卫生的良好习惯。但是在皇学馆大学里，大学生是不换鞋的。

日本人很讲究、很勤快，也很爱干净。他们喜欢把自己的宅院装点得很漂亮。在伊势，我所见到的日本人的住宅小院都不大，但是都栽种着各种花草树木。有些院子的主人定期将自己院子里的树木修剪成参差错落的云形、蘑菇形等各种形状，样子非常漂亮。

每处住宅的门前都有一个小牌牌，上面写着这家主人的名字。这样，你不用问就知道这家主人姓甚名谁了。在中国，好像有些富人是不希望人家知道他们的名字和住处的。

在日本，我还有一个感觉，那就是住宅的围墙都很矮，很多都是木栅栏扎起来，小院中别墅的窗户没有铁栏杆。皇学馆会馆是一座五层楼的公寓，即使在一楼，窗户也不用铁栏杆、铁网。即使这样，我也没有听说过盗窃抢劫的恶性事件发生，治安还是很好的。

二、伊势古市街与参宫街道资料馆

伊势古市街，又叫作伊势参宫街道，顾名思义，是参拜神宫的街道。我了解伊势古市街，是从伊势古街参宫街道资料馆开始的。有一天我到会馆的后山上去散步，希望能了解一些日本的民风民俗。当我从一条小街走出，忽然看到在一个小小的十字路口树立着一块大大的牌子"伊势古街参宫街道资料馆"。直觉告诉我，一个街道能够拥有资料室，那么这个街道肯定很有历史价值，或者说很值得研究。

图 3-3 伊势古街参宫街道资料馆

在这个牌子的旁边有一座很讲究的二层小楼，门前也挂着"伊势古街参宫街道资料馆"的牌子。小楼的山墙上横挂着两个地图。一个是到神宫征古馆、美术馆的地图，一个是关于伊势古市街的地图。在伊势古市街的地图上标着很多名字，如"妓楼杉本屋"、"妓樱油屋迹"、"奥の芝居迹"等。看到这些名字，我想这条小街当曾有过灯红酒绿的历史。

我萌发出想了解这条小街的念头，于是走进了伊势古街参宫街道资料馆。资料馆的管理人员热情地接待了我。管理人员带我参观了资料馆的一些实物，其中有江户时代的衣物、旧的碑刻、图片等。他又专门为我一个人放了关于这条小街的录像，使我初步了解了小街的历史和小街上各个有文物价值的景点。资料馆的楼上摆放着关于这条小街的古代书籍。这个资料馆虽然没有门庭若市，但是作为一个街道资料馆能有这么多的展品和藏书，表现出这个小街有多么古老的历史和研究价值。

伊势神宫的内宫和外宫有两条街相连，另一条是御幸路，一条就是古市街。

御幸路是从内宫到外宫的主街，也是伊势的主干街道。御幸路是一条平坦的大路，途径神宫徵古馆、农业馆、神宫文库、皇学馆大学等神宫的附属设施。御幸路是天皇参拜之路，是神圣的，每隔十几米就有一盏象征性的、以水泥制成的"灯塔"，为天照大神、和皇室照明，也不许闲杂店铺随便在此开店。

另一条连接伊势神宫内宫和外宫的路，就是古市街。这条古市街，又叫参宫街道。古市街向北直通外宫，也就是县城；向南通向内宫，即日本天皇的祖宗天照大神的神宫。这条参宫街道是百姓们参拜神宫的必经之路。这条路要经过一个山坡，虽然不是太平坦，但是从内宫和外宫的距离，相比御幸路要近一半还多。我到伊势市中心也往往走这条小街，比从御幸路去县城要省一半路程。

一生中能来伊势一趟，是江户时代庶民的梦想。人们从全国各地到伊势神宫来参拜。在这个小街上，更是一派繁华景象。特别是庆安三年（1650 年）、宝永二年（1705 年）、明和八年（1771 年）、文政十三年（1830 年）、庆应三年（1867 年），到伊势参拜的活动达到全盛。是时，据不完全统计，半年就有 458 万参拜者来到伊势。

这条古市街是我常来之地。在这条小街上，有寺院、神社、200 年前日本的麻吉旅馆、古代的游廊和油屋遗址，还有伊势街道参宫资料馆，这是伊势唯一的街道参宫资料馆。我希望通过这条小街了解伊势的历史和民俗风情。

三、江户时代的三大"游廊"之一

古市街处于内宫与外宫之间，是日本全国各地神宫参拜者食宿的地方，也是庶民百姓参拜神宫的必经之路。江户时代，每年都有大量的参拜者和游客来到伊势，为这条小街曾经的繁荣和辉煌创造了条件。

古市街最多有六七里长，有妓楼杉本屋、千束屋、备前屋、奥の芝居楼、妓樱油屋等，全盛时期，有妓楼 70 余家、游女 1000 多人。当时，伊势古市街、江户（今日本东京）的吉原、京都的岛原，并称全国的三大游廊。所谓的"游

图 3-4　古市街上的妓楼舞台旧迹

廊",就是妓院的集中地。所谓"油屋",就是"游廊"中各个妓院。

江户时代,古市街的游廊中又以备前屋、杉本屋、妓楼本屋最为有名。备前屋是古市街最豪华的游廊妓楼。

在备前屋,曾发生过一件震惊日本的油屋杀伤案件。江户时代,有一个年轻人名曰孙福斋,是松尾村(今日本鸟羽市)人。此人年轻有为,是一名医生,来到伊势参拜神宫,在备前屋认识了一个名曰绀的艺妓。孙福斋与绀相慕相恋。宽政八年(1796年)的一天,二人正在饮酒,一个富商点名让绀相陪。老鸨母为了钱,逼绀去陪富商。孙福斋等了很久,绀也没有回来。孙福斋恼怒之下,从刀鞘中拔出刀来,对着老鸨母就砍。砍死老鸨后,又先后砍伤了9人。之后,孙福斋逃走,先到弟弟家,后自杀身亡。

备前屋发生的杀伤事件很快流传开来,震动了日本,并被日本文人编成《伊势音头恋寝刃》,成为日本有名的传统剧。后来,这个事件,又被改编成《歌舞伎的狂言》。

备前屋,就在今古市街上大林寺的左邻。现在大林寺的管辖境内还有孙福斋与绀的比翼冢。孙福斋与绀二位有情人,生不能共枕,死后也葬同穴。日本人称他们的墓为比翼冢,是对他们爱情的认可。

我在古市街散步的时候,曾问一个老先生哪里是备前屋的旧址。那个老先生忽然很激动,用手比划着告诉我说:"这一大片原来都是备前屋的遗址,很大的一块地方。"看得出,这里的人们对这条街在日本的影响以及其历史是很有感慨的。

图 3-5　日本名剧《伊势音头恋寝刃》发生地旧迹

过去的妓楼里不仅有剧场、舞台,还有台本、假发、演出服装、化装道具等各种演出必备的物品。在这个小街上我见到一个小小的商店,名曰"千束屋"。"千束屋"原来亦是一个有名妓楼,1808年以后转为向妓楼租借用具的店铺。1979年之后曾经歇业,而今又用"千束屋"店铺的名字销售各种形式的衣服。"千束屋"店铺让人想起那曾经的时代和历史。这个小街曾是那么繁华热闹,在这里演绎着多少故事。

我经常到这条小街散步。在伊势古市街上,每天都静悄悄的,铅华洗尽,与别的街市似乎没有两样,只有那来往的汽车表现着它的繁忙,展现着它昔日的生气。小街路边树立着一块块石桩牌子——"妓楼杉本屋"、"妓樱油屋迹"、"备前屋"、"奥の芝居迹"等,说明这里原来是旧的游廓、油屋的遗迹和旧址。这里还有江户年代的街道、樱木地藏、万金丹等遗迹。这一切都在诉说着古老的年代这里所发生的故事,展现着历史的沧桑。

四、艺妓祖神的神社——长峰神社

古市街上有一个长峰神社。长峰神社的主神天钿女命就是日本艺妓的祖神。本书"猿田彦大神是伊势的地方神"一节中曾介绍过天钿女命是猿田彦大神的妻子。猿田彦神社也有天钿女命的御镇座,即佐瑠神社,但猿田彦神社中,佐瑠神社处于附属地位。古市街上的长峰神社以天钿女命为主神,当与古市街上众多的游廓、油屋、游女和艺妓有关。

图 3-6　艺妓祖神的神社——长峰神社

　　长峰神社在古市街的中部，是一处很优雅的小型神社。与其他的神社一样，院子里铺满了松散的石子，相传这是与神灵相通的传媒界。天钿女命的御镇座，就在神社的正殿中。在长峰神社门口有一对不大的狮子，左边是母狮，爪下有一个小狮子；右边是公狮，爪下抓着一个绣球。神社门前摆放狮子的现象，是在其他任何神宫神社都见不到的。

　　门前摆放狮子是中国的习俗。中国官衙大门前或者富贵人家门口基本上都摆放着狮子。狮子是百兽之王，象征着威武雄壮、不可侵犯，摆放在大门前的意思是让它们守卫门户。另外，狮子也是欢乐和喜庆的象征，在我国，每到节庆日都要通过舞狮来表达人们的欢快心情。

　　天钿女命是日本艺妓的祖神，是歌舞女神。日本艺妓，在她们的歌舞卖艺生涯中是需要保护的，她们的生活在有些人看来可能也是欢快的。日本艺妓祖神的神社以鸟居为门，在门口摆放狮子应该说是有其含义的。

　　天钿女命在日本的史书《日本书纪》、《古事记》中都有记载，但是《古事记》和《日本书纪》记载有出入。

　　《古事记》记载说：天照大神令天上的织女织神御衣之时，天照大神的弟弟素戈鸣尊将一个天斑马剥皮，从屋顶扔下来。织女见到之后，吓得将织梭掉下，伤了自己的身子而死。天照大神也吓得躲到天石屋而不敢出来，于是高天原、苇原中国皆是一片黑暗。

　　《日本书纪·神代上》记载：天照大神的弟弟素戈鸣尊"甚无状"，经常给天照大神制造麻烦。有一次，天照大神本人正在斋服殿织神衣。素戈鸣尊剥天马驹而投到斋服殿。天照大神受惊,以梭伤到自己之身。天照大神"由此发愠,而入于天石窟,闭盘户而幽居焉。故六合之内常闇,而不知昼夜之相代"。

《古事记》和《日本书纪》都记载,天照大神躲在天石窟中,天地失去了光明,陷入黑暗。

在这种情况下,"天钿女命则手持茅缠之稍立于天石窟户之前,巧作俳优。亦以天香山之真坂树为鬘,以萝萝为手襁。而火处烧覆槽置,显神明之凭谈。是时,天照大神闻之而曰:'吾比闭居石窟,谓当丰苇原中国,必为长夜。云何天钿女命嚯(xūe)乐如此者乎?'乃以御手细开盘户窥之"①。这时所有的神灵一起上前,把住盘户,请求天照大神从石窟中出来,并将这归罪于素戈呜尊,将素戈呜尊拔去头发、指甲,以赎其罪。

从石窟的盘户中把天照大神请出,这是天钿女命所立的第一功。天钿女命立的第二功是,当天孙选择了伊势的五十铃川作为神宫的建筑地点时,天照大神令天钿女命也随之来到五十铃川。天孙在这里遇见了眼明耀如八咫镜的猿田彦大神拦路。天孙"即遣从神往问之,时有八十万神皆不得目胜相问"。"天钿女乃露其胸乳,抑裳带于脐下,而笑嚯向立"②,天钿女命从而收服了猿田彦大神。天孙把天钿女命嫁给了猿田彦大神为妻。天钿女命与猿田彦大神对伊势有开拓之功,为倭姬在伊势建造天照大神的神宫打下了良好的基础。

天钿女命是最早跳舞唱歌的女神,"多歌武娜娑歌,颇倾也"③。天钿女命被历代日本的艺妓奉为祖神。

供奉天钿女命的长峰神社就在伊势的古街上,位于内宫和外宫的中间。我数次到天钿女命的神社,去拜谒这位能歌善舞的日本女神。在这里,我曾经遥想,在江户时期,那些达官贵人来伊势参拜神宫,或借参拜神宫的名义,来伊势寻欢作乐。古市街上游廓及油屋里的艺妓和妓女,在苦难中是怎样渴求天钿女命神灵的保护。而天钿女命是否能保护着古市街上的妓女和艺妓们,让那些沦落的身体和灵魂,尽可能少受人间的磨难?

前面所说的被改编成日本有名的传统剧《伊势音头恋寝刃》剧中的原型孙福斋与绀相慕相恋,最后酿成悲剧,血洗备前屋的故事,就发生在距长峰神社不到200米之处。而天钿女命作为艺妓的祖神为什么没有去保护她们呢?

中国妓院中敬奉的白眉大神是春秋时代的管仲。据说管仲是中国最早开办妓院的人。《韩非子·难二》云:"昔者桓公宫中二市,妇闾二百,披发而御妇人。"《战国策·东周策》卷二云:"齐桓公宫中女市,女闾七百,国人非之。"

---

① 《日本书纪·神代上》卷第一,441页,442页,东京:岩波书店,2001年8月。
② 《日本书纪·神代下》卷第二,458页,东京:岩波书店,2001年8月。
③ 《日本书纪·神代下》卷第二,459页,东京:岩波书店,2001年8月。

管仲、齐桓公首创中国的妓院,被妓女尊奉为神。中国妓院以一个白眉老者为神,日本游廊以一个能歌善舞的女子为神,其实他们都不能保护妓女、艺妓、游女的安全。

五、古市街上的寂照寺

寂照寺也是伊势古市街上的一个亮点。每当我在这条小小的古市街上漫步时,总是很喜欢到寂照寺去转一转。寂照寺在古市街的中部,寺院的门前立着一块大约有两层楼高的大扁石,上面刻着"月仙上人遗迹"的字样。寺院的大门是一个具有中国风格的建筑。寂照寺是净土宗的寺院,在日本属于镇西派,所敬的神灵是阿弥陀如来。

寂照寺是延宝五年(1677年)知恩院37世寂照知鉴在丰臣秀赖的正室夫人千姬的支持下创建的。千姬是德川家康的孙女、德川秀忠之女。安土·桃山时期,德川家康为了巴结丰臣秀吉,与之多次约定,让丰臣秀吉的儿子丰臣秀赖娶其孙女千姬为妻。但在丰臣秀赖时期,丰臣家衰落。元和五年(1615年),德川家康攻打大阪城,丰臣秀赖全家被灭,丰臣秀赖与其母淀姬被逼自杀。千姬免于一死,但是出家为尼。千姬虽然是丰臣秀赖的正室夫人,但此时德川家族已经建立了江户幕府,千姬的父亲德川秀忠、胞弟德川家光相继为幕府将军,这样也给了千姬一个较好的条件,她才能够支持知恩院37世寂照知鉴在伊势修建寂照寺。100多年后的安丞三年(1774年),月仙上人重建寂照寺。

图3-7 寂照寺的月仙上人石像

进入寺院，与日本的其他神社和寺院一样，庭院中铺满了细碎的石子。迎面就可看见重建这座寺院的月仙上人那高高的石雕像。雕像的左右两边是关于月仙上人生平事迹的碑刻。这块碑刻是月仙圆寂一年后，由他的弟子定仙所立。上人，是我国和日本对于有道僧人的尊称。

月仙（1741～1809年），俗姓舟家氏，名玄瑞，号月仙，也是日本有名的画家；出生于尾张，曾师从著名圆山派大师円山应举，重点学习明朝画风。安丞三年（1774年），月仙上人受净土宗的大本山京都知恩院的派遣来到伊势。是时，这座寂照寺已经非常破败，月仙上人把自己化缘和画画的收入全部用作寺院修缮和对贫民救济，在原有基础上重建寂照寺，并成为伊势寂照寺的住持。文化六年（1809年）月仙上人圆寂，终年69岁。

这个小寺名曰"寂照寺"，其"寂照"一词，来自佛语。寂，寂静之意；照，照鉴之意。寂为体，照为用。明朝的梅鼎祚在《释文纪》卷八所辑东晋慧远和尚的《庐山出修行便禅经统序》中云："禅非智无以穷其寂，智非禅无以深其照。则禅智之要，照寂之谓，其相济也。照不离寂，寂不离照。"唐代诗人李白在《与元丹丘方城寺谈玄作》说："澄虑观此身，因得通寂照。朗悟前后际，始知金仙妙。"（宋）晁迥在《法藏碎金录》卷六中云："出世之道，极于寂照。寂虽固不可着空以实，无照虽明不可取相。"

"寂照"的意思就是以佛法照鉴自己在寂静之中所做的功德。我国自晋朝以来，就有寂照寺、寂照庵、寂照塔、寂照院、僧人有寂照法师等。

佛教传入日本之后，日本也有以"寂照"为号的大师。宋代"景德元年，其国僧寂照等八人来朝。寂照不晓华言，而识文字，缮写甚妙，凡问答并以笔扎；诏号圆通大师，赐紫方袍"[1]。（宋）朱长文《吴郡图经续记》卷中《寺院》亦云："景德中，日本僧寂照，号圆通大师来贡京师，上召赐紫衣束帛。寂照愿游天台山，诏令县道续食。丁晋公时为三司使，为言姑苏山水奇秀；寂照愿留吴门，遂居此院。朝宰诸公并作诗送之，刻石院中。"

古市街上这座小小的寂照寺，也是以佛教中的"寂照"为寺名。其意义当然与中国的"寂照"含义相同。

月仙上人虽然已经去世两百多年，但是在寂照寺随处可见到他的印记。寺院大门前耸立着"月仙上人遗迹"的碑刻，寺院中有月仙上人那高大的石雕像，文殊堂有"月仙纪念馆"，寺院中耸立的有关月仙上人的生平事迹碑刻、纪念碑刻就有四块。无论是这所寺院或者是伊势市，人们都不会忘掉月仙和尚为重建寂照寺所做出的贡献。

---

[1] 《宋史·日本国》，北京：中华书局，1977年。

六、两百多年历史的麻吉旅馆

古市街上现在还幸存着一个两百多年前的旅馆——麻吉旅馆。麻吉旅馆是日本天明二年（1782年），即德川幕府时期所建。

这座旅馆在一个深深的小巷子里，起初我并不知道这是座旅馆。第一次走进古市街时，我向一位日本老人问路，打听寂照寺的地址。这位老人非常热情，知道我是中国人后，因寂照寺不太远，马上很热情地带我去，并主动担任我的向导。他又告诉我，附近还有一个很古老的建筑物，也很值得看，问我是否想去看看。我当然想去，老人于是又把我带到了这个有两百多年历史的麻吉旅馆。啊，这所具有辉煌历史的麻吉旅馆竟然隐藏在这个角落里。如果不是这位日本老人带我去，我真找不到地方。真是太感谢他了，我能够更深刻地了解伊势，很多是得益于他的热心指引。

这座旅馆是一座木构建筑，依悬崖而造，从山下至最高处共有6层楼。从山下向上望去，有一种巍峨之感。在伊势没有太高的房子，大部分是二层别墅式的民房。我见到的现代楼房，也不过六层左右。我想麻吉旅馆在两百多年前，就有六层，其气势在当时非常宏伟了。据说，站在麻吉旅馆的最上层，可以远眺距伊势有60余里的"二见"（日本一个县的地名）、朝熊山等。

麻吉旅馆是古市街江户时代唯一的木构建筑。墙体上刷黑油漆，这当然是为了保护木板的墙壁。但是那黑色的或者原色的木板房子和墙壁给人一种沧桑感和厚重感。

麻吉旅馆这个楼又叫"聚远楼"，是当时人文荟萃之地，许多文人在这里举行盛会。这里既是伊势神宫的内宫、外宫的必经之地，又有当时日本规模最大的游廊。日本的达官显贵、文人学士多以参拜神宫的名义来到这里，住在最高档的麻吉旅馆。

麻吉旅馆有三重县最大的第一流的料理店，有花月楼、茶屋，有能容30个艺妓跳舞的大舞台。茶屋里还表演日本的木偶戏。日本的木偶戏是一种伴以三弦演奏的戏剧说唱艺术，最早是从中国经朝鲜传到日本的，现已被日本政府定为"重要无形文化财"。艺人们在这里表演说唱艺术，艺妓轻歌曼舞，江户时代和明治时代的麻吉旅馆是灯红酒绿的天堂，也是人文荟萃之地。

出于对麻吉旅馆的兴趣，我在得到管理人员的同意后，进入了麻吉旅馆。在麻吉旅馆的客厅中挂着几个木牌，上面分别写着"内阁大臣阁下御旅馆"、"司法大臣阁下御旅馆"、"枢密院议长、副议长御旅馆"。江户时代的内阁大臣、司法大臣、枢密院议长、副议长都曾住过这个旅馆。不难想象，日本的达官显贵不知有多少都曾在此住过。在这个不大的客厅里还有一些名人的题词。客厅里有低矮的床铺、榻榻米,全是日式的家具。

麻吉旅馆是伊势从 1782 年至今依旧在营业的唯一旅馆。如果谁想体会江户时代的风情,那就到麻吉旅馆来住一宿。旅馆内展出的一些旧家具、食器和日用品,显示着江户时代麻吉旅馆曾经有过的辉煌。

图 3-8　两百多年历史的麻吉旅馆——聚远楼　　图 3-9　两百多年历史的麻吉旅馆

第二节　伊势的精神与风貌

在伊势,我曾与许多人接触,感觉是日本人很有礼貌,也很谦和。但我也看到这种谦和下面蕴藏着一种不服输的刚劲。我曾经亲眼见到了他们举行的全民性的马拉松赛,并且看到了蕴藏在日本国民中那种向上的精神。

一、伊势人的风貌

在伊势,我有一个感觉,即日本人很守规矩。伊势街上的每个路口都有红绿灯,汽车很多。但我从没有见过直闯红灯的汽车、摩托车,无论绿灯指示的方向是否有人、有车。当指示灯为绿灯时,那么是行人先过,汽车后过,一切都是有条不紊。我有时经过没有红绿灯的马路时,如果遇到了汽车,就后退为汽车让道,那么车中的人就会打开车窗向你致意感谢,使你感到很是愉悦。在路上遇到了行人,如果你对他看一眼,他就会向你问好。当然,这种情况在东京、京都、大阪等大城市不会出现,因为那里的人太多了。

日本人是很友好的。记得我第一次到县城去,向一个人问路。那个人刚好推着摩托车从家里出来。当我说要到县城去的时候,那个人说了声"请你稍等!",扭头就把摩托车送回家,又开出一辆汽车说他也要到县城去,可以顺路把我带去。虽然我很想自己走,熟悉一下路,但他的友好与善意使我非常感激,于是就坐上他的车来到县城。就是那一次我认识了伊势的古市街，也更加了解伊势古城。

在火车上的见闻，也使我感受颇深。列车上，列车员经过车厢，走到这节车厢尽头的自动开合门时，都要扭转身向坐在车厢里的旅客恭恭敬敬地弯腰鞠躬，然后再开门走过这节车厢。在伊势、东京、大阪、京都、奈良，或者可以说在日本许多列车上的列车员都是如此。这不是一个大事，却表现出人们的风貌和素质。

日本人也很勤奋、敬业。我们会馆的清洁工是一个40岁左右的女人，每个星期她会开汽车来会馆打扫两次卫生。每次她来会馆后，一下汽车就开始干活，认真地打扫厕所、卫生间、水房、走廊等。她先用吸尘器，再用拖把，然后再用抹布，把楼道、楼梯、卫生间等打扫得干干净净。每当看见她带着过肘的大胶皮手套，拿着刷子、抹布在卫生间的下水道用力地刷洗、擦拭，是那么认真、一丝不苟时，我都不由得肃然起敬。我们的卫生间一点气味也没有。我在日本的一年，皇学馆会馆的环境非常令我满意。有好几次，我看见她打扫完卫生，会馆老板娘请她在一楼大厅里喝咖啡、饮料，由此看来日本人也是很尊重别人的劳动的。

我最感兴趣的是日本的垃圾箱。伊势住户的门口都有一两个垃圾箱或者垃圾袋，整整齐齐地放在门前。这些垃圾是分类的，看上去很干净、整洁，没有给人肮脏、不愉快的感觉。在伊势，我每天散步都要经过超市，便顺路到超市看看。在超市大厅的过道有许多窗口卖饭，摆了很多的餐桌。过道上每隔不远处，就摆放着不错的、半高的木柜子，上面摆着一个小小的花瓶，插着一束花。我当时以为这是一种装饰，并没有十分注意。结果有一次，我又从超市大厅的过道中经过，一个服务员正在打开柜子门，从里面拿出一个垃圾袋。这件事使我非常震惊。我认为爱护环境、美化环境、注意环境卫生，是人类文明发展到一定程度的表现。我在电视上看到，有一个中国到德国留学8年的研究生，回国后，为了让她的德国朋友知道中国城市也是垃圾分类，也是很干净的，辞去工作，在北京专门从事环保和垃圾分类的工作。我是很能理解她的，但我无法专门从事这个工作，只能感叹一番。

二、从伊势马拉松赛跑看日本国民的精神

2007年12月2日，这是一个星期天，我到伊势的县城去。在县城中心的外宫前，我发现临时搭了许多帐篷，里面摆满了一个个的塑料袋。大街的两边也站着一些警察在维持着秩序，拦挡着一些车辆，让这些车辆绕道行走。听说，伊势人为了庆祝他们在东京的一次国际马拉松比赛中得了冠军，今天在伊势从

内宫到外宫之间，举行全民的马拉松赛跑。我这才想起，前几天我确实在街上看到了大的条幅，说伊势要举行马拉松赛跑的事。

图 3-10　伊势大街上进行的马拉松赛跑

当我正在有兴趣地看那些帐篷里的塑料袋时，对面已经有人跑过来了。只见几个年轻人穿着短短的运动衣，跑在最前面，有两辆摩托车跟随。放眼望去，啊，后面跟随跑的人望不到边。我赶快拿出照相机，拍下这些镜头。拍着、拍着……我的心里止不住地激动。在运动员的队伍中，有许多白发苍苍的老人。有些老人白胡子飘在胸前，看上去有的已60多岁，有的甚至有70多岁了。在这些老人中，有老头儿，也有老太太，一个、两个、三个……多得数不清。在这个马拉松赛跑的队伍里，老人参加，不是个别的，而是几十、几百个。其中一个老太太看见我在照相，对着我指了指她胸前的牌子。我看见那块牌子上写着"17 504"，也就是说，今天参赛的人已经有17 504人之多了，而这位老太太也有60多岁了。我赶紧对着她照了一张。就这样我照了一张又一张，一口气拍了几十张照片。我想尽多地留下这些珍贵的镜头，留下这令我难忘的马拉松运动员的赛跑队伍。

伊势只相当于中国一个小小的县城，人口只有13万。而就在这样一个小小的县城里，竟然有这么多人参加马拉松赛跑，而且参加者中还有那么多的老人。这种现象表现了日本国民的一种精神，一种向上的不服输的精神。那些白发苍苍的老人，并不认为自己老了、跑不动了，就因此而止。我看见一位老人，大概是因为跑得不舒服了，站在路边休息一会儿，又接着跑。从内宫到外宫 11

里，来回就是22里。因为时间太长，我没有看完，但就是一个来回也22里，已经让我赞叹不已了。

在外宫的大门前面不远处有一块大石头，上面刻着一首名为《国旗》的诗。诗云：

> 战败万家忘国旗，
> 星条蕃处惨看旗。
> 兴邦正气原存此，
> 愿叫斯民爱国旗。
>
> 作者：安国正笃先生 昭和五十四年仲夏

昭和五十四年，就是1979年，此时日本已经从1945年战败的境况中走出来。

1937年，日本人在狂热的法西斯军国主义的煽动下，悍然发动侵华战争；接着又贪心不足蛇吞象，偷袭珍珠港，发动太平洋战争，妄图把中南亚全部变成日本的殖民地。但是，侵略者是没有好下场的，在中国人民和世界人民的痛击下，日本彻底输了、失败了，而且失败得很惨。但是，从1945年日本战败至今60多年的时间，日本竟然迅速地发展起来，成为一个发达国家。这是出乎意料的。我想，日本在战败后的那些年代里，是什么精神支持他们奋发图强呢？从伊势"马拉松"赛跑中，我看到了日本国民的这种奋发向上的不服输的精神。

令我感动的还有日本人对荣誉的尊重。这次伊势"马拉松"赛跑，就是因为伊势市为了庆祝日本人在东京的一次国际女子马拉松比赛中得了冠军而举行的。如果在某一次比赛中，日本人或者伊势人获胜，这边超市就会将商品进行打折销售。

在伊势的仓田山公园里，我看见这样一个介绍：仓田山公园要建一个棒球场，在棒球场边立着一个名叫西村幸生的人的半身铜塑像。这个名叫西村幸生的人，是伊势人，在全日本的棒球比赛中，连续获得优胜。昭和二十年（1945年），此人在日本侵略菲律宾的战争中战死。还有一个叫泽树荣治的人，昭和十二年（1937年）曾获日本棒球最高殊勋选手，昭和十九年（1944年），在菲律宾战死。正因为这两个人在全日本的棒球比赛中取得过突出的成绩，伊势仓田山公园为建棒球场把这两个人的事迹写出，并造立铜塑像。但是我不太明白，将这两个人塑像立在伊势仓田山公园里，是为了表彰他们在菲律宾战死的勇敢，还是尊重他们在棒球比赛中获得的荣誉呢？后来我想，伊势仓田山公园是为建棒球场而把这两个人的事迹写出，又塑立铜像，尊重他们在棒球比赛中的荣誉当是更重要的。

三、日本樱花所寓意的武士道精神

樱花是日本的国花。来日本之前,我对樱花并没有太多的了解。河南大学校园里有两棵樱花树,只觉得樱花就像桃花一样粉红美丽。到了日本之后,我发现日本竟然有上百年的樱花树。特别是我在东京大学、东京新宿御园见到的樱花树,粗粗的树干恐怕两个人也合抱不住,大大的树冠能遮盖约半亩地。我想这些树开花肯定很美,但可惜的是我去东京的时候不是樱花开放的季节,只能想象了。

图 3-11　五十铃川河畔的樱花

2008 年 4 月,正是樱花开放的时候,有日本同事告诉我,伊势神宫边上五十铃川河畔的樱花非常好看,伊势人大多在那里看樱花。

这天,我吃过早饭就往神宫五十铃川河畔赶。只见一路上到处都是樱花。在通往内宫的御幸路上,两旁也都种着樱花,时而谁家院子里的樱花探出墙来,把大街装点得漂亮而有诗意。

当我赶到神宫五十铃川河畔的时候,河边上已经站有很多人了。五十铃川的左岸有一个大大的樱花园,而右岸有一排樱花相映,犹如满天的云霞。清清的五十铃川水从中间流过,真有点"两岸樱花绿水流"的意境,犹如身在我国古书里面记载的桃花岛一样。一对对情人在樱花树下拍照,人面桃花相映红,又是一个诗意的画面。

五十铃川河畔左岸临时搭着许多的帐篷摊点,商家在此卖各种饮料、糖果、小吃等，河岸上还摆放有临时木床，上面铺着红毡，以临时充当座位，供游人休息。有的是一家人，父母带着孩子，一边欣赏樱花，一边吃着糖果或者喝着饮料；还有的是几个老年人在河岸上坐着边谈话边看风景。我想起了中国的一句话："你在河边看风景，看风景的人也在看你。"其实在那里每个人都是一道风景。

樱花娇艳灿烂，带着一种迷人的美。这种艳丽粉红的色彩有似于中国的桃花。桃花岛、桃花源一直是中国文人追求的世外桃源。记得40年前，我作为知识青年到了河南省的平舆县。平舆县盛产桃子，每到春天，我总是忙里偷闲地到野外去追寻那一片片的桃林、桃园，那粉红的桃花，犹如一片片的彩霞。望着梦境般的桃花，我感叹着人生的苦短。

日本的樱花乃至每处风景，似乎都经过了人工细致的安排和筹划，表现出日本人的细心、认真和勤劳。据说，日本有600多种樱花，日本人经过认真的筹划，从南到北，花期整整一个多月。

日本的樱花与中国的桃花，同样灿烂，同样鲜艳，花期同样短暂，辉煌只是一闪，但樱花与桃花却有质的不同。

中国桃花的花期虽短，但桃树是要结果的。当粉红艳丽的桃花败落后，小小的桃子长出，几个月后将会结出鲜美的桃子，让你垂涎。中国人把桃子当作仙品，传说如果吃了王母娘娘蟠桃园的桃子，可以长生不老。

而日本的樱花，只开花不结果。樱花的花期虽短，但樱花即使落下也不褪色，照样鲜艳灿烂。记得我在一份资料上看到，日本人认樱花为国花的原因，就是因为樱花败落也不褪色。

日本的武士精神有与樱花相同的寓意。日本的武士精神认为，人的生命虽然短暂，即使死去，即使不结果、不留后代，也要像樱花一样辉煌、一样鲜艳、一样不褪色。所以，日本的武士道精神在世界上是有名的。第二次世界大战时期，这种武士道精神为日本军国主义所利用。

中国文人喜胜不喜败，见落花流泪，对月伤情。（宋）辛弃疾《摸鱼儿·春晚》有词云："惜春长怕花开早，何况落红无数。春且住，见说道，天涯芳草无归路，怨春不语。"（宋）秦观《画堂春》云："落红铺径水平池，弄晴小雨霏霏，杏园憔悴杜鹃啼，无奈春归。柳外画楼独上，凭栏手捻花枝，放花无语对斜晖，此恨谁知。"另外，秦观《千秋岁》中也有"春去也，飞红万点愁如海"之句。中国文人把"落花流水春去也"、"雨打芙蓉泪不干"，比喻成春天的不可挽回、人生的苦短。而日本则以樱花自喻，生命虽短，但是只要生得灿烂、死得辉煌，也死而无憾。日本人喜欢樱花，更欣赏樱花败落时那种"落花如雨"的景象，它寄寓着日本武士道"视死如归"的精神。

据说，一个星期之后，樱花就该败落了，就会出现"落花如雨"的奇观。

当我在神宫五十铃川河畔看了那令人迷恋的樱花之后，也想看看日本人最欣赏的"落花如雨"的场景和那即使败落也不褪色的满地樱花。但遗憾的是，不到一个星期，一场暴雨使伊势所有的樱花败落在雨中，我没能看到那令日本人钦慕的樱花败落时的"落花如雨"的壮观。

第三节 伊势湾海滨

伊势湾海滨位于本州岛的东部沿海，面向太平洋，景色秀丽，包括伊势、志摩、二见浦、鸟羽等。我刚到日本没几天，竹中老师就邀请我和她一起去伊势湾海滨。在伊势湾海滨，我见到了二见浦的日神遥拜所、兴玉神社、安乘崎灯塔、志摩国立公园等；听到了关于二见浦的美丽神话传说。几个月后，我们又同竹中老师一起去参加鸟羽的牡蛎节。伊势湾海滨留在了我美丽、难忘的记忆中。

一、日神遥拜所

刚到日本不久，日本朋友竹中老师和她的丈夫便带我和另外两个中国同事到志摩海滨去玩。志摩属于三重县，位于伊势湾海滨。在志摩海滨，我见到一个神社，叫作二见浦兴玉神社。兴玉神，在"伊势神宫"一节中曾介绍过，它是伊势神宫的守护神，守护范围一直到了海边。

二见浦的得名与皇女倭姬有关。当年，倭姬被派出寻找建立祭祀天照大神的神宫圣地，当来到二见浦的时候，被当地美丽景色所吸引，便两次回头眺望，因此这个地方被命名为二见浦。

志摩海滨位于日本的最东边，被认为是太阳升起的地方。这里有一座日本天皇遥拜日神的遥拜所。日本天皇曾到这里遥拜日神。日神遥拜所的正门正对着大海。日神遥拜所的前面大海上有两块相距660米远的岩石，日本人称之为夫妇岩，中间粗大的绳相连接。在男岩上竖立着日神遥拜所的第一道鸟居；日神遥拜所前面的海边竖立着第二道鸟居。

我站在日神遥拜所的旁边，望着那大海茫茫的远方，海水在阳光下碧波荡漾，蓝色的大海与天空连在一起，秋水共长天一色，让人陶醉。海水拍打着临近岸边的岩石，掀起雪白的浪花。我想，当日本天皇站在这里，遥拜日神，认自己的祖先为天照大神时，是多么豪气。皇女倭姬当年面对苍茫辽阔的大海，以及那天边日出的壮观，恋恋不舍，再三回望，是多么优美的一幕。

太阳带给大地光明和温暖，因此也受到许多民族的崇拜，尤其是受到生活在大海边的人的崇拜。像日本这样一个海岛国家，每天望着海平面上升起的太

图 3-12　日神遥拜所

阳，生机勃勃的白天开始，崇拜太阳是当然的。

在中国山东的成山头，秦始皇曾在那里拜日、拜海。"维二十九年，皇帝春游览，省远方，逮于海隅，遂登之罘，昭临朝阳，观望广丽。……远迩同度，临古绝尤。常职既定，后嗣循业，长承圣治，群臣嘉德，祗诵圣烈，请刻之罘。"① 可以想象，秦始皇在统一六国之后，又统一了度量衡，"远迩同度"。他站在大海边，望着波澜壮阔的大海，多么豪迈，多么的不可一世。但这位"祖龙"又担心自己死去。秦始皇"于是遣徐市发童男女数千人入海求仙人"②。秦始皇寻仙人之目的自然是希望自己能够长生不老、永享富贵。汉武帝也曾派方士到海上寻找仙人。是时，"方士更言蓬莱诸神山，若将可得。于是上欣然，庶几遇之。乃复东至海上望，冀遇蓬莱焉"③。中国的都城一般在黄河的中上游地区，离大海较远，所以中国古代人认为到了海边，就是到了"天尽头"。中国皇帝到海边，大多是为了寻找神仙之居处。

日本人常年生活在海边，对大海较少有神秘感。当他们接受中国文化之后，认为中国皇帝所追求的神仙居处就是海上蓬莱，就在他们这里，于是日本人当然产生了一种自豪感。

日本原名倭奴国，当然这是中国帝王对日本的蔑称。以后他们自己认为此名不雅，改称日本，即太阳升起的地方。我国史籍《旧唐书·东夷》记载："日本国者，倭国之别种也。以其国在日边，故以日本为名；或曰倭国自恶其名不雅，改为日本。"

---

①②③　司马迁：《史记·孝武帝本纪》，北京：中华书局，1982 年。

当年的中华帝国把周边的少数民族皆称为"奴",如"匈奴"、"倭奴"等。日本被称为倭奴国,他们自己也确实自称过倭国,如现在的伊势还有倭姬宫。日本民族是一个自尊心、自信心都很强的民族,对于这样的称呼肯定感到一种羞愤。于是他们自己改称为日本,应该说是可以理解的。

二、安乘埼的灯塔

日本是一个海岛国家,处处表现出其特色。日本海滨非常有特色的建筑就是灯塔(也称为灯台)。在日神遥拜所,我就看到许多标有"献灯"字样的、抽象化的石刻灯塔,日本各地也有许多这样的灯塔。

竹中老师带我们来到"安乘埼灯塔"。这座灯塔可不是座抽象化的灯塔,而是一座建在海边,实实在在能为海轮照明的灯塔。

灯塔在漆黑的深夜,是茫茫大海上的光明和希望,它指引夜航中的海轮,守望风暴里船只的远航。有人说,灯塔是大海上闪耀光明的女神,给远航的行人以温暖和信心。

日本灯塔的出现,始于对中国的贸易。日本是一个资源相对较少的国家,所以贸易自古就是日本的重要产业。大约1400年前(即唐代),中国的贸易船到日本。在黑夜中,在茫茫的大海上,海船很难辨别方向,所以日本方面就在九州的岬岛建立灯塔。所谓灯塔,就是在一个高台上面,放置一个用油纸做成的灯笼,里面用菜籽油为燃料。当猛烈的暴风雨来的时候,就用柴烧火的形式为华商的船舶照明。夜间用灯照明,白天燃烧柴火以升烟为海船指路,这就是日本最早灯塔的雏形。

在世界范围内,灯塔最早出现在埃及。公元前280年,古埃及人在亚历山大城对面的法罗斯岛上修筑灯塔,灯塔高达85米,日夜燃烧木材,夜间以火焰照明,白天以烟柱为标志,为航船指示方向,从此世界上有了灯塔。法罗斯灯塔被誉为古代世界七大奇观之一。法罗斯灯塔后毁于地震。

明治元年(1868年)11月1日,日本开始使用洋式灯塔。明治六年(1873年),日本全国各地建立了20个洋式灯塔。最早的木质洋式灯塔,是大阪府的旧堺灯台(きゅうさかいとうだい),位于旧堺港的南码头。

安乘埼灯塔也随之换成了洋式灯塔,是日本最古老的洋式灯塔之一,也是日本国内极为稀有的四角灯塔。昭和二十三年(1948年),在现在的位置上用四角形钢筋,建起了安乘埼灯塔。现在的安乘埼灯塔约高3米,地面高13米,海平面高33米。每15秒钟就放光一次,即亮一次,光达16.5海里[①]。

---

① 1海里=1.852公里。

图 3-13　安乘埼的灯塔

　　日本横滨、京都等地，都正在复原一些古代的灯塔。每年 11 月 1 日，是日本的灯塔纪念日。日本还有社团法人灯光会，对各地来参观灯塔者，全部免费开放。我想，世界上每个民族，都有他们自己的特色、自己的历史，这些灯塔也表明了日本古代的辉煌。

　　日本是一个海岛国家，非常重视灯塔的作用。在伊势，从内宫到外宫的御幸路上，20 多里的路上，每隔 10 米、20 米左右，就立着一个石刻、或者是水泥制成的、抽象化的灯塔。其寓意当然是为天皇的先祖照亮。这些灯塔给人一种神秘的感觉。

　　在日本的一些墓地上，尤其是一些贵族的墓前，也竖立着石刻的灯塔。在日本，人们的活动很多在海洋中，他们渴望有一盏灯照耀道路，指引方向，为他们带来温暖和光明。这些灯塔是否也是日本民族文化的象征呢？日本天皇遥拜日神，还要献灯呢。

　　日本奈良的春日大社，有各种灯塔 3000 多盏。这些灯塔有石头的、铜质的，有立在路边的，有挂在廊庑下的。没有比奈良春日大社的灯塔更为集中了。

　　河南大学文物馆的门口，有一个日本侵华时期所留下的石刻的灯塔。原来我不知道那个东西是什么，后来问学校的一些老教师，才知道那是日本侵华时留下来的，不知道有什么用处。来到日本后，我才知道这是日本人制作的象征性的灯塔。

　　回国后，我又听河南大学文学院华峰教授说，抗日战争时期，日本人企图占领河南大学，遭到开封人民的拼死抵抗，在河南大学的东门口打死日军士兵

20多人。后来日本人占领了河南大学,由此,河南大学南迁到今河南省南阳地区的镇平县。日本人建立灯塔当是为被打死的日本兵照亮冥路。华峰教授说,在他小的时候还有两个灯塔,分放在河南大学的东门口,还有两个塔座,挺高的。1958年大炼钢铁时,河南大学在东门之内建立铁塔钢铁厂,这两个灯塔就位于铁塔钢铁厂的范围之内,中国人不知这是什么东西,于是就有人在这个抽象化的灯塔上刻了"铁塔炼铁厂"的字样,现在只剩下一个这样的灯塔了。如今这个灯塔还在河南大学文物馆的门口,这既是日本法西斯侵略中国的罪证,也是中国人民顽强抵抗日本侵略者的纪念。

三、鸟羽牡蛎节

新年过后不久,竹中老师邀我们和她一起到鸟羽去参加牡蛎节。2008年2月21日,还是早春二月,春寒料峭,我和竹中老师,以及几个皇学馆大学的女大学生一起坐汽车来到鸟羽市浦村町。这里是三重县最大的牡蛎养殖基地,每年2月21日上午11点到下午2点举办"牡蛎节"。一年一度的牡蛎节,很是热闹。

图 3-14　鸟羽牡蛎节

我们到浦村町的时候,这里已经聚集了很多人。临时搭起了一座座的帐篷,还有一个个的摊位,里面摆满了牡蛎。经营牡蛎的老板身穿着黄色的、紫色的或绿色的衣服,上面印着"牡蛎の国浦村"的字样,说明这里是牡蛎之乡。

在一个印有"本浦町内会"字样的白色的帐篷下面,"牡蛎の国浦村"在忙碌着。很多大的饭桶里面放有做好的牡蛎汤,凡来参加牡蛎节的人都可以免费品尝。我们和皇学馆大学的学生都品尝了免费供应的鲜美牡蛎汤。在日本的很多节日中,都有免费供用食品的内容。之后,我们又接受一个船老板的邀请,大家来到他的船上,他为我们每人烧烤了一只大牡蛎,在这里吃牡蛎应该说别有风味。

牡蛎不仅是佳肴美食,而且还有很高的药用价值。现代医学实验表明,牡蛎肉中的某种成分对肿瘤细胞有抑制作用,特别是海蛎肉更佳,含有天然牛磺酸,具有降血脂,抑制血小板聚集,提高人体免疫力,促进新陈代谢,降低糖尿病病人的血糖,以及对动脉硬化、冠心病、心绞痛、高血脂、心律不齐、慢性肝炎等都有较好的疗效,并且有养颜美容的作用。牡蛎越来越受到人们的喜爱。

《本草纲目》卷四十六《介之二·牡蛎》中记载:牡蛎肉"主治:煮食治虚损,调中解丹毒,妇人血气以姜醋生食治丹毒,酒后烦热止渴,炙食甚美,令人细肌肤,美颜色"。《本草纲目》还介绍了关于牡蛎的许多用法,表明中国人很早就发现了牡蛎的药用价值。

牡蛎节起源于英国爱尔兰西部的戈尔韦(Galway)市。戈尔韦市盛产牡蛎,每年9月底至次年的1月初是牡蛎收获的季节。当时戈尔韦市中心一家酒店因生意清淡,决定于牡蛎开始收获的第一个月举办牡蛎节吸引游客,结果这个酒店爆满,大发其财。自此以后,戈尔韦市每年举行牡蛎节,后来更演变成为著名的国际牡蛎节。荷兰、法国、美国、日本皆有牡蛎节。日本是最善于学习新事物的国家,又是海岛国家,当然也要过牡蛎节。我国的奉化也开始过牡蛎节。

以贸易物品为节日,当然是为了扩大贸易。我想,如果能让人们更多地了解这种物品的价值和意义,将会对贸易有很大好处。

在日本,我参加了这个牡蛎节,使我对牡蛎的食用价值和药用价值都有所了解。

第四节　日本的和尚、寺庙、墓地与丧葬礼

在伊势,我发现当代日本的和尚、寺庙与中国有很大的差别。在日本奈良、平安时期,佛教从中国直接或者经朝鲜传入日本。是时,日本的佛教与中国完全相同,但是经过几千年的变迁,特别是明治维新之后,日本的佛教发生了很大的变化。日本的和尚可以结婚,这与古代中国和现代中国是不同的。另外,日本的寺庙是和尚的私产,这也是中国人不能理解的。日本的很多寺庙中也常

常会有一块墓地,由所在寺庙经营。

一、日本的和尚、寺庙和墓地

中国的寺庙是和尚们辛苦化缘修建的,中国的善男信女们自愿向寺院投入大量的捐款,或者某一个皇帝特别信奉佛教,动用国库建造或扩建寺院,以求冥福。虽然寺院的财产、财政权归寺院的方丈控制,但方丈是出家人,没有家庭儿女。中国和尚一旦出家,就等于不要家庭了,所以方丈死后,寺院的财产由下一任的方丈管理,也可以说寺院是和尚们的公产。

日本自明治维新之后,明治政府颁布了"神佛不得混淆令",取消了佛教的国教地位,让僧侣还俗或仕于神社,解散了大教院。一两年之后,虽然佛教恢复,但是地位大大降低,成为神道教的附属。而且,明治政府规定,和尚可以结婚有子女。随之,日本的庙产也就成为和尚的私产。当然,一些大的、历史上有名的寺院,如京都的本愿寺、金阁寺、银阁寺,奈良的法隆寺、唐招提寺、大东寺等,这些寺院是世界文化遗产,也被日本政府定为"重要文化财",是国家的公共财产。而一般小寺庙是和尚们的私产,和尚的子女是可以继承的。

在伊势,有很多小的寺庙,如皇学馆会馆对面的本誓寺,古市小街的寂照寺、大林寺,以及松尾观音寺等。这些寺庙都很小,为和尚私人所有。

本誓寺,属于净土宗的寺庙,建在一个低矮的山坡上。这座小庙像日本的大多数寺庙一样干干净净。寺庙有一个小小的山门,山门的前面是一个较大的空地,可供停车,行人、车辆也可通行。山门之外,向前有一条 20 多米长的道路,上台阶就是寺庙的正殿。路的两边像日本所有与神灵有关的地方一样,铺着白石头。殿内金碧辉煌,正中供奉着释迦穆尼的镏金立像,天花板上吊着一个很大的金色吊灯,还有一些花之类的装饰。正殿左边是一厢房,右边没有厢房,是一个铺着石子并长着花草树木的空地,空地的右边是和尚的家。

这个小寺山门的右边有一株梅花树,其花是黄色的。山门之内有一株白梅花树。那两株梅花树开花的时候,会发出阵阵清香。在中国,诗人们用了无数美好的诗句去歌咏梅花。我望着那两株盛开的梅花,常常想起陆放翁的《卜算子·咏梅》:"驿外断桥边,寂寞开无主。已是黄昏独自愁,更着风和雨。无意苦争春,一任群芳妒。零落成泥碾作尘,只有香如故。"这也可能是一种思乡的情结吧。

除此之外,这里还有一些我叫不上名字的花,这些花也是在冬天开放。日本是一个岛国,属于海洋性气候,冬天不冷。我所在的伊势又位于日本的东南部,气候更加暖和,所以冬天树木常青,有很多鲜花开放。

本誓寺的主人是一位拖家带口的和尚。和尚的家就建在寺庙正殿的右边。

他的家门口经常停着两三辆汽车。这个和尚在日本当属于一个中产阶级。

日本的寺庙有一个重要的功能，那就是人在寿终的时候，所有的仪式必须在寺庙中举行。所以，日本很多寺庙中都有一块墓地，也就是说，寺庙和墓地往往在一起。

每个星期天本誓寺都会有善男信女们前来祈祷拜佛。如果有人寿终，本誓寺中停放死者的棺木，死者的家属要在这里守夜，接受亲友的吊唁，请本寺的和尚念经、祈祷，最后还要从这个寺庙中出殡。不过，这一切都是要收费的，日本的寺庙犹如中国的殡仪馆。

本誓寺的左边是一块小小的墓地。墓地有30多座墓葬。这些墓都是信仰佛教的善男信女的墓葬。不知这些死者是否都是佛教徒，但是至少墓碑上写的都是善男信女，其家族也都是信佛之家族。

图 3-15　伊势本誓寺墓地前"大施饿鬼"的木牌

日本的墓地还有这样一种习俗，那就是同一个家族的人死后，其骨灰葬在同一墓穴中。墓穴侧部有墓门，可安放后死者的骨灰。墓上立有一个墓碑，上面写着不同时期、各代死者的名字。本誓寺的墓地很小，主要是一些佛教徒或信仰佛教的世家的墓地。每一个墓碑上都刻有家族的或个人的名字，并有一块木板上面写着"大施饿鬼为松元家水子之灵位彼岸供养塔"，或者"大施饿鬼灵位彼岸供养塔"等，以表明这个家族是慈善之家。

每块墓碑上都有用花岗岩石条围起的、1平方米左右的方形墓地，墓地里面铺满了青色的碎石子。墓地的进口处有自来水管，以供前来拜祭的人们洒扫墓碑、摆放鲜花。墓地是要收费的。和尚也经常到民众的家里去念经被除灾难，这也是要收费的。这些是和尚家里的重要收入。

二、本誓寺日本丧葬礼纪实

日本的丧葬礼在寺庙中举行。在日本期间，我有机会参加了伊藤家老太太在本誓寺举行的丧礼。

日本的丧葬礼是这样的。死者入棺后，抬到寺庙中的边厢房。棺木之上摆着死者的照片，照片两边摆上鲜花。寺庙的山门口支上两盏灯，那是为死者照明用的。左边挂上一个大大的木牌，上面写着"某某人的告别式式场"；右边书桌旁立一块小的牌子，上写着丧主的姓氏，并说正在忌中，再写上守夜、出棺、告别式的时间、地点等。山门之内，搭上白色的帐篷，用来接待前来吊唁、送礼、送花的亲朋好友。

在丧礼举行的前一天晚上，寺庙里灯火通明。死者的亲属要为死者守夜。冬天的夜里，死者的亲属就住在寺庙正殿旁边的偏房中。从停棺的前一天晚上7点到第二天上午10点，其亲属在这里守夜。第二天上午10点整出棺，接着到火葬场去火化死者的遗体，然后将骨灰送到墓地，进入祖先的坟墓之中。

图 3-16　伊势本誓寺举行的丧礼

将死者的骨灰送到墓地后，已是下午3点。亲友们在寺院举行告别式，就是我们中国所说的追悼会。告别式在寺庙的正殿中举行。告别式上，伊藤家老太太的照片已经从偏殿挪到了正殿，在佛像下面的正中处。左边坐着老太太的亲属，右边坐着朋友。亲友们都要穿上黑色的衣服。那天我刚好也穿着黑色的衣服，因此坐在朋友之列。

仪式开始了，先由和尚在照片前的祭坛上念经。只见本誓寺的和尚寺主，穿着绿色的绣服袈裟，戴着黄色的僧帽。另一个和尚穿蓝色袈裟，戴着白色花纹的僧帽，与之相配合。还有两个年轻的和尚站在祭坛的两边，时敲木鱼，时敲小鼓，或者摆弄着食盒之类的东西。和尚念的经，我也听不懂，只见和尚累得满头大汗。

和尚念经后，一个人为之念悼词，赞颂老太太平生对人世的贡献。然后，她的儿子讲话、悼念。再接着，老太太的亲属与朋友分别在老太太的遗像前鞠躬告别。最后有人拿着一个盘子，上面放着一个正在燃烧着的香火堆，旁边放着一个盛碎香头的盘子。每位亲友用手在盘子上的捏小撮香，为死者添在香火堆上。我也与他们家的亲友一样在老太太的遗像前鞠躬告别，为老太太在香火堆上添一小撮香，以表示对老太太的哀悼之情。至此，告别式进行完毕。

日本是一个很重视丧葬礼的民族。古籍记载：

> 倭人"其死，有棺无椁，封土作冢。始死，停丧十余日，当时不食肉。丧主哭泣，他人就歌舞饮酒。已葬，举家诣水中澡浴，以如练沐。其行来渡海诣中国，恒使一人不梳头，不去虮虱，衣服垢污，不食肉，不近妇人，如丧人名之为'持衰'。若行者吉善，共顾其生口财物；若有疾病遭暴害，便欲杀之，谓其持衰不谨"[①]。

古代的日本人在丧葬中可以出使中国，但有一人要"不梳头，不去虮虱，衣服垢污，不食肉，不近妇人"。如果此人有病了，就是"持衰不谨"，要被杀掉。当然，这是古代的丧俗，但也说明日本人对丧葬礼的重视。

参加完伊藤家老太太的丧礼，我对日本的丧葬礼仪有了实质性的了解。

第五节 日本墓地碑文反映的侵华史

日本是一个很注重祖先的民族。在日本生活期间，我每到一地，基本都要去看墓地和墓碑；我曾经不止一次到伊势周围的十多块墓地上去考察，认真的研读墓地上每一块墓碑的碑文。墓地集中地表现出一个民族的心理、文化和风俗。伊势，号称"日本的心"，是日本的腹地；在伊势我更能深层次的观察日本。在本誓寺稍远一点的"久世户町"共同墓地以及县城附近的"一誉坊"墓

---

① 陈寿：《三国志·魏志·东夷倭人》，北京：中华书局，1982年。

地，大约共有数千座墓。在这些墓地上的墓主人身份比较复杂，有善男信女、也有普通百姓、也有日本士兵和军官。大部分的墓葬也是每个家族一个墓碑，骨灰也都葬在同一个墓穴里；但是有些特殊人物是单独的墓葬和墓碑。在伊势的许多墓地上，都能够见到侵华日本士兵单独的墓葬和墓碑。"久世户町"共同墓地和"一誉坊"墓地上都有第二次世界大战侵华士兵的墓碑，有的碑文从侧面较为真实地反映了日本侵华的历史。

"久世户町"共同墓地在本誓寺对面隔一条马路的山坡上。这个墓地上有两通墓碑引起了我的注意：一块是井村大吉的墓碑，记载了甲午海战后日本人在中国台湾的情况；另一块是故陆军步兵伍长浅野英三的墓碑，记载了第二次世界大战侵华士兵在中国的情况。根据墓碑的碑文，井村大吉是甲午海战之后，日本派到台湾总督府的事务官、参事官。浅野英三是第二次世界大战时期侵华日军的陆军步兵伍长。这两通墓碑都集中地反映了日本侵华的历史。

一、井村大吉墓碑碑文反映的甲午海战后的侵华缩影

井村大吉是明治三十四年（1901）被日本派到台湾的总督府的事务官、参事官，曾经任台北厅长。

图 3-17　井村大吉墓地

1895 年《马关条约》签订以后，日本强行占领了台湾，建立总督府，这位井村大吉一生的"政绩"、官运、仕途，从此与中国台湾紧紧地结合在一起。

井村大吉墓碑的碑文是其儿子台一朗所写。墓碑碑文云：

先考讳大吉，井村氏，号铃川，宇治山田人；考讳配田中氏。先考其长人，自幼好学，志存经世。明治三十二年卒业东京帝国法科大学，翌年及第高等文官试验。三十四年，任山林局事务官，序从七位。三十九年，任台湾总督府事务官，四十二年，擢为台北厅长。其间五年，或改筑台北、基隆两市街、或获淡水河岸填附近一带低地、或开拓北投公共浴场、或通台北三线道路、造新公园、圆山动物园，皆其所画策也。大正二年，任台湾总督府参事官，叙高等二等。四年，任通讯局长。五年有故辞职，叙勋四等，次从四位。自是绝意仕途，而志犹在济世也。其后，为大连重要物产取引所理事长，会建金、建银事，起意不容于执事而辞职。十年，入台湾日夕新报社。十一年，游欧米（美）诸国，同年十一月归朝，翌月，举专务取缔役兼社长。尔来约四星霜，痛论时事，以昭和二年七月八日病殁于宇治山田市中之町。自邸至生明治六年十二月二十六日，龄五十有五，葬于宇治山田市久世后町，字蝮尾，先茔之次。先考为人豪迈豁达，不物细事，于物淡然，遇事重然诺，重友情；尤用心经世，而龄未及耳顺，溘焉长逝，哀哉！不肖台一郎谨述平生所闻见，以勒诸墓上石。

昭和二年（1927）十月嗣子台一郎恸哭拜撰

碑文上说，井村大吉在台湾做了许多的政绩。这位井村大吉先生的一生基本与中国结合在一起。这位井村大吉先生怎么会在中国的台湾被任命为台湾总督府事务官、台北厅长、台湾总督府参事官、通讯局长，其后又当了大连重要物产取引所理事长。他的官运、仕途，怎么皆在中国，在中国的台湾实现他"志犹在济世"的理想呢？

1894年中国在与日本的甲午海战中失败，1895年4月17日，中国被迫与日本签订了马关条约，赔款两亿两白银，割让台湾；之后，日本强行占领了台湾。1901年，就是碑文中所说的"明治三十四年"，这位井村大吉先生就去台湾，实现他在中国"济世"的"志向理想"，后来，他因与其上司意见有舛而辞职。他的儿子痛哭流涕，哀悼他的父亲。

然而日本人在台湾怎样"济世"呢？

（清）爱国文学家钱振锽《名山续集》卷四《简大狮传》记载：

光绪乙未，我割台湾予倭。台民简大狮与倭力战年余，至厦门，为当事所获。大狮供："倭淫虐妻妹，皆死焉。予之战，不敌，故至此。我反倭，非反大清也。今为中国官吏所杀，无恨。若以我予倭，则死不瞑目。"当事者竟缚大狮献于倭，置极刑。后其弟简大度复与倭战，亦败。①

钱振锽又曰：

> 我闻，倭始至台，下令'借用'妇女，逐其民而居其室，不许哭。一老妇79岁，大哭。倭以非法杀之。闻一人谤倭，则塞其巷而屠之。……我中国赋于台湾岁百万，倭赋于台湾岁二千万有奇。②

最后，钱振锽诗云：

> 痛绝英雄洒泪时，海潮山涌泣蛟螭。
> 他年国史传忠义，莫忘台湾简大狮！③

在这里，钱振锽就简大狮抓捕又献于日本人一事，歌颂简大狮的英勇与悲壮，满怀义愤的怒斥清政府无耻的汉奸嘴脸。钱振锽希望将来国史上一定要传颂简大狮的忠义。

台湾爱国诗人丘逢甲有《春愁》④诗云：

> 春愁难遣强看山，往事惊心泪欲潸。
> 四万万人⑤同一哭，去年今日割台湾。

日本人霸占了我国台湾之后，在台湾的掠夺、烧杀、奸淫，如简大狮那样，其妻、女、嫂、母尽遭残害和蹂躏，台湾同胞遭受了巨大的灾难，这就是日本人的所谓"济世"。

如今我们看这段历史，只能叹息我们的前人太不争气了，让这个名叫井村大吉的日本人把中国当成他自己的国家，把对中国人的奴役，说成是"志犹在济世"。

笔者认为，如果不是令中国人心碎的甲午海战和《马关条约》，如果台湾没

---

① 王杏根：《"莫忘台湾简大狮"—钱振锽著"简大狮传"校注琐记》，60页，上海师范大学学报1982年第4期。
②③ 任亮直、文淑慧：《雪泥鸿爪集》，94页，香港中国国际文化出版社，2013年。
④ 丘逢甲：《岭云海日楼诗抄·春愁》，26页，台北：大通书局印行，1960年。
⑤ 诗中的"四万万人"，亦有云"四百万人，台湾人口合闽粤籍四百万人也"。

有割让给日本,一个日本人怎么能在中国台湾有"政绩"?见到这块井村大吉墓碑的碑文,一种莫名的悲哀、一种伤感油然而生。

二、浅野英三墓碑碑文反映的二战侵华缩影

在久世后町墓地上,我看到另一块墓碑,那是故陆军步兵伍长浅野英三的墓碑。该碑文是浅野英三的父亲所写。碑文云:

英三,余之二男也,母名きね。大正四年生于古市町。昭和八年三月卒县立宇治山田商业学校直入京都いきよや商店被重用。同十年(1935)十二月一日入营步兵三十三联队第七中队,四月二十日为北满守备军驻屯齐齐哈尔,被选拔为满洲里国境警备。同十一年(1936)凯旋,依功叙勋八等。同十二年(1937)五月除队。同年八月二十五日际支那事变,积极应召,属野田部队,出征,转战北支各地,九月二十一日遂壮烈牺牲。依功叙勋七等、功七级,赐金赐勋章。英三在家常孝心深,出则丹心报国,诚是可谓忠孝两全之子欤!

昭和十三年十月　　浅野喜三郎

图 3-18　故陆军步兵伍长浅野英三墓碑

在墓碑的阴面写着:

昭和十二年(1937)九月二十一日支那河北大城县八里庄附近战

斗中战死，享年二十三岁。

浅野英三是第二次世界大战期间侵华的日本士兵，死时升为陆军步兵伍长。1937年9月21日在河北石家庄大城县八里庄附近战死，死时23岁。浅野英三战死在中国，当然是侵略者应有的下场。但其在花季年华，在侵华战争中来到中国不到一个月就丧命，或许他还不知为之而死、为之卖命的就是世界人民反对的法西斯主子。他的父亲还说他"丹心报国"、"忠孝两全"、"壮烈牺牲"，这是很可悲的。但这毕竟是昭和十三年（1938）十月的事，当时日本侵略者气焰正盛，或许他的父亲认为儿子的死是件很荣耀的事，故他这样为儿子写墓碑。这位浅野英三的父亲说他的儿子是"忠孝两全之子"。不知白发人送黑发人的时候，他的心里是什么滋味？

在浅野英三的墓碑旁边，我还看到英三的弟弟浅野浩的碑文。浅野浩是当时日本海军的上等兵，昭和十八年（1943）二月死于海军医院，年仅24岁。他也可能在中国的作战中受伤死去。我不知浅野英三的父亲是否为5年之中失去两个儿子而伤悲？

我曾查阅了1937年9月15日至9月21日发生在河北石家庄大城县八里庄的战役。资料显示：1937年9月15日军侵入河北省大城县，对子牙河沿岸无辜的百姓居民进行疯狂的屠杀。那时候的村庄都很小，每个村也就是几十户人家，一二百口人。而日军在子牙河北村杀死百姓147人，其中34家绝户，来不及逃走的百姓全部遇害。在八里庄、赵固村等村屠杀村民160人。十多天的时间，日军就对河北大城县附近的村庄进行血洗，屠杀子牙河沿岸17个村的群众共773人。9月17日，日军到达在河北大城县南赵扶、白杨桥一带。在大城县八方村杀死居民108人。同日，日军在河北固安县杨家屯、辛仓村、辛立村屠杀无辜群众212人。[①]

1937年9月21日，日本兵浅野英三战死在这次战役中，这次战役使中国数以千计的无辜百姓遭到残酷的屠杀。这就是浅野英三的"忠孝两全"和"丹心报国"的战绩。浅野英三的"丹心报国"、"忠孝两全"，就是到中国来屠杀无辜的百姓。

三、从"一誉坊"墓地墓碑考察日本的侵华战争

在伊势，我曾认真地考察过十多块墓地。在从皇学馆大学到伊势市的路边，有一块拥有几千座墓葬的墓地，叫"一誉坊"墓地。在"久世户町"共同墓地、"一誉坊"墓地以及伊势的其他墓地上，我见到好多到中国来打仗的日本青年墓

---

① 牛翰杰：《日本侵华史大事记》，203页，香港：香港天马图书有限公司，2000年8月。

碑的碑文，上面写着墓主人的生平。这些墓主人或阵殁在河南杞县，或战死在山西侯马和山西定县、汶水县，或死在中国的大别山，或死于伪满洲国、台湾冲西硇、广西柳州等。在墓地上我还见到一些这样墓碑的碑文：

故陆军辎重上等兵，勋八等，高须初吉墓，曾参加过塘沽战役、攻打南京的战役、徐州会战，昭和十三年在河南杞县阵殁，死时29岁。

一个名为太田清的人，其墓碑文云：

大正七年（1918）八月三十一日出生，次男，小学，北支那，即山西警备，南攻北伐，被中央军击灭。八等勋，昭和十三年在山西阳城壮烈战死。

碑的后面写着其死时年仅20岁。

一个名叫户田虎男的人，战死在山西侯马镇，死时26岁。

松岛阳三郎，昭和十五年（1940年）死在山西平定县阳泉陆军医院附近，死时22岁。

松元景一，昭和十二年（1937年），战死在中国的大别山，死时25岁。

森田敏夫，故陆军炮兵伍长，功七级，勋八等，昭和十四年（1939年）八月二十六日死于伪满洲国。

岛崎之夫，故陆军上等兵，功七级，勋八等，昭和十四年（1939年）死于山西汶水县。

渡边博，故陆军上等兵，功六级，勋七等，昭和十四年（1939年）战死。

中西勇，故陆军伍长，昭和二十年（1945年）五月战死。

迁信太郎，故陆军工兵八兵长，大正十一年（1922年）生宇治山田，商业学校毕业；昭和十九年（1944年）台湾冲西硇战殁。死时23岁。

牛江幸次郎，故海军上等兵，昭和二十年（1945年）五月十日在中比岛海面交站中弹，依生前战功二等兵曹。死时23岁。

竹谷清七，故陆军上等兵，大正十二年（1923年）生，昭和十九年（1944）死于广西柳州。

一般来说，墓地上侵华日本士兵的墓碑比同墓地其他墓碑高大得多，有两三米高，或者更高一些，而一般人的墓碑高只有1米，或者更低一些，所以是很醒目的。昭和十三年至昭和十六年（1937~1941年）的墓碑一般很高，碑文中对战死者充满了赞美之辞。昭和十九年（1944年）、昭和二十年（1945年）

以后侵华士兵的墓碑，就不比别人的高大。而且墓碑上只有简单的几个字，也不再夸耀其战功，也不说其因何而死、死在何处了，更没有了那些赞美的言辞。但还是能很明白地看出这是第二次世界大战时期士兵的墓。这个时期，日本已经面临末日的到来，立碑的时候，已经是战败之国，因此没有什么可夸耀的了。

四、日本侵华给中国带来的伤痛

抗日战争时期，我的家乡开封是日寇占领的沦陷区。听我母亲说，有一次她抱着孩子到我外婆家去，日本大兵在开封西城门口守城，过往的中国人要向他们行礼。母亲亲眼看见一个中国乡下老翁，到城里卖柴。他不知道什么是行礼，被守城的日本大兵拦住，不放行。日本大兵对着他喊，其意是让这位老翁向他行礼，但由于日本大兵不会说中国话，乡下老翁更不懂日本大兵的喊叫是什么意思。旁边的中国人告诉他要向日本兵行礼，但乡下老翁还是不知道行礼是什么意思，而且也不会行礼。凶狠的日本大兵对他比划着刺刀。在寒风中，这个中国乡下老翁不得已向这个日本兵跪下。无人性的、穿着大皮靴的日本大兵，对着老翁的脸就是一脚。这一脚把老翁的腮帮上的肉踢下一大块，这块肉连着腮帮，鲜血直淌。老翁一手托捂着腮帮上的肉，一面向这个日本兵磕头……母亲说，她吓得也不敢到外婆家去了，抱着孩子扭头回家。从此，我的眼前总是晃动着跪在日本大兵脚下的卖柴老翁，那被日本兵踢下的腮帮肉……每当我对孩子和学生讲起这些事，常常忍不住心中的气愤，有时会止不住眼中的泪水。

我曾就碑文中记载的日本士兵战死在中国的战役，查阅了有关对应战役的资料。从那些资料中可以看出日本士兵在中国残杀中国无辜村民的惨况。山西省阳城、平定县是太田清、松岛阳三郎分别战死的地方。香港天马图书有限公司于2000年8月出版的牛翰杰的《日本侵华史大事记》中记载日本兵在中国河北、山西阳城、平定等县烧杀抢掠，犯下了滔天的罪行。

> 1937年9月15日，日军进犯河北固安县，在城关、知子营、牛驼、北马村、官村、东湾等8个村庄杀死百姓443人，其中在辛务村杀害村民115人，这个村共有78户270人，几乎杀死一半。全县400多个村庄，被日军杀死的达1500多人，200多人受伤。11月9日，日军在河北临西县尖庄村杀害群众267人，烧毁房屋2100间，制造了"尖庄惨案"。1939年12月31日军扫荡河北曲阳县，杀伤群众101人，其中多数是日军用谷草捆起来，扔在火中烧死的。1942年3月11日，日军在河北灵寿县城南村，将男女老幼村民800余人杀害在封锁沟里，制造了"城南村血案"。1943年冬，日军在河北张北县狼窝沟修筑巨大

的军事工程，为了保密，日军将大批的劳工秘密杀害，仅黑风口一个工地，一次就有200多个劳工被投入安固里淖的冰湖里冻死。据有关资料记载，有3000多个劳工被暗杀。

1938年2月21日，日本军队用飞机轰炸山西阳城县城关镇，270多人当场丧命。4月14日，日军占领山西阳城县，对逃入地洞中的群众施放毒气，一天一夜屠杀群众700人，制造了"阳城大惨案"。1940年9月3日，日军血洗山西平定县马家庄，马家庄共有76户人家，日军屠杀村民237人，占全村一半以上。同日，又在小南村杀48人，大南村杀49人，共杀害334人。

伊势墓地碑文记载，日本士兵高须初吉1938年在河南杞县阵殁，死时29岁。松元景一1937年战死在中国的大别山，死时25岁。我对照这些战役找到了日本侵略军在河南犯下的罄竹难书的罪行。

1938年3月25日，日军攻占河南长垣县，在县城屠杀居民1700多人，血洗长垣城，制造了"长垣大血案"。3月29日，日军占领河南浚县，在县城屠杀居民4500多人，血洗浚县城，制造了"浚县大血案"。6月21日，日军在河南尉氏县的卢墓张村，屠杀居民126人。①

1937年，日本对中国发起侵略战争，迅速占领了中国的东北、华北、北京、开封、南京、上海、武汉等，日本大兵在中国土地上横行霸道，日寇的铁蹄蹂躏着中国大地，给中国人民留下了难忘的创伤。

第二次世界大战时期的日本军队进入中国，所到之处奸淫、烧杀、抢劫，血洗了一个又一个的村庄，制造了一个又一个的惨案，中国大地血流成河、尸体遍野，古老的中国在日本的铁蹄蹂躏之下痛苦地呻吟。上面所列举的日军在中国河北、山西、河南杀戮无辜平民的惨绝人寰的罪行，相对他们在中国大地上的血腥杀戮只是冰山一角。

1947年2月，中华民国政府行政院发布的《关于抗战损失和日本赔偿问题报告》统计：军人作战伤亡3 227 926人（其中死亡1 328 501人，负伤1 769 299人，失踪130 126人），军人因病死亡422 479人，平民伤亡9 134 569人（其中死亡4 397 504人，负伤4 739 065人）。全国军民伤亡总人数12 784 974人。此数字不包括中国台湾省、东北地区和解放区军民的伤亡数字。

中国共产党领导的军队伤亡数字。据《抗日战争八年敌我兵力损失统计》载：中国共产党军队负伤29万人，阵亡16万人，被俘4.6万人，失踪8.7万人，合计58.3万人。

---

① 以上材料皆引自牛翰杰：《日本侵华史大事记》，香港：香港天马图书有限公司，2000年。

全国军民伤亡总人数约为 2200 万人，剔除国统区军队因病死亡的 40 多万人的数字，为 2100 多万人。此统计数字未包括中国台湾省、香港、澳门、东北地区和没列入统计的其他解放区军民的伤亡数字。①

1991 年，国务院新闻办公室发表的《中国的人权状况》白皮书称："现已发现的这种万人坑就有 80 多处，有劳工尸骨 70 多万具。"

1989 年出版的《日本帝国主义侵华档案资料选编 8：细菌战与毒气战》所收资料统计，日军曾在我国 20 个省进行过细菌战，有 27 万多军民死于细菌战。

站在这些墓碑前，我想：当这些墓主人到中国去"南攻北伐"、"转战支那各地"之时，多少中国人惨死在墓主人的枪口下。日本法西斯在中国犯下的滔天罪行，可以说罄南山之竹，难书其罪；决东海之波，难尽其恶。

如今这些墓碑静静地耸立在墓群中，墓中的死者作何感想？他们是在悔恨还是在淌泪？这些年轻人，在狂热的日本军国主义的煽动下，千里迢迢来到中国，对中国人民进行残酷的杀戮掠夺，犯下了滔天罪行，最后死在中国，可以说他们是罪有应得。但这些年轻的生命为了那些军国主义分子的头子们去死，就值得吗？

日本的许多墓地上几乎都会有一些侵华日本士兵的墓碑，碑文上记载着墓主人生前的"战绩"。今天我们再回首看那段惨痛的历史，它不仅给中国人民，也给日本人民带来了巨大的灾难。如今 60 多年过去了，我站在这些墓碑前，祝愿中日两国再也不要有战争。世界人民祈祷着和平。

五、国歌表现的民族感情

2008 年 3 月 1 日，我和几位日本朋友上完课，闲聊时，突然我们谈到了各个学校的校歌，由校歌又谈到了国歌。竹中老师把日本的国歌《君之代》写在了黑板上。歌词大意是：

> 我皇御统传千代，
> 一直传到八千代。
> 直到卵石变岩石，
> 直到岩石长青苔。

竹中老师写完之后，他们几个日本人又高兴地把国歌唱了一遍。

很明显，这首《君之代》是歌颂天皇万代统治的歌曲。明治时期的天皇权威达到最高峰，于是把《君之代》定为国歌。第二次世界大战以后，天皇的权

---

① 吴广义：《抗日战争中中国军民的伤亡及经济损失》，《当代军事》，54 页，2005 年 11 期。

威失效。盟军宣布，第二次世界大战前日本政府所有的合同公告全部失效，《君之代》作为国歌也失去法律依据。日本共产党、日本社会党，以及中国、韩国都将《君之代》视为日本军国主义的象征，将《君之代》视为君王崇拜的毒瘤之一。但1999年日本制定并通过《国旗及国歌之有关法律》（也称为《国旗国歌法》），《君之代》又正式成为日本国的国歌。"君"的本义是"你"，在国歌中指的是天皇。当然，最早建立君主立宪制的英国也将《天佑女王》作为国歌。

《君之代》毫无疑问是歌颂天皇的统治万代不衰，"一直传到八千代"、"直到卵石变岩石，直到岩石长青苔"。也就是说，天皇的统治要像岩石一样永远和久长。我不能理解的是，日本在现代社会中应该是一个发达的二等强国，为什么那样把一家一户的江山看得那么重？天皇不是世代相袭吗？

记得在北海道旅游时，有一次竹中老师问我："你喜欢我们天皇吗？"当时我毫不迟疑地回答："不喜欢。"竹中老师笑着说："你应该喜欢。"我不能理解地看了看她说："我为什么喜欢他？"竹中老师笑了笑，没有说话。

我弄不清，日本人为什么喜欢天皇，是日本人的愚昧吗？但他们为什么发展得那么快？日本人喜欢天皇，也许就像英国人喜欢女皇一样，因为他们现在不掌权，只做善事。掌权的人往往是会得罪人的。

竹中老师等人唱完日本的国歌《君之代》之后，我也把中国的国歌《义勇军进行曲》写在黑板上：

> 起来，不愿做奴隶的人们，
> 把我们的血肉筑成我们新的长城。
> 中华民族到了最危险的时候，
> 每个人被迫发出最后的吼声。
> 起来！起来！起来！
> 我们万众一心，冒着敌人的炮火，
> 前进！冒着敌人的炮火，
> 前进！前进！前进进！

当写完国歌之后，我与中国同事一起为他们唱了一遍。这首歌是抗日战争时期中国人民抗击日本法西斯，并向日本侵略者作拼死斗争的歌曲。每逢听到这首歌，或唱这首歌的时候，我总有一种热血沸腾的感觉，表现了中华民族宁死不屈的精神和品格。

竹中老师等人听完之后，又念了一遍。大概已经悟到了什么，她没有问这首歌的来历，其实这就是反映抗日战争时期的歌曲。这首歌与《君之代》表现出不同的民族感情和感受，传达出针锋相对的思想情感。

第四章 日本节日与中国的关系

日本人的节日很多，既有法定节日，也有传统节日。日本的法定节日，如国庆节（建国纪念日）、昭和の日、体育节、文化节（明治天皇诞辰）、宪法纪念日、天皇生日、海节是日本国家特有的节日，还有不少传统节日也是法定节日。日本文化由于接受了中国的文字、历法、宗教，以及各种政治制度，因此其节日风俗也不可避免地受到中国文化的强烈影响，日本的传统节日基本上是从中国传入的。

第一节　日本的节日

在日本生活时期，每逢学校在节日放假等，总是不可避免地要与日本人一起过节日。日本有很多传统的节日是由中国传入的，与中国有很大的关系。

日本的节日有很多，有些是国家法定的节日，有些则是民间传统的节日。日本的节日，如盂兰盆节，虽然不是法定节日，但是日本人也像法定节日一样予以重视。在盂兰盆节，日本人举国上下差不多都要放假3~15天，皇学馆大学放假7天。

一、古代日本完全采用中国的历法

明治维新前，日本的纪年、历法完全采用中国的纪年、历法。中国古代的纪年有以下几种。

(1) 我国古代以王、公在位的年数纪年

我国比较早的史书《左传》、《公羊传》、《谷梁传》等就是编年体的史书，是以鲁国国君的在位年数而记述的，如"隐公元年"、"宣公十二年"等。自司马迁开始，我国开始有了纪传体的史书的新体例。

(2) 年号

自西汉武帝开始，我国有了年号。汉武帝在位共用11个年号，有趣的是：前面的建元、元光、元朔、元狩、元鼎、元封皆是每6年换年号，自太初、天漢、太始、征和等每个年号4年。後元二年，汉武帝死去。以后汉昭帝每6年换年号，汉宣帝每4年换年号，再以后就没有规律了。

明朝时期，基本每个皇帝一朝用一个年号，当然明英宗除外。明英宗即位时用"天统"，在"土木堡之变"时被俘虏。代宗即位，年号"景泰"。当明英宗被放回后，发动政变，颠覆代宗，在即位为帝，年号"大顺"。至于清朝，每个皇帝一个年号。其实明清时期，基本是每帝一个年号。中国历史上的年号，基本上是当有吉祥的祥瑞之兆出现时候，或者皇帝对某一事件寄予有美好的寓意的时候，而出现的。

(3) 干支纪年法

即以天干地支相配的方法纪年。其实最初我国史书上的纪年是以天子国君的即位年与干支纪年结合而使用的。

十天干为：甲、乙、丙、丁、戊、己、庚、辛、壬、癸。

十二地支：子、丑、寅、卯、辰、巳、午、未、申、酉、戌、亥。

干支纪年，即是一个天干与一个地支相配，以甲子开头，60年刚好配完一遍，为一甲子。中国历法上有甲子年、乙丑年、丁亥年等。我国古代习俗把这一年发生的事称为××年××事，如戊戌变法、辛亥革命、甲午战争等。干支纪日是指按干支记录日序。同纪年法一样，60日一循环。

明治维新前，日本完全采用中国的历法，以天皇的即位年与干支纪年结合而使用的。日本亦按照中国的历法写成《历书》。

明治维新之前，日本不仅采取中国的历法，其节日也是按中国的农历；明治维新之后，日本采取西方历法，节日也有很大的变动。一般来说，公元纪年比中国的农历要早一个月左右，日本的传统节日也提前一个月左右。如日本盂兰盆节，本来是7月15日，但自从采取公元纪年，则盂兰盆节就改在8月15日了。日本的元日（春节），就改在1月1日了。

但是日本并没有采取公元纪年，其纪年还是按照天皇的年号。如裕仁天皇的年号是"昭和"，裕仁天皇的纪年就是"昭和某某年"；现在日本的明仁天皇，年号是平成，日本现在的纪年是"平成某某年"。也就是说，日本采用公元纪年的内容，而年号还是传统的，与中国一样。

日本的二十四节气的制定完全照搬中国。
一月：立春、雨水；　　二月：惊蛰、春分；　　三月：清明、谷雨；
四月：立夏、小满；　　五月：芒种、夏至；　　六月 小暑、大暑；
七月：立秋、处暑；　　八月：白露、秋分；　　九月 寒露、霜降；
十月：立冬、小雪；　　十一月：大雪、冬至；十二月：小寒、大寒。

日本的二十八宿基本照搬中国，在京都平安神宫的正殿是太极殿，正殿的东面是青龙楼，西面是白虎楼。这与我国星宿布局是一样的。日本的二十八宿，又叫二十八舍。日本人将二十八宿，配以日月来占卜吉凶。

东方青龙七宿：角、亢、氐、房、心、尾、箕；
北方玄武七宿：斗、牛、女、虚、危、室、壁；
西方白虎七宿：奎、娄、胃、昴、毕、觜、参；
南方朱雀七宿：井、鬼、柳、星、张、翼、轸。

日本也有十二属相的风俗。十二生肖是与十二地支序数相配的。子鼠、丑牛、寅虎、卯兔、辰龙、巳蛇、午马、未羊、申猴、酉鸡、戌狗、亥猪。每个人都有自己的属相生肖，这是中国的习俗，在6世纪左右传入日本。

生肖与人们的关系太大了，每个人都有一个属相，也就是生肖。日本发行许多已生肖为主题的邮票，如1991年的羊和梅花，1993年的雄鸡独立，1994年的是一只雄狗拉着雪橇上的两只小狗，另外还有群鼠戏花图等。①

在伊势的各个超市，每个火曜日（即星期二）都要降价出售商品货物。所以每个火曜日的一大早，超市总是有很多人。而超市门口也总是挂着一个大大的牌子"火曜日"。日本至今仍使用七星计星期的方法，即用日、月、火、水、木、金、木七曜计算星期。据说七曜是根据太阳系的七个星而制定的，即日曜日（星期日）月曜日（星期一）、火曜日（星期二）、水曜日（星期三）、木曜日（星期四）、金曜日（星期五）、土曜日（星期六）。

星期制最早起源于古巴比伦。公元前6至7世纪，巴比伦人便有了星期制。他们把一个月分为4周，每周有7天，即一个星期。古巴比伦人建造七星坛祭祀星神。七星坛分7层，每层有1个星神，从上到下依次为日、月、火、水、木、金、土7个神。每个神每周各主管1天，因此每天祭祀1个神，每天都以1个神来命名：太阳神主管星期日，称日曜日；月神主管星期一，称月曜日；火星神主管星期二，称火曜日；水星神主管星期三，称水曜日；木星神主管星期四，称木曜日；金星神主管星期五，称金曜日；土星神主管星期六，称土曜日。古巴比伦人创立的星期制，首先传到古希腊、古罗马、不列颠等地。这样就形成了今天英语中的一周七天的名称：太阳神日、月亮神日、战神日、主神日、雷

---

① 夏明鉴：《日本贺年邮资明信片上的生肖图》，《集邮博览》，2003年第2期。

神日、爱神日、土神日。①

这种以星命名的计日制在4世纪时开始传入我国。由于它和我国古代的"七曜"相合，故又被称为"七曜历"。顺序为日、月、火、水、木、金、土，即"日曜日"为星期日，"月曜日"为星期一，依此类推。②

明朝星期制传入中国，中国古时把日、月、火、水、木、金、土七星称为七曜（曜，音耀，有光芒、照耀的意思），故后来当把这七个星体的名称分配一周中的七天时，便把这七天分别称为日曜日、月曜日、火曜日、水曜日、木曜日、金曜日和土曜日。当时在中国文化圈中的所有国家，如中国、日本、朝鲜皆以"七曜"来命名"星期"。

光绪三十一年（1905年），清廷废科举、兴新学，在清朝翰林院任编修、协修的袁嘉谷调入学部编写统一教材。袁嘉谷认为用"曜日""不方便"，不如称"星期"更好些。从此中国把七天为一周的制度称为"星期"。虽然中国不称一周为"七曜"，但日本、朝鲜仍把一周称为"七曜"，仍是根据中国的"曜"的含义来命名的。

二、日本的法定节日

日本政府最重视的还是法定节日。在法定节日，全民都要放假。

新年：每年的1月1日，又称元日。

成人节：每年1月第二个星期一。每年这一天，日本各个县市的行政机关都要为年满20岁的青年男女，女孩子穿上鲜艳的和服，这个节日又称为成人节，举行成人仪式的典礼。日本成人节源于中国的冠礼。

国庆节：每年2月11日——国庆节（建国纪念日）。据传说，这一天神武天皇统一日本，建立日本国。《日本书纪》卷三《神武天皇》记载："辛酉年春正月庚辰朔，天皇即位于橿（jiāng）原宫，是为天皇元年。……初，天皇草创天基之日也。"这一天可推算为公元前660年2月11日，故日本宪法上将这一天定为建国纪念日。其实这只是一个推测，日本见于史书记载的最早的历史是在3～4世纪。

春分节：3月21日，这是扫墓、祭拜祖先的日子。

昭和的日：4月29日是昭和天皇裕仁的生日，原称为天长节，是国家法定节日。日本把在位天皇的生日称为天长节的习俗，也源于中国。《旧唐书·玄宗纪》载：开元十七年，"八月癸亥，上以降诞日燕百僚于花萼楼下。百僚表请以每年八月五日为千秋节"。天宝七年"秋八月己亥朔，改千秋节为天长节"。中

---

① 孟婷：《星期的起源》，35页，《大学英语》，2002年第2期。
② 何立州：《也谈"星期"的来源》，《咬文嚼字》，36页、37页，2005年第9期。

国最早把唐玄宗的生日定为"天长节",日本天皇也模仿中国把天皇生日称为"天长节"。2005年5月13日,因裕仁生前喜爱生物,又把裕仁冥诞改称"绿の日",亦称"昭和の日",时间定为5月4日。

宪法纪念日:5月3日——宪法纪念日。1947年5月3日,日本现行宪法开始实施,遂把这一天定为纪念日。

儿童节(或称男孩节,こどもの日):5月5日,也有人称为端午节,用以庆祝小孩成长,祈求幸福。其具体表现形式是有男孩的家庭在户外用高竿悬挂鲤鱼旗并摆放武士人偶,或者悬挂菖蒲来驱邪避毒的习俗。这个节日源自中国农历五月初五的端午节。中国人认为"五月"是恶月,"初五"是恶日,因而为了避讳"五",改为"端午"。端午节本来称为浴兰节,可能在西周时期就已经有了这个节日习俗,以后又与屈原投汨罗江而死结合在一起,为纪念屈原又增加了赛龙舟等习俗。(梁)宗懔:《荆楚岁时记》记载:"五月俗称恶月,多禁忌,曝床荐席及忌盖屋。""五月五日谓之浴兰节,四民并蹋百草之戏,采艾以为人悬门户上,以禳毒气,以菖蒲或镂、或屑,以泛酒。……五月五日竞渡俗,为屈原投汨罗日;伤其死所,故并命舟楫以拯之。……《夏小正》云:此日蓄药以蠲除毒气,以五彩丝系臂名曰辟兵,令人不病瘟,又有条达等织组杂物以相赠,遗取鸲鹆教之语。"① 端午节这一天吃粽子、赛龙舟、挂菖蒲、蒿草、艾叶、熏苍术、白芷,喝雄黄酒,系百索子,做香角子,贴五毒。

秋分节:9月23日左右。秋分与春分一样,是一年当中唯一两天昼夜等长的日子,日本人认为这两天是昼夜长短改变的界限,是大自然的法则之一,因此加以庆祝。这天日本各地的寺庙都会举办庆祝活动。按日历每年前后有所不同,和春分一样,人们要扫墓及祭拜祖先灵位。

体育节:10月第二个星期一。1964年奥林匹克运动会在东京举行。日本获金牌16枚,银牌5枚,铜牌8枚,居美国、苏联之后,名列第三。日本女排,获得了金牌,得到"东洋魔女"的美誉。日本人很看重。

文化节:11月3日是明治天皇诞辰。1964年11月3日日本公布新宪法,并将这一天改为文化节。

劳动感恩节:11月23日,亦称勤劳感谢の日。此时正值金秋时节,是收获的季节。劳动感恩节实际上是当农夫收割完田里的庄稼之后,看到一年辛勤劳动得到报答,用一个节日来表达自己喜悦之情。

天皇生日:12月23日。这天是明仁天皇的生日,他于1933年12月23日出生。

海节:7月第三个星期,亦称海の日。日本是一个岛国,为大海所环绕。日

---

① (梁)宗懔:《四库全书·荆楚岁时记》,台北:台湾商务印书馆景印文渊阁,1986年。

本靠海吃海，人们感谢海洋给日本带来的国运昌隆。2003 年（平成十五年）前的日期为 7 月 20 日。

敬老节：9 月 15 日，亦称敬老の日。日本政府要求全社会尊敬老人，感谢老人为社会所做的贡献。

三、日本的传统节日

除去国家法定的节日之外，日本还有一些传统的，或者地方上的节日。如皇学馆大学的仓陵祭，伊势海湾的牡蛎节等。日本很重视这些传统的节日，人们所在单位或者放假，或者在这一天举行仪式。

2 月 2 日：撒黄豆，招福驱鬼。这个节日源于中国的二月二龙抬头节。中国农历二月初二，冬天过去，天气转暖，农民开始下地耕作了。所以，古时又称"春耕节"。《月令辑要》卷六《二月令·龙抬头》云："原《帝京景物略》二月二日曰龙抬头，煎元旦祭余饼；熏床炕，曰熏虫儿；谓引龙，虫不出也。"《日下旧闻考·风俗二》曰："二月二日为龙抬头，乡民用灰自门外蜿蜒布入宅厨，旋绕水缸，呼为引龙回。"中国每到二月二这一天，人们就爆玉米花、炒豆，进行祭祀，敬奉龙。这里的意思很明显，就是要龙抬头，下春雨。百姓要春耕了。日本的 2 月 2 日，撒黄豆，招福驱鬼，就源自中国。

3 月 3 日：偶人节，这是女孩子的节日。三月三日是中国古代的清明节。清明节人们要进行上坟扫墓，踏青、插柳等活动。在中国，这些活动也多在清明节举行。

4 月上旬：赏樱花，又称樱花节。日本的樱花在 4 月开放。由于南北气候不一样，樱花开放的时间也不一样，从南到北要开一个月左右。

5 月第二个星期日：母亲节。

7 月 7 日：乞巧节，源于中国牛郎织女的传说。日本人喜欢在这一天在街头、学校等地摆放细竹枝，用彩色纸写下自己的愿望，挂在细竹枝上，以求梦想成真。

牵牛、织女原是我国古代天河上星宿的名称。《诗经·小雅·大东》"维天有汉，监亦有光。跂彼织女，终日七襄"；"睆（音"莞"）彼牵牛，不以服箱"。汉代，牵牛、织女被改编成了民间故事传说。故事说牵牛、织女是隔在天河两岸，而又不得相见的夫妻，每年七月七日才得相见一次。（梁）萧统编的《文选·杂诗·古诗十九首》云："迢迢牵牛星，皎皎河汉女。纤纤擢素手，札札弄机杼。终日不成章，泣涕零如雨。河汉清且浅，相去复几许。盈盈一水间，脉脉不得语。"（梁）宗懔《荆楚岁时记》记载："七月七日为牵牛织女聚会之夜。……是夕，人家妇女结彩缕，穿七孔针，或以金银鍮石为针，陈几筵酒脯瓜菓于庭中，以乞巧。有蟢子网于瓜上，则以为符应。"

7月17日：京都祇园花车游行。

8月6日：广岛原子弹爆炸纪念日。

8月15日：战争结束纪念日。

8月15日：盂兰盆节。作为一个节日，日本的盂兰盆节是从中国传入（后文将详述）。

9月1日：防灾日。这是为了纪念关东大地震，加强防灾意识而设立的。

9月中旬（农历八月十五日）：源自中国的"中秋节"，在日本称为"十五夜"、"仲秋"、"中秋の明月"等。日本著名的文学作品《竹取物语》便以中秋为背景，写了一个月亮的女儿辉夜姬在八月十五的中秋之夜又飞回月亮的故事。日本的十五夜，人们吃糯米团子等食品，欣赏满月。

11月15日：七五三祭，为7岁、5岁、3岁的孩子过节。

12月31日：大年三十，即除夕。中国的元日（新年）传入日本，除夕当然也随之传进日本。

另外，日本也有一些从西方传来的节日，如情人节、圣诞节，虽然不是传统节日，但日本人也很重视。

第二节　日本的"元日"

日本的"元日"就是新年。"元日"的习俗源自中国。自古以来，中国人把新年，即正月的第一天叫作"元日"，并认为这一天是上日。在这一天要举行祈穀礼，就是向上帝祈穀。明治维新之前，日本的"元日"与中国完全一样，"元日"就是新年。明治维新之后，日本人采用西方历法，过西方人的新年，但是仍然把新年称为"元日"。现在中国人所过的元旦，就是日本的"元日"。日本过"元日"的习俗与中国基本一样。

一、伊势的新年

日本人把春节叫作元日。其实，把新年叫作元日是中国的习俗。西汉孔安国《尚书·舜典》《传》说："月正，正月。元日，上日也。"元日，就是正月的第一天。王安石有《元日》诗云：

爆竹声中一岁除，春风送暖入屠苏。
千门万户曈曈日，总把新桃换旧符。

这首诗的意思就是说在元日这天，人们放爆竹、喝屠苏酒、贴春联换旧符的景象。元日就是中国人的新年，即春节。

秦蕙田《五礼通考·吉礼》"祈穀礼"说："《礼记·月令》：'孟春之月，天子乃以元日祈穀于上帝。'"

中国的元日，什么时候改为春节的呢？1912年，中华民国在南京宣布成立，孙中山宣布中华民国废旧历，改用阳历（即公历），以黄帝纪年为中华民国纪年；但很快认为不妥。1月13日孙中山发布《临时大总统关于颁布立法令》，公布阳历1月1日为新年。民国二年（1913年）七月，当时民国政府内务部向袁世凯呈上报告，称："拟请定阴历元日为春节，端午为夏节，中秋为秋节，冬至为冬节。"袁世凯批准，从此农历岁首就由以往的"过年"改成了"春节"。

中国已经把"新年"，由"元日"改成了春节，但是礼失而求诸野，日本仍然称新年为"元日"。

伊势人过新年的主要内容就是在元日的早晨要参拜神宫或神社。据说在新年的一天，日本全国很多人要从各地赶到伊势神宫参拜。

元日的早晨，我吃了饭，就匆匆地往神宫赶，想看看日本人是怎样过年的。日本的街上冷冷清清，没有鞭炮，也没有人在街上走动。但是，路上有好多汽车驶向神宫。

当我快到神宫时，那个景象把我惊呆了。一辆辆大巴载满了人来到这里，他们在导游的带领下，向神宫涌去。神宫前面的那条小街上熙熙攘攘，只见大人带着孩子，年轻人扶着老年人；人们穿着漂亮的和服，或在饭店里吃小吃，或边走边吃……一派热闹祥和的景象。

到了内宫，啊！人山人海，在距离内宫正殿近200米的宽宽的路上，人们挤在一起，排队等候参拜神宫，看上去有几千人。前面的人过去了，后面的人又跟上去，等候参拜的人总是有几千人的样子。参拜过的人又到神乐殿，或者去喝神酒……

我从神宫出来，又见一辆辆的大巴，一群群的人，这些人在导游的带领下，一拨又一拨地来到神宫，络绎不绝……

日本是一个信仰神道教的民族，他们更重视对神宫的参拜。而伊势神宫的参拜是属于日本全民族的。据说这些人都是从全国各地赶来的。果然那天下午，我就看见，有很多人到会馆附近的五十铃川火车站去坐火车，这是从各地来的散客在参拜后回家。那几天伊势街上的警察也非常繁忙，不停地指挥车辆。

图 4-1　元日参拜伊势神宫的人群

二、元日喝"屠苏酒"习俗与中国传统

竹中老师告诉我，日本人在新年参拜神宫之后，全家聚在一起吃年饭、喝屠苏酒。这时，长辈会给小孩子压岁钱。日本人把压岁钱叫作"年玉"。日本人过年要喝屠苏酒。元日喝屠苏酒，这也是从中国传到日本的习俗。这在我的心里又是一个震动。

> 日本人在年初一至初三，家家户户喝屠苏酒。从药房买回屠苏散。屠苏散由肉桂、防风、桔梗等七种药草及香料配制而成，泡入日本酒或料酒中。饮屠苏酒一为健康，二为驱邪免灾。随着时代的进展，人民生活方式改变，现在日本人过年，不少家庭以日本清酒、啤酒、威士忌、葡萄酒代替屠苏酒。这里提到的屠苏酒，原是中国古代的一种药酒。古俗逢年初一，家人先幼后长饮该酒。①

虽然，现在有的日本家庭用清酒、啤酒、葡萄酒代替屠苏酒，但是竹中老师说，大部分的日本家庭还是很传统，每逢过年时仍然喝屠苏酒。日本的商店

---

① 金中：《日本的过年》，《民俗研究》，81 页，1999 年第 1 期。

出售有配好的屠苏，专门用于泡酒，泡好以后，就是屠苏酒。

日本古籍中有许多关于屠苏酒的记载。日本《大辞林》记载：屠苏酒是"中国古代华佗的处方，山椒、白术、肉桂等七八种药材配成"。《日本百科全书》记载：屠苏酒是用"山椒、细辛、防风、白术、肉桂、干姜、桔梗等"制成。日本《延喜式》云："屠苏酒治恶气瘟疫、辟邪风毒气。"《医心方》云："屠苏之饮，先从小起，面东而饮，多少随意。一人饮一家无疫，一家饮一里无疫。"①

日本元日喝屠苏酒的习俗确实是从中国传入的，但是大约自清朝起，我国已经不注意喝屠苏酒了，也就是说，在中国元日喝屠苏酒的习俗失传了。但我国古代是非常重视元日喝屠苏酒这个礼仪的。

屠苏酒是中国古代过元日的重要习俗。（梁）宗懔《荆楚岁时记》云：

> 正月一日，是三元之日也，谓之端月。鸡鸣而起，先于庭前爆竹以辟山臊恶鬼，帖画鸡或斵镂五采及土鸡于户上，造桃板著户谓之仙木；绘二神，贴户左右，左神荼，右郁垒，俗谓之门神。于是长幼悉正衣冠以次拜贺，进椒柏酒，饮桃汤；进屠苏酒，胶牙饧下五辛盘，进敷于散服却鬼丸，各进一鸡。子凡饮酒，次第从小起。

《荆楚岁时记》记载的是每逢元日，放爆竹，帖画鸡（鸡者"吉"也），造桃板，贴门神，喝屠苏酒，服却鬼丸，并吃鸡。喝屠苏酒的顺序是：从年龄幼小者开始。这是因为年龄小者得岁，其寿更长。

中国习俗认为，元日喝屠苏酒是用以避瘟疫。我国明代著名的医学家李时珍所著的《本草纲目》卷三有"屠苏酒元旦饮之，辟瘟疠"的记载。元旦，就是元日的清晨。（清）沈自南《艺林汇考·栋宇篇》卷六云："屠苏，酒名。元日饮之，除瘟气。然不详屠苏之义。《四时纂要》云：孙思邈有道术，作庵名屠苏，谓屠绝鬼气，苏醒人魂，与除瘟气之说意正相合。酒名、庵名虽异，义则一也。"沈自南考释，有说"屠苏"是孙思邈的庵名，有说"屠苏"是"屠绝鬼气，苏醒人魂"之意。总之，屠苏是除瘟疫之气的意思。

《本草纲目》卷二十五云记载：

> 屠苏酒：陈延之小品方，云此华佗方也。元旦饮之，辟疫疠，一切不正之气。造法：用赤木桂心七钱五分、防风一两、菝葜五钱、蜀

---

① 孟珍月：《屠苏酒考——从中韩日古籍考证屠苏酒》，《当代韩国》，68 页，71 页，2009 年春季号。

椒、桔梗、大黄五钱七分、乌头二钱五分、赤小豆十四枚以三角绛囊盛之。除夜悬井底，元旦取出，置酒中煎数沸。举家东向，从少至长次第饮之，药滓还投井中，岁饮此水，一世无病。时珍曰："苏，虺鬼名。此药屠割鬼爽，故名；或云草庵名也。"

我国南北朝、唐朝时期，元日饮屠苏酒的习俗已经非常盛行。杜甫有诗《槐叶冷淘》云："愿随金騕褭①，走置锦屠苏。"（梁）宗懔《荆楚岁时记》中也有元日"进屠苏酒"的记载。唐朝是日本与中国来往最多的朝代，元日饮屠苏酒的习俗也随之传入日本。没想到，这种在我国已经消失了的习俗在日本还完整地保存着。看到这些，我的心里产生了一种安慰。我觉得，当一个民族所创造的伟大文化，在另一个国家、另一个民族生根，成为他们的习俗，并融入那个民族血液中，这难道不是中华民族的骄傲和自豪吗？由此，我对日本民族也产生了一种亲近感。

三、伊势除夕与"苏民将来之子孙"

每年除夕，中国人要贴春联，迎接新年。而在伊势，每到除夕的下午，家家都要挂上新的、用稻草绳穿起来的"苏民将来子孙家"的牌子，并且在牌子的旁边，挂上一个橘子。橘，"吉"也，是表示吉祥的意思。人们在门的两边插上玉串（杨桐树枝）或者"门松"。"门松"即悬挂松枝。挂上门松是为了招神，将年神请进家中，以示新年开运。新年期间，日本人家家户户门前两侧都会摆放"门松"。

稻草绳，日本称之为"注连绳"。稻草，在民间传说中是通神的，并且有辟邪的作用。日本人很重视稻草，因为日本人以稻米为主食，所以他们在神尝祭或者在对神宫、神社的祭祀中都是要用新收割的稻草来表示对神的尊崇。

有的人家还要做一个年饼，即年糕，表示年年高升的意思。在日本，我每天早上都要到会馆对面山坡上的小运动场去锻炼。运动场是一个小学校建的，运动场边上用栅栏围起来，里面还有几个小桌子和小凳子，供老师讲话或者休息所用。每个星期日，都会有老师带着一些小学生在这个小运动场上踢足球。元日那天早上，我像平时一样去锻炼，而不知是谁、什么时候在小桌子上放了一个年饼，上面还有一个橘子。我想那大概是头一天除夕，管理小运动场的老师为了吉利而摆放在那里的。

伊势居民每年除夕都要在门楣上挂橘子、年糕的，但是与中国有很大不同

---

① 騕（yao）褭（niǎo），骏马名。

的是，伊势家家门楣上还挂着"苏民将来子孙之家"的牌子。记得刚到日本伊势时，我发现每一家的门楣正中都挂着一根横着的稻草绳，中间穿着一束束剪齐的稻草叶，类似一个稻草人。"稻草人"上挂着白色的纸条，叫作纸垂。"稻草人"的胸前用白纸画着一个大大的门字，门字内写着"苏民将来子孙之家"。在门字的两边还写着两行竖写的字，右边写"七福即生"，左边写"七难即灭"。

图 4-2 悬挂于门上方的"苏民将来子孙家"的牌子

我因为不知伊势的这些人家挂"苏民将来子孙之家"的牌子是什么意思，就问了一个学习神道学的留学生小潘。她告诉我，在伊势、二见（县名）一带有这样一个传说：有一个神，想考验天下的人是否善良。有一次，他化装成一个乞丐，来到一户人家。这个人对他很坏，不仅不给他吃饭，还把他打了一顿，把他赶走了。神又来到这个人的弟弟"苏民将来"家。"苏民将来"对神非常好，不仅留他吃饭，还让他住了一晚。第二天，神临走时，给"苏民将来"一块牌子，上写着"苏民将来之子孙也"，又告诉"苏民将来"说："我是一个神，将来这里可能发生瘟疫。如果发生了瘟疫，你就把这块牌子挂在门楣上，那么你就会吉祥的。"后来这里果然发生了瘟疫。全村的人都死去了，只有"苏民将来"家因为挂了那块牌子，才平安无事。从此以后，人们都开始在自己家的门楣上挂"苏民将来之子孙之家"的牌子，以祈求平安。

这个传说在伊势、二见一带流传。在伊势，家家户户门前都挂着"苏民将来子孙之家"的用稻草绳穿起来的牌子；而在东京、京都、大阪等大城市我只见到称为"注连绳"的稻草绳，而没有见到"苏民将来子孙之家"的牌子，大概只在伊势、二见一带，才保留着这样的一个很古老的习俗。

从此，我对日本的"苏民祭"习俗有了较浓厚的兴趣，开始注意与有关"苏民祭"的文献资料。在日本，"苏民将来"的传说有不同的版本。

《释日本纪》卷七所引《备后国风土记》有关于"苏民将来"的记载。其大意是，北海的武塔男神去南海女神那里求婚，晚上向"苏民将来"兄弟借宿，富裕的弟弟不仅不借，反而把他赶出来；而贫穷的哥哥"苏民将来"留他居住，而且很好地招待他。以后，武塔男神带着八王子来报仇，除"苏民将来"与其儿女外，其余皆尽杀害，并告诉"苏民将来"，他其实是素戈鸣尊，后世有瘟疫时，让其子孙腰带茅轮，并说是你苏民将来之子孙即可免于疫灾。日本史籍《古事记》中记载，素戈鸣尊是日本女性祖先天照大神的弟弟。

日本有一本名为《簠簋内传》的古书记载的是另一个版本，天地开辟之时，北天竺摩诃陀国有大王，转世于娑婆世界，改号为牛头天王。由于牛头天王形容丑陋，面如黄牛，头戴两角，没有姑娘愿意嫁给他，于是终日苦闷。这时有一只青鸟飞来，告诉牛头天王八万里外的南海婆竭罗龙宫有三位美丽的公主，其中三公主颇梨采龙女美丽无双，可速往求婚。牛头天王非常高兴，于是马上动身前往南海求婚。当牛头天王到达广远国时，人困马乏，于是向广远国的巨旦大王借宿一宿，却被巨旦大王拒之门外，牛头天王愤然离去。牛头天王又来到贫穷的苏民将来家，受到热情招待，并借得日行数万里的隼鹘宝船，使牛头天王顺利到达南海婆竭罗龙宫娶得颇梨采龙女，并在那里居住了37年，生下8个王子。当牛头天王欲回北天竺摩诃陀国时，忽然想到了巨旦天王拒借宿之事，告诉自己的儿子八王子，决定前往报复。于是八王子各率四众八龙等百千眷属，向广远国杀将而去。牛头天王的第一次报复没有成功，于是他们又用瘟疫报复巨旦大王。为了不让对自己有恩的苏民将来受到伤害，他告诉苏民将来八王子将成疫神，并授予苏民将来"二六秘文"，苏民的子孙们因有"二六秘文"的保护，才得以避祸。① 苏民将来的儿女们只要在门楣写上"苏民将来之子孙"，就可以祛病免灾，从此在日本有了"苏民祭"的习俗。

这些材料与小潘讲的内容有些相似，就是穷人苏民将来接待了假扮穷人的神明，受到了神明的福佑。一言以蔽之，就是善良的、能够帮助别人的人会有好报，而且可以福佑后代子孙。

"苏民将来"是日本人所尊崇的祛病之神。2008年，日本作家川村凑经过多年的考证，写作了《牛头天王与苏民将来传说》一书，并在书中揭示了"苏民将来"传说最早源于"渡来人"所带来的关于印度佛教中牛头天王的传说。这个传说在日本流传之后，发生演变，牛头天王变成了天照大神的弟弟素戈鸣尊，京都的祇园也被称为八坂神社。据说祇园曾被烧毁，以后就成了八坂神社。也有人认为"牛头天王"，是中国蚩尤的传说在日本的变形。这部作品获得了日本

---

① 张丽山：《浅析日本的牛头天王信仰——以"簠簋内传"为中心》，《文学界》，45页，2010年第11期。

第 59 届读卖文学奖的随笔纪行奖。

这个故事在日本流传甚广。日本有很多敬奉牛头天王的神社,京都的八坂神社是其总本社。据说,牛头天王是京都祇园的守护神,但是今天京都的祇园,敬奉的神灵却是素戈鸣尊。

京都的祇园(即八坂神社)里面敬奉的神灵,由牛头大王变成素戈鸣尊,也许与 1868 年日本明治政府颁布"神佛不得混淆令",解散寺院,把神道教定为国教,人们不敢再敬奉牛头天王,于是牛头天王变成了天照大神的弟弟素戈鸣尊。

"苏民祭",据说是一种男性的裸祭。每年 2 月 9~10 日,很多男子裸身,或者只穿丁字兜裆裤前来参加祭祀,用冷水泼身,再绕某一个殿堂参拜、巡跑等,其意大约是洗身、驱除疾病,这是日本三大奇祭之一。

在伊势,我没有见过这种祭祀,在伊势却流传甚广的是家家的门楣上都挂有"苏民将来子孙之家"的牌子。

竹中老师知道我对苏民祭的习俗很感兴趣,于是带我和另一个中国同事到二见的苏民祠去考察。"二见",是"苏民将来"民间传说的发祥地。进入二见,一个大大的、"民话の駅",即"民间故事的发祥地"的标牌竖在街中,向人们说明这是苏民神话传说的发生之地。我们来到苏民将来的神社。在苏民将来的神社中,我想苏民将来,由于他的善良和怜悯的天性,使后人避免了瘟疫和疾病,得以平安。如今,伊势的每户人家都自称是"苏民将来之子孙",表现了"苏民将来"的重大影响。

在苏民将来的神社中,我感觉到人们对苏民将来的信仰与对中国道教的信仰完全相同。我把这个想法和竹中老师谈了,她也表示赞同。

新年将即,在伊势的超市里我又见到成堆的用稻草绳穿起来的"苏民将来子孙家"的牌子在卖,有许多人在买,就像中国在除夕买门神、春联一样。

这种风俗,后来又有了变异,如有的人家的门楣上挂的"稻草人"的胸前用白纸写着"笑门"。"笑门",表现的是避邪气,充满幸福,充满笑容和欢乐之意。而有一些商家,则在门楣上悬挂的"稻草人"的胸前写着"千客万客来",表现出一种浓厚的商业气息。还有的商家,由于店铺的门面比较宽,就干脆用一条稻草绳横搭在门楣上,悬挂着"笑门"或"千客万客来"的白纸垂,这是"苏民将来之子孙也"形式的变异。

第三节　日本的成人节与敬老节

日本有许多传统节日,大多是由中国传入的,但是最让我感兴趣的是成人节与敬老节。这两个节日当然也源自中国，但是在中国已经很少有人提起了。我认为，这两个节日对于激发国民精神的奋发向上、责任心的建立，对于社会风尚的淳厚、善良人性的形成，都有很鲜活的生命力和重要的社会意义。

一、日本成人节与中国的冠礼

日本的成人节，也称为成人式，是日本法定的节日。成人节虽在神宫或者神社中举行，但该节具有社会性质，与神道教没有什么关系，而且日本的成人节源自中国古代的冠礼。

日本在奈良、平安时代已经有了"冠礼"，明治维新之后，由于排斥中国，冠礼也不再实行。1946 年 11 月 22 日，日本在第二次世界大战中战败，一些年轻人因看不见希望和光明，而陷入绝望之中。为了鼓舞年轻人奋发向上的精神和勇气，日本崎玉县蕨町组织 20 岁的年轻人举办青年节活动。1948 年，日本政府制定节日法，下令将每年的小年，即 1 月 15 日定为成人节，并说这一天是"祝贺青年成为成年人并鼓励他们顽强生活下去的日子"。1956 年日本文部省下令，要求所有的市、町、村，在这一天都要举行成人式的活动，于是成人式在日本全国开展起来。1998 年，日本修改节日法，规定从 2000 年起，每年元日的第二个星期日为成人节。①

每年成人节，日本全国放假。父母要给孩子准备很漂亮的衣服，其重视程度不亚于给孩子办理婚事。年满 20 周岁的男男女女都穿上吴服、和服，到神社祭拜，然后饮上一杯淡淡的清酒。长辈为年轻人祝贺，祝贺他们成人，并祈祷神保佑他们能够成为优秀的人才。年轻人或者宣誓或者表演各种文艺节目，以示他们已经长大成人，应该担负起社会、家庭的责任和义务，表达对父母的感谢等。

在这里有必要解释一下什么是"吴服"。吴服，与唐服一样，也是日本的"和服"。"吴服"名称的产生，源于中国三国时期的吴国服装，即使现在日本也有称"吴服"的。我在伊势的古市街上就见到一家"吴服屋"。这是专门为定做"吴服"而开设的小店。由于这个店铺古色古香，又名"吴服屋"，所以每次散步经过小店时，我都要进去看一下。《古事记》"应神天皇"条下记载：应神天皇令百济国，"贡上手人韩锻，名卓素，亦吴服、西素。二人也，又秦造之祖，汉直之祖；及知酿酒人，名仁番，亦名须须许理等参渡来也"②。应神天皇在位

---

① 武小燕：《日本"成人式"的现状及其启示》，《河南教育学院学报》，87 页，2009 年第 1 期。
② 仓野宪司校注：《古事记》"应神天皇"，311 页，东京：岩波书店，2008 年 76 次印刷。

在公元 300 年左右，中国的"吴服"就传入日本，并且还有"秦造之祖"、"汉直之祖"。日本把三国时期吴国传来的服装称为"吴服"，把唐朝时期传入的服装称为"唐服"，其实这些都是从中国传入的服装。

明治维新之后，日本政府把"吴服"、"唐服"改称为"和服"，文字称为"和文"，所有的家具、建筑称为"和式"家具、和式建筑。因为日本人是大和民族，所以把一切与中国有关的名字都改称为"和式"。其实，日本自称为"大和民族"之名也源于中国。《尚书·尧典》云："百姓昭明，协和万邦。"《尚书·大禹谟》云："正德利用，厚生惟和。"《国语·郑语》云："和实生物。"（吴）韦昭注："阴阳和而万物生。"《论语·学而》中的"礼之用，和为贵。"中国古代语汇中的"和"，就是日本大和民族之名的来源。

日本成人节源于中国。奈良、平安时期，日本学习中国的"冠礼"，即男子在进入成年时实行加冠礼，男子加冠，女子加笄。

中国古籍记载：普通的男子 20 岁加冠，国君 15 岁加冠，天子、或者有的诸侯国君 12 岁也可以加冠。加冠，就是举行成人礼，标志着一个人从青少年走向成人。（曹魏）王肃注《孔子家语·本命解》"男子二十而冠，有为人父之端；女子十五许嫁，有适人之道；于此而往，则自婚矣。……男子者，任天道而长万物者也；知可为知不可为，知可言知不可言，知可行知不可行者也。是故审其伦而明其别，谓之知；所以劾匹夫之听也。女子者，顺男子之教而长其理者也。听宜为德。"《礼记·内则》记载：女子"十有五年而笄"。郑玄注："谓应年许嫁者女子，许嫁笄而字之。其未许嫁，二十则笄。"

《礼记·冠义》云："成人之者，将责成人礼焉也。责成人礼焉者，将责为人子、为人弟、为人臣、为人少者之礼行焉。将责四者之行，于人其礼可不重与。故孝弟忠顺之行立，而后可以为人；可以为人而后可以治人也。故圣王重礼，故曰冠者礼之始也，嘉事之重者也，是故古者重冠。重冠故行之于庙，行之于庙者所以尊重事，尊重事而不敢擅重事；不敢擅重事，所以自卑而尊先祖也。"

举行加冠礼，即成人礼之后，就说明此人应该承担起社会的责任，为人子、为人弟、为人兄，也是为人父之端，应该在社会上做些事情，对于所做的每件事情都要有责任心，因为已经不再是一个孩子了。对于女子来说，其成年礼曰"笄礼"，又叫"加笄"，也就是把头发盘结起来，加上一根簪子。两周时女子"加笄"礼一般在 15 岁时举行，就是结婚之前"加笄"，这表明女子已经成人、可以出嫁了。如果 15 岁不出嫁，也可以 20 岁"加笄"。从这时起要教给女子成人之后的各种礼节，如三从四德等。冠礼、笄礼，是男女青年进入成人之后的第一个礼仪，古代人非常重视。

冠礼在中国古代非常盛行和普遍，男子成年举行加冠礼，女子实行加笄礼，这些都是古代中国的成人礼仪。中国人成年"冠礼"自先秦直至明朝，一直都在实行。清朝满人入关，男人剪去头发，只留辫子，无所谓加冠，于是"冠礼"不再实行。但是有些汉族的达官显贵在孩子成年时，在孩子名字之外，还要为儿子起一个"字"或者"号"，表明孩子已经长大成年了。

第二次世界大战后，日本人普遍陷入绝望、颓废、没有信心的境地，日本政府为了鼓舞人们的士气，重新设立成人节，以增强年轻人的信心和责任感。日本成人节源于中国的冠礼，我认为中国也应该把这个礼仪发扬下去。

二、日本的敬老节

9月15日，是敬老节，亦称敬老日，是日本的法定节日。日本政府实行这个节日的目的是要求全社会尊敬老人，感谢老人为社会所做的贡献。我认为这个节日的社会意义是很大的。

> 敬老节是第二次世界大战之后日本政府为鼓励尊老而制定的，日本的老人节也叫敬老日，定在每年的9月15日。日本是世界上的最大长寿国，老人特别多，仅65岁以上的老人已突破2000万人，占到全国人口的16.3%。日本传统尊重老人，在老人节这一天，儿女们都要向老人祝贺，全国举行"老人健步大会"，象征老人青春不老，健康长寿[1]。

我曾查过一些材料，伊势每年5月下旬上午10点30分在伊势神宫内宫神乐殿，也举行延寿太太神乐，即敬老节活动。这项活动中，居住在伊势市以及周围地区的80岁以上的老人也受到招待并得到健康长寿的祝福。特别是对刚满80岁的老人，还要赠予手杖等。

这个向80岁以上老人赠予手杖的仪式当源自中国。《礼记·曲礼》云："大夫七十而致事，若不得谢，则必赐之几、杖。"致事，即致仕，相当于今之退休告老制度。

几，是古人凭地而坐时供倚靠的器具。现在所用的桌椅，是南北朝时期胡人传进中原地区的，初传入中原时期曾被称为"胡桌"、"胡椅"。古代中原地区，人们坐在席上，即席地而坐。今天人们请客吃饭还被称为"宴席"。老人坐在席上就不舒服，于是国君赐之几，以为凭倚之具。

杖，是辅助老人站着或行走所拄用的工具。《礼记·王制》云："五十杖于

---

[1] 余洋：《殷殷国际敬老日》，43页，《长寿》，1999年第2期。

家,六十杖于乡,七十杖于国,八十杖于朝,九十者,天子欲者问焉,则就其室珍从。"即年满50岁的人,家里要为他准备一根拐杖;年满60岁的人,乡里要为他准备一根拐杖;年满70岁的人,国家要为他准备一根拐杖;年满80岁的人,朝廷要为他准备一根拐杖。年满90岁的人,国君带珍异之物去探望他。天子、诸侯不敢以这些老年人为臣,体现着先秦人们的尊老、敬老、养老的观念与品德。

日本人相当重视对老年人的尊重,而且日本人的福利也做得不错。日本的敬老节注意发扬古代的传统,对敦厚民风有一定的积极作用。日本古代的传统和敬老方式很多是从中国传入的。中国养老、敬老的民风和礼仪也绝对是世界最早的、一流的。

中国古代所推行的养老制度与孝文化对社会稳定起着重要作用,不仅反映了中国古代淳朴的民风民俗和良好的社会风尚,养老政策也是社会稳定发展的重要因素,养老政策使大批优秀的老人对社会贡献他们毕生的知识、经验和智慧,他们是人类社会的宝贵财富。

中国已经把重阳节定为敬老节。敬老节不仅要表现出对老年人的照顾,而且要向全社会宣传尊重爱护老年人,这对中国社会风俗的敦厚将会起到一个良好的推动作用。

第四节　日本太阴祭与中国古代的"迎秋"

如果有较大的祭祀活动,伊势街上都要出广告,我只要看到有贴出的广告,基本上都要去参加。会馆住着一个日本神户女子大学文学部的女教授前田礼子先生,她知道我对日本文化风俗很感兴趣,于是8月1日(中国农历七月一日)下午,她给我一份广告并告诉我,当晚日本人要迎太阴,地点在外宫,即伊势市中心,如果有兴趣就去参加。外宫距离我住的会馆大约有5里。虽然有点远,但是迎太阴,对我来说也是很新鲜的。我原来只在古籍中才能见到,当然不想错过这次机会。

8月1日的晚上,我参加了伊势的迎太阴,即"太阴祭",使我又一次感受到中国文化对日本的影响和日本文化习俗的特色。

一、伊势"太阴祭"

日本的8月,与中国一样,暑气渐消,秋天即将来临。8月1日那天下午,我提前吃饭,就往伊势街上赶。大约晚6点我就来到市中心,而这个时候,天尚未黑，原来冷冷清清的市中心已经很热闹了。一辆卡车上作为临时的高台，上面搭起的彩架，彩架上挂着一排彩色的灯笼，还有一面深红色鼓身的大鼓，以及大的扩音器。

伊势市中心已经聚集了很多人，街道上摆满了卖饭菜、水果、冷饮的小摊，犹如中国的夜市一样。孩子们坐在小摊的小桌子旁边，高兴地吃着美味；那情景在中国是很常见的，但在伊势却难得一见。

因为天色还早，我想先到外宫去看看吧。外宫的大门口有几个穿着蓝黑衣服，衣服上印着白色花纹的女子在敲鼓。在外宫的门前有很多男男女女陆续进入外宫，女人、小女孩等都穿着美丽的和服，这是每逢节庆日时，日本女人特有的装束，表现出特别的隆重和喜庆，把节日也装点得特别漂亮。

我随着人流往外宫里面走，只见在一个类似床的木架子上放着一大堆扇子，有人在向每个过往的行人发放一把扇子和一个放着一些盐的小纸袋里。据说这盐是可以被灾除难的。天渐渐地黑下来，外宫通向正殿的路边上亮起一个个的小灯笼，我走到正殿前面，人们向外宫的丰受大神祭拜。

从外宫出来后，只见从外宫通向月夜见宫的路上点着两行蜡烛，每一根蜡烛都用一个白色的圆筒或者竹筒套着，这大概是怕风把蜡烛吹灭。这两行蜡烛之间放着一行粗粗的圆木，上面放着用玻璃罩着的蜡烛。这就是广告上所说的"神灯路"。这条"神灯路"是专门为"迎太阴"而点亮的。

图 4-3　伊势"太阴祭"之夜

月夜见宫，是天照大神弟弟月夜见尊的神宫，这天晚上也是灯火辉煌，川流不息的人们来这里祭拜。

迎太阴为什么在外宫和月夜见宫之间举行？外宫是丰受大神的御镇座，丰受大神是掌管天照大神衣食的大神，按照中国的五行学说，衣食皆从土中所生，而土是属阴的；而"月"，在中国文化的含义中也是属阴。月夜见尊，是司掌黑夜之神，当然也是属于阴，在今天"迎太阴"的礼仪中应该有重要的位置。天照大神，虽然是女性，但天照大神是太阳的象征，在五行中属阳。内宫是天照大神的御镇座。所以，迎太阴要在外宫中进行。

迎"太阴"；也就是说，暑气渐消，天气转凉，"太阴"到了。

市中心的广场上那个搭在卡车上的高高的台子，上面有人击鼓奏乐，人们聚集在台子下面跳圆舞。卡车上的扩音器在播放着日本的著名歌曲《北国之春》。在国内时我就很喜爱这首歌。我站在广场上，静静地听着、品味着这首歌，"故乡啊故乡，我的故乡，何时能回你怀中"的歌声婉转悠扬而又带着忧伤与惆怅，勾起了我那无尽的故国情……

二、"迎太阴"习俗与中国的"迎秋"

中国古代阴阳的最早划分是以月亮和太阳为基准而分的，古代把日头称为太阳，把月亮称为太阴。《周易·系辞上》："日者，太阳之精；月者，太阴之精。寒者，是纯阴之气；暑者，是纯阳之气也。夫天地之道，生成万物，既鼓动以雷霆，又滋润以风雨，以日而煦育之，以月而照临之。及夫日月运行以成昼夜，以成寒暑之候，以尽生成之功者，天地之道也。"① 马端临《文献通考·郊社考·祭日月》亦云："日者，太阳之精；月者，太阴之精。春分阳气方永，秋分阴气向长。天地至尊，故用其始。"中国古代哲学认为，阴阳皆万物生成之道，是缺一不可的。日和月，是天地的代表，故为阴阳之精、之最者。

日本所迎的"太阴"，迎的是太阴出现之始。

中国古代把秋天称为少阴，把冬天称为太阴。（汉）蔡邕《独断》卷上云："秋为少阴，……冬为太阴。"汉代董仲舒说："春者少阳之选也，夏者太阳之选也，秋者少阴之选也，冬者太阴之选也。四选之中，各有孟仲季，是选之中有选。"②

中国自先秦时期，就有农历七月迎秋祭阴的习俗。中国古代以地支纪月，农历七月建申为申月，是进入秋天的第一个月。七月阴气渐生，天气开始转凉。

---

① （清）阮元校刻《十三经注疏·周易·系辞上》，1481页，北京：中华书局，1980年。
② 《春秋繁露·官制象天》。

《说文解字》云："申，神也。七月阴气成体。"

《礼记·月令》所描述的孟秋之月：

> 是月也，以立秋先。立秋三日，大史谒之。天子曰：'某日立秋，盛德在金，'天子乃斋，立秋之日，天子亲率三公九卿诸侯大夫以迎秋于西郊，还反，赏军帅武人于朝。天子乃命将帅，选士厉兵，简练桀俊，专任有功，以征不义，诘诛暴慢，以明好恶，顺彼远方。
>
> 是月也，命有司修法制，缮囹圄，具桎梏，禁止奸，慎罪邪，务搏执。
>
> 是月也，农乃登谷，天子尝新，先荐寝庙；命百官，始收敛，完堤坊，谨壅塞，以备水潦；修宫室，坏垣墙，补城郭。①

农历七月，天气转凉，阴气上升，这是农作物将要收获的季节，朝廷的工作重心即将转变。到了农闲时节，可以"完堤坊，谨壅塞，以备水潦；修宫室，坏垣墙，补城郭"；可以出兵征伐奸邪和有罪，可以行刑，我国古代是秋天行刑的，即"秋刑"。更重要的是新谷登场，"天子尝新，先荐寝庙"，迎秋祭阴是中国先秦时期就有的习俗。

我在日本所见到的当是新谷登场之前的祭祀。日本十月才进行尝新，而"迎太阴"与《礼记·月令》记载的我国先秦时期孟秋之月的迎秋祭阴是属于同一性质的礼节。

日本人以水稻为主食，水稻是日本最主要的农作物。在中国古代人们的思想意识中稻为阴。水稻以水为重要的生长条件，而水属于阴。其实中国的农作物因是地之所生，皆属于阴，但很多资料中又把水稻单列，认为其为太阴精。如（元）王祯《农书·百谷谱·水稻》记载："稻之为言蒢也。稻，冬含水盛其德也，故稻太阴精，含水沮洳乃能化也。"水稻属于太阴精，更增加了日本人对迎太阴和祭拜太阴规模的重视。

当然，我国古代医学中把身体上的某些部位称为太阴，也是根据天象原理界定的。《黄帝内经素问》卷二《阴阳别论》"中身而上名曰广明，广明之下名曰太阴。"唐代的王冰次注："《灵枢经》曰：天为阳，地为阴。腰以上为天，腰以下为地；分身之旨，则中身之上属于广明，广明之下属太阴也。又心广明藏下，则太阴脾藏也。"这里不详细地一一论述了，但有一点是很明白的，那就是日本的"迎太阴"，其思想基础与中国古代的迎秋祭阴有一脉相承的关系。

---

① （清）阮元校刻：《十三经注疏·礼记·月令》，1481 页，北京：中华书局，1980 年。

第五节　日本的盂兰盆节

2008年8月15日，农历的七月十五日，日本的旧历原是采取中国的农历，我在伊势市度过了仅次于新年的日本第二大节日——盂兰盆节，从一个侧面目睹了日本盂兰盆节的盛况。日本人对盂兰盆节是非常重视的，每个部门都要放假3天、7天或15天不等；皇学馆大学放假7天。

一、伊势民间的盂兰盆节

盂兰盆节源于佛经中目连救母的故事。这个故事虽源于佛教经典，但在印度只是佛教徒的一个法会，而不是民间的节日。佛教盂兰盆经传入中国后，其经义与中国提倡的孝道相同，得到中国历代帝王的推崇。南梁武帝时期形成盂兰盆节日，并与道教的中元节相结合，唐宋时期大盛。盂兰盆节传入日本后，成为日本最重要、最盛大的节日之一。

盂兰盆节期间，会馆住的日本人都放假回家去了。偌大的会馆没剩几个人，空荡荡的。这正好给了我一个出外考察采风的好机会。

七夕（农历七月七日）以后，节日气氛渐浓；8月15日（农历七月十五日）达到高峰。在外地工作的人们都要赶回家与家人团聚，上坟供奉、超度死去的祖先，做盂兰盆祭祖等，其习俗与中国唐宋时期基本相似，也如中国一样是道教与佛教相结合的形式。

一般来说，盂兰盆节即将到来的前几天，日本人就开始为盂兰盆节的到来做准备了。我也几乎每天都到伊势的街上或附近的村庄，去观察伊势居民过盂兰盆节的情况。伊势的每个超市都摆放着大量的甚至是成堆的"玉串"。所谓"玉串"，其实就是杨桐树枝。在日本，"玉串"是被认为能通神的。伊势的各个墓地上每天都有很多人为自己家族的族墓扫墓，除去自己祖先墓地前生长的野草，插上新鲜的"玉串"和鲜花。

"盂兰"是梵语，即"倒悬"之义。盆，是汉语，即盛供品的器皿；也就是说，用盆盛供奉祖先的祭品，就可以解救死亡的祖先所受的"倒悬"之苦，这就是"盂兰盆"之含义。

盂兰盆节，又称"鬼节"、"魂祭"、"河灯节"等。据传说，从农历七月一日，阎王爷就要把那些无太大恶迹的鬼从鬼门关放出，让他们回到阳世，与其家人团聚。农历七月十五日是最后一天放鬼的日子。这是一个追念祖先、迎接死去的各代祖先回家与后世子孙团聚的日子。传统上，在这一天，人们为了与祖先团聚，无论离家有多远，都要千里迢迢往家赶。过去出嫁的姑娘在盂兰盆节是绝对不能回娘家的，但现在也没有什么禁忌了。盂兰盆节已经演变成为在外工作的人们与家人团聚的日子。

农历七月十三日的下午，伊势的节日气氛已经很浓了。一些家庭开始摆上祖先的牌位，供上食品和鲜花让祖先回家享用、接受拜祭。有的人家在门前摆放着花树，花树上挂满了彩色的小布条。彩布条上写着"南无阿弥陀佛"、"祖先代代"、"山の川"的字样。这是在呼唤远在山林川泽之间的代代祖宗的灵魂回家受享的意思。有的人还在自己的家门口（或者在屋子里）摆上供果、饭菜，迎接祖宗之神；挂上灯笼，为祖先照明道路。

图4-4　盂兰盆节伊势民居门前摆放的花树

农历七月十四日的晚上，我到附近的一个小村庄里去散步，顺便采风，忽然看见有一个人家的庭院里，老老老少少十几口人，上至老太太，下至小儿，列在桌子的两旁，中间摆上供果和饭菜，正在迎神。啊，多么精彩的画面！可惜当时我没有拿照相机。我慌忙回去拿相机，但等我回来时，人家已经迎过神了，正在吃饭，以庆贺与祖先大团圆。我只拍下了这家人在院子里吃饭时其乐融融的镜头。

农历七月十五日的晚上，在伊势的街道上我看见了很多家庭的大门开着

（平时日本人是不开屋门的），屋内灯火辉煌，人们在自己的家迎接、祭拜、超度祖宗。

二、盂兰盆节在佛寺

盂兰盆节期间，日本的寺院为盂兰盆节举行各种佛事活动。佛寺是迎神、祈福、超度祖先的公众场所。

8月15日的晚上，我用好几个小时，累得汗水浸浸，一连去了四座寺院，考察、观看日本的盂兰盆节。我发现，日本各个寺院所安排的盂兰盆节活动是不一样的，有的寺院念诵盂兰盆经，有的寺院则举行供奉盂兰盆、献灯、跳舞等活动。

会馆对面本誓寺的和尚在盂兰盆节的前几天就开始忙碌起来。每天都有人来这里预付给和尚念盂兰盆经费。寺院和尚念的经都是"盂兰盆经"，为百姓超度他们的祖先，也为他们与祖先以及家人的团聚而念诵经文、祝愿祈福。

傍晚5点左右，本誓寺大殿的殿门大开，原来交过念经费的人们先后鱼贯而来。他们进入本誓寺大殿，在和尚的带领下，跪在大殿里念诵盂兰盆经。此时大殿里笼罩着一种肃穆和虔诚的气氛，念经人所颂的每一句祈祷的经文都表现出对祖先的美好祝愿和祝福。诵经直至夜里10点左右才结束。

图4-5 盂兰盆节之夜信徒在本誓寺大殿念盂兰盆经

在日本生活的这一年中间，我每天早上锻炼时都从本誓寺经过，很少看见过本誓寺大殿的殿门开过。人们都是从侧门进去，再到大殿中进行佛事活动的。本誓寺大殿的殿门大开，这种情况是很少见的，但也可以看出盂兰盆节在日本寺院中是最重要、最大的佛事活动。

图 4-6　寂照寺盂兰盆圆舞

寂照寺，在距会馆不远的古市街上。因该寺的大殿还在修缮，所以这里平时冷冷清清，是很少有人来的，但是在盂兰盆节的晚上也热闹非常。当我还离寂照寺很远的时候就听见音乐的旋律了。当我走近寺院时，只看见一片灯火通明。寺门上挂着五只灯笼，上写着"わ岩观世音"的字样，这是在祈求观世音的保佑。寂照寺里挂着许多灯笼，一些身穿彩色和服的男男女女纷至沓来。在不大的寺庙庭院中间搭建一个高台，那些身穿彩色和服的老人、小伙儿和姑娘们都围着高台跳圆舞。高台上面一个人在有节奏地敲鼓。那鼓与中国的皮鼓完全一样，鼓声与录音机里那悠扬的音乐相配合，为舞蹈者伴奏。台子的前面还贴着一张节目单，上面写着盆踊、伊势音头、东京音头……炭坑节等。这是人们通过供奉、祈祷、祈福，把死去亲人口中的火炭丢进坑中，而以欢快的舞蹈进行欢庆的意思，据说可以超度人们的七世祖宗。灯笼与舞人相映，使夜色笼罩下的人群和寺庙显现出勃勃生机，充满了温暖祥和的气氛。

我走过了舞蹈人群，在左前方看见还有一个供养台。供养台上立着一个"三界万灵"的牌位。供养台上，堆砌着人们为祖先供献的各种礼品供果。人们跪在这里，拜祭祖先，为祖先祈祷，献上自己最忠诚的祝愿和供果。台下有一个盆子，盆子里香烟袅袅。这是人们为祖先所烧的香火。

图 4-7　盂兰盆节之夜向祖先供奉礼物

图 4-8　盂兰盆之夜向祖先献灯

舞蹈人群的左边，还有一个供桌，是"地藏大菩萨"的献灯处。一些人在这儿排队，把点燃的蜡烛插在"地藏大菩萨"的牌位下，这是给回来受享的祖先照明。

出了寂照寺，我又来到北面不远的大林寺。大林寺也有一个供养台。供养台前有一个盆子和荷花，盆子里燃烧着香火；供养台前围满了为祖先献的各种供果和祭品的人。但是这里没有舞台和舞蹈的人群。

从大林寺出来，我听见远处还响着同样的音乐，并且还有声声的爆竹，夜空中还时时地升起灿烂美丽的烟花，想来在远处那也是一个寺院，也在表演着盂兰盆会的舞蹈……

三、日本的盂兰盆节源于中国

盂兰盆经源于佛教经典。每年的7月是印度的雨季。在雨季，佛教徒们不再出来进行佛事活动，故从7月到10月，称为"结夏安居"。因此念盂兰盆经，在印度只是佛教徒的一个法会，而不是民间的节日。

盂兰盆节是在中国形成的、道教与佛教结合的节日。

根据道教的经典，中国古代有三元节：上元节（正月十五日），祭天。七月十五日，就是中元节，祭阴。下元节（十月十五日），祭水。（宋）李昉《太平御览》卷三十二《时序部》引《道经》记载：

> 七月十五日，中元之节，地官校戒，搜选众人，分别善恶。诸天圣众，普诣宫中，简定劫数，人鬼簿录，饿鬼囚徒，一时俱集……于其日夜讲诵是经，十方大圣，高咏灵篇，囚徒饿鬼，当时解脱，一俱饱满，免于众苦，得还人中。若非如斯，难可拔赎。[①]

七月十五日就是道教的中元节，是超度鬼魂亡灵的日子。

（南梁）宗懔《荆楚岁时记》引《盂兰盆经》记载的佛家弟子目连救母的故事：

> 目连见其亡母生饿鬼中，即以钵盛饭往饷。其母食未入口化成火炭，遂不得食。目连大叫，驰还白佛。佛言汝母罪重，非汝一人所奈何。当须十方众僧威神之力，至七月十五日当为七代父母厄难中者，具百味五果以著盆中，供养十方大德。佛勒众僧皆为施主祝愿，代七代父母行禅定意，然后受食。是时，目连母得脱一切饿鬼之苦。目连白佛，未来世佛弟子行孝顺者，亦应奉盂兰盆供养。佛言大善，故后人因此广为华饰，乃至刻木、割竹、饴蜡、剪彩模花叶之形，极工妙之巧。

佛家弟子目连救母的故事传入中国后，其内容与中国文化传统中的孝道理

[①] （宋）李昉《太平御览》卷三十《时序部》152页，北京：中华书局，1985年。

念完全相符合，得到历代王朝帝王们的提倡。大同四年（538年），南梁武帝萧衍在同泰寺设盂兰盆斋，《盂兰盆经》中的故事也被演化为节日。其后盂兰盆节开始在民间形成。

道教所认定的中元节，与佛教的盂兰盆节皆在七月十五日。我国自南梁开始，中元节与盂兰盆节相结合，成为追祭祖先、超度亡灵、祈祷冥福的日子。《荆楚岁时记》云："七月十五日，僧尼道俗悉营盆，供诸佛。"

唐宋时期，盂兰盆节与道教的中元节进一步结合，开始大盛。唐代韩鄂《岁华记丽·中元》云：

> 孟秋之望，中气之辰。道门宝盖，献在中元。释氏兰盆，盛于此日。地官考校之元日，天人集聚之良辰。释氏托生，众生解夏。"[1]

《旧唐书·王缙列传》记载："代宗七月望日于内道场造盂兰盆，饰以金翠，所费百万。又设高祖已下七圣神座，备幡节龙伞衣裳之制，各书尊号于幡上以识之，舁出内陈于寺观。是日，排仪仗，百寮序立于光顺门以俟之，幡花鼓舞迎呼道路，岁以为常。"[2]

（宋）孟元老《东京梦华录》卷八记载：

> 七月十五日中元节。先数日，市井卖冥器、靴鞋、幞头、帽子、金犀假带、五彩衣服，以纸糊架子，盘游出卖。潘楼并州东西瓦子亦如七夕，耍闹处亦卖果食、种生花果之类，及印卖尊胜目连经；又以竹竿斫成三脚，高三五尺，上织灯窝之状，谓之盂兰盆；挂搭衣服、冥钱，在上焚之。构肆乐人自过七夕，便般目连经，救母杂剧，直至十五日止，观者增倍。中元前一日，即卖练叶，享祀时铺衬桌面，又卖麻穀、窠儿，亦是系在桌子脚上，乃告祖先秋成之意；又卖鸡冠花，谓之洗手花。十五日供养祖先素食，缠明即卖穄米饭，巡门叫卖，亦告成意也。又卖转明菜花、花油饼、馂（jun 通飧，熟食之义）䭃（xian，即馅）、沙䭃之类。城外有新坟者，即往拜扫，禁中亦出车马诣道者院谒坟。本院官给祠部十道设大会，焚钱山，祭军阵亡殁，设孤魂道场。[3]

---

① （元）陶宗仪：《说郛》卷六十九下，台北：台湾商务印书馆影印本文渊阁，1986年。
② （后晋）刘昫：《旧唐书·王缙列传》，北京：中华书局，1975年。
③ （宋）《孟元老四库全书·东京梦华录卷八》，台北：台湾商务印书馆景印本文渊阁，1986年。

《东京梦华录》记载了北宋时期京都开封"盂兰盆节"的盛况。

唐朝时期,日本派大批的遣唐使来到中国,与唐朝交往非常密切,对中国的盂兰盆节非常感兴趣。日本学者圆仁《入唐求法巡礼行记》卷四会昌四年(844)记载:

> (长安)城中诸寺七月十五日供养,作花蜡、花饼、假花果树等各竞奇妙。常例皆于佛殿前铺设供养。倾城巡寺随喜,甚是盛会。今年诸寺铺设供养胜于常年,敕令诸寺佛殿供养花药等。[1]

圆仁和尚对长安诸寺七月十五日的盛会做了较详尽的描写,随之盂兰盆节的风俗也传到日本。《日本书纪》卷二十二记载:日本推古天皇十四年(606),"自是年初,每寺四月八日、七月十五日设斋"。日本学者佐伯有义注曰:"四月八日释迦诞生之日,灌佛会之初。七月十五日盂兰盆会的始日。"[2] 这里所说的"七月十五日设斋",指的就是盂兰盆节。

唐宋时期,中国的盂兰盆节传到了日本,发展成为日本的第二大节日。

---

[1] 〔日〕圆仁:《入唐求法巡礼行记》卷四,177页,顾承甫、何泉达点校,上海:上海古籍出版社,1986年。

[2] 佐伯有义校注:《日本书纪》,东京:普及会株式会社。

第五章
日本的民间信仰与动物崇拜

　　每一个民族都有自己的民间信仰和动物崇拜。日本人有对乌鸦的崇拜、对猫头鹰的特别喜爱等,这与中国完全不一样;但日本人的蟾蜍崇拜、石头崇拜当源自中国。还有些信仰是中国民俗的变异,如最早在日本京都创祀稻荷神社者是中国的秦氏,稻荷神社敬奉的是对农业生产有益的狐狸,把某种对农作物有好处的动物当作农神敬奉,当是受中国文化的影响。

第一节　日本的动物崇拜

　　在日本,乌鸦是受到特殊优待的神鸟、吉祥鸟,这是因为乌鸦曾在日本第一个天皇——神武天皇统一天下的过程中立过大功。日本有3000多个神社敬奉乌鸦。猫头鹰在日本也是福鸟,因为猫头鹰在日语里的发音是"福老"、"福到"或者"福笼",即福到的意思。这些与中国文化没有什么关系。但日本认为蟾蜍是财的化身,则是源于中国的习俗。

一、日本的乌鸦是神鸟

　　我到伊势的第二天就发现这里的乌鸦特别多。每天早上,我打开窗户,就看见窗外的马路上、停车场、电线杆子上、树枝上,到处都停栖着乌鸦。日本的乌鸦个头特别大,肥肥胖胖的,在身个上相当于两只中国的乌鸦;毛色乌黑发亮,叫的声音也特别宏亮。它们有时就在马路上摇摇摆摆地散步,姿态神情是那样悠然闲适、昂首自如、旁若无人,犹如一个骄傲的贵族绅士在闲庭信步。

图 5-1 伊势马路上的乌鸦

在中国，乌鸦是一种不祥之鸟。《诗·邶风·北门》云："莫赤匪狐，莫黑匪乌。惠而好我，携手同车。其虚其邪，既亟只且。"这里所说的"狐"，指的是狐狸；而"乌"，就是乌鸦。朱熹解释说"狐，兽名，似犬，黄赤色。乌鸦，黑色，皆不祥之物，人所恶见者也。所见无非此物，则国将危乱可知"。中国人自古就把乌鸦和狐狸都当作不祥之物，而乌鸦就是不祥之鸟，如果见到这种不祥之物，人就会觉得不祥的事情发生，国家将要发生危乱。

中国文化中也有"乌鸦反哺"的说法，认为乌鸦是一种孝鸟，小乌鸦长大后会为老乌鸦寻找食物。(明) 冯复京《六家诗名物疏》卷十三云：

> 禽部有二种乌鸦，慈鸦，以吴地所产验之。慈鸦，即反哺者，其颈白，鸣声哑哑，人亦不恶之。有一种纯黑而恶声者，谓之老鸦，俗亦闻其鸣则凶。则此，诗之乌，即今老鸦矣。

冯复京对乌鸦有过一些解释，认为乌鸦有两种，一种颈白者，是"慈鸦，即反哺者"；另一种"纯黑而恶声者，谓之老鸦"，才是不祥之鸟。

中国人常常把社会的黑暗比作乌鸦，如"天下乌鸦一般黑"。那些只看见别人的缺点，而看不见自己的缺点的人被认为是"乌鸦站在猪身上，只看见别人黑，看不见自己黑"等。

中国古代文人的诗歌又经常以乌鸦形容凄凉、苦痛的心情和环境。如宋代诗人马致远的《天净沙》云：

> 枯藤老树昏鸦，小桥流水人家，古道西风瘦马。
> 夕阳西下，断肠人在天涯。

乌鸦出现，就是不祥的预兆，或者不好的命运会降临。在中国，乌鸦不祥鸟的名声是尽人皆知的。

中国人认为乌鸦是一种非常不吉祥的鸟，如果走在路上，偶尔听见乌鸦叫，就认为不吉祥，今天可能会倒霉了，要赶快吐口水，以祓除不祥。

在伊势，记得第一次去学校时，我一路上就好几次听见乌鸦在我的头顶上盘旋鸣叫。在中国听见乌鸦的叫声是不祥的，于是我感到一阵不快。而且自那以后，我不断地听到乌鸦的叫声，每天都看见乌鸦。这种情况使我不得不对日本的乌鸦重新进行一番观察和研究。

日本文化中的乌鸦是神鸟和吉祥鸟，与中国有完全不同的含义。日本的乌鸦为什么是吉祥鸟呢？原来在日本的神话传说中，乌鸦被称为"八咫乌"。

日本最早的史书《古事记》"神武天皇"条下记载：日本神武天皇东征熊野高仓时，在大山中迷了路，千军万马不知该向何处走。其祖先天照大神"自天遣八咫乌，故八咫乌引道，从其立后应幸行。故随其教觉，从其八咫乌之后，幸行者，到吉野河之河尻"。尻，指河边的高地。在八咫乌的引领之下，神武天皇走出了大山。八咫乌为日本神武天皇统一天下立了大功。

日本的史书《日本书纪》卷三《神武天皇》亦有类似的记载：日本神武天皇东征熊野高仓时，在山中迷路，

> 而山中险绝，无复可行之路，乃凄惶不知所跋涉。夜梦天照大神训育天皇曰："朕今遣头八咫乌，宜以为向导者。"果有头八咫乌，自空翔降。天皇曰："此乌之来自叶祥梦，大哉！赫矣！我皇祖天照大神欲助我成基业乎？"是时，大伴氏之远祖日臣命帅大来目、督将元戎，蹈山启行，乃寻乌之所向，仰视而追之，遂达于菟田下县；因号所至之处曰"菟田穿邑"。

这个"八咫乌"，就是乌鸦。从此，乌鸦就成为日本的神鸟。

"八咫乌"立下了如此大功，理应受到尊敬和祭拜。今在日本有3000多个神社祭拜乌鸦，以感谢乌鸦为神武天皇引路突围立下的功绩。

当我看到日本史书的这些记载，才明白了乌鸦为什么在日本有那么好的待遇。日本法律规定是不准伤害乌鸦的，原来乌鸦为日本天皇立过功，在日本享

受着贵族的待遇。

一个国家的神话传说有多么大的作用,竟能奠定某一动物的地位和命运。同样是乌鸦,在中国其地位如此低下,在日本其地位却如此高贵神圣。日本的乌鸦真是幸福呵!

二、日本的猫头鹰是福鸟

猫头鹰,学名鸱鸮,在中国又称为"鸱",被认为是一种怪鸟。猫头鹰的喙和爪都非常锐利,是属于鹰类的鸟。一对眼睛大而明亮,长在头的正前方,面部似猫,所以人们称之为猫头鹰。猫头鹰看上去非常凶恶,常在夜间或黄昏出来活动,主要捕食鼠类,有时也吃一些小鸟和大的昆虫。从猫头鹰捕食老鼠来看,猫头鹰是一种益鸟。(明)彭大翼《山堂肆考·补遗·总鸟兽鱼虫·猫头鹰》云:"此鸟八九月间自海外来,身尾俱短,毛羽褐色,眼圆睛黄,头酷似猫头,两旁有毛竖起,似两耳,足爪似鹰,故名猫头鹰。"猫头鹰,当属一种季节性的候鸟。

中国文化中,猫头鹰是一种不吉利的鸟。《诗·大雅·瞻卬》"懿厥哲妇,为枭为鸱"。笺云:"枭鸱,恶声之鸟,喻褒姒之言无善。"在这里把鸱比作周幽王的夫人褒姒。褒姒,被认为是导致西周灭亡的女子。

(宋)蔡卞《毛诗名物解》卷六《释鸟·鸱鸮》云:

> 鸱鸮,性阴伏而好凌物者也。阴伏以时发者,必有以定之内;畜志以凌物者,必有以决乎外,故谓之鸱鸮。然其害物也,能窃伏而不着鹰隼之势,故鸱鸮以喻管蔡之暴乱。

《孟子·离娄下》云:"孟子曰:言无实不祥,不祥之实,蔽贤者当之。"(宋)张九成〈孟子传〉卷十九解释孟子的话说:"狐狸夜号,鸱枭晨啸,鼠舞蛇孳,皆不祥物也。人见之,必唾骂以厌之,如是则祸患亦所不免。况不祥之人而使在人主之侧,破国亡家之兆。"《汉书·郊祀志》云:"今凤凰麒麟不至,嘉谷不生;而蓬蒿藜莠茂,鸱枭群翔。"

猫头鹰外貌丑陋,夜间的叫声凄厉,怪异的形象让人感到一种恐惧。人们往往把猫头鹰与黑暗、不洁、神秘,甚至死亡联系起来。由以上记载可以看出中国人对猫头鹰有怎样的一种厌恶。猫头鹰被认为是让人恐惧的不祥之鸟。

在日本,猫头鹰却是吉利和幸福的象征,也是有学问的象征,可以作为新生入学时的礼物赠送。"猫头鹰"在日语里的发音是"福老"、"福到"或者"福笼"。日本和中国一样很重视谐音,那么"猫头鹰"的谐音就是富贵长寿之义,

图 5-2　日本商店出售的猫头鹰形象的工艺品

也可以说是"福到"义，就像中国人把"福"字倒着写一样，表示福分到了；或者说是"富贵白头"，即"福老"之义。还有说"猫头鹰"的发音是"福笼"，那么就是把福拢在一起。日本人把猫头鹰作为福鸟，与其发音有关系。

在北海道，生活着日本体形最大的猫头鹰，其展开的双翼可以达到 1.70 米左右。目前这种猫头鹰已被列为日本国家级保护动物。当地的阿伊努族人更把它们当作村庄的守护神来崇拜。

在北海道旅游时，猫头鹰引起了我的注意。在超市的柜台里到处都摆着各种色彩、各种形状的猫头鹰形象的工艺品。成双的猫头鹰，有的张着翅膀，站在花环中；猫头鹰被制成陶质的，即孩子的储钱罐，还有茶杯形、挂钟形等。这些工艺品色彩也非常鲜艳，有黄色的、褐色的、蓝色的等。如果只看到这些工艺品，那么猫头鹰的样子还是很可爱的，也不是那样可怕。但在中国，尽管我没有见过猫头鹰，但画上的就让我畏惧三分。不管怎样，我对猫头鹰，在感情上总是疙瘩的，我不会喜欢猫头鹰。

猫头鹰吃老鼠，《庄子·秋水》云：庄子对惠子说："南方有鸟，其名鹓鶵，子知之乎？夫鹓鶵发于南海而飞于北海，非梧桐不止，非练实不食，非醴泉不饮。于是鸱得腐鼠，鹓鶵过之，仰而视之曰：'吓！'今子欲以子之梁国而吓我耶。"在这里，庄子以鹓鶵只止梧桐，食练食，饮醴泉来比喻自己的高洁，把惠子为梁相比喻为"鸱得腐鼠"，以表现对当官的厌恶。庄子认为官场之人皆是肮脏的、食腐鼠，因此不愿与他们合作。虽然庄子把鸱说的如此不洁，但是鸱食老鼠，确实是对农作物有好处的。我想日本人喜欢猫头鹰，当与喜欢狐狸一样，因为它们能够捕食稻田中的老鼠，是益鸟、益兽，可见日本人是很理智的。

据说,希腊神话中的智慧女神阿西娜的爱鸟就是一只鸮(Athenenoctua),鸮被认为智慧的象征。

三、日本崇拜的蟾蜍

在日神遥拜所及其旁边,都有用石刻的或铜铸的很大的蟾蜍。这些蟾蜍都是面向神社,而不是面向大海。日本崇拜蟾蜍的习俗,当与中国文化的影响有密切关系。

日神遥拜所有一尊体积庞大的蟾蜍,这与中国神话中蟾蜍是阴中之阳,而且能够辟兵的思想意识有关。

图 5-3　日神遥拜所旁边的蟾蜍

在中国古代的思想意识中,蟾蜍是被神化,并具有通灵能力的神灵动物。蟾蜍在月宫,为嫦娥所化,故月宫又称为蟾宫。蟾蜍在阴阳学说中属阳。中国古代神话认为,后羿的妻子嫦娥偷吃了西王母赐后羿的长生不老药,升入月宫,变为蟾蜍。马端临《文献通考·象纬考》引张衡《灵宪》曰:"羿请无死之药于西王母,姮娥窃之以奔月。将往,枚筮之于有黄。有黄占之曰:'吉,翩翩归妹,独将西行,逢天晦芒,毋惊毋恐,后且大昌。'姮娥遂托身于月,是为蟾蜍。"① 蜍,即蛛也。

---

① 《四库全书·文献通考·象纬考》,台北:台湾商务印书馆景印本文渊阁,1986年。

（唐）段成式《酉阳杂俎》卷一有吴刚伐桂树的记载："旧言：月中有桂，有蟾蜍，故《异书》言月桂高五百丈，下有一人常斫之，树创随合。人姓吴名刚，西河人，学仙有过，谪令伐树。释氏书言：须弥山南面有阎扶树，月过树影入月中，或言月中蟾桂地影也。"① 这里所说的"旧言"，说明唐代之前就已经有"吴刚伐桂树"、"月中蟾桂"之说了。

我国把科举考试中状元者称为"蟾宫折桂"。"蟾宫折桂"的典故始自西晋时期。是时，官吏的任命是需要官员推举的，当时一个名郤诜的人为推举官。《晋书·郤诜传》："武帝于东堂会送，问诜曰：'卿自以为如何？'诜对曰：'臣举贤良对策，为天下第一，犹桂林之一枝，昆山之片玉。'"② 郤诜认为自己推举的官员是最好的，从此人们把科举考试成绩最好、金榜题名者称为"蟾宫折桂"。

中国传说，蟾蜍在月宫与玉兔为伴，玉兔四足为阴，蟾蜍三足为阳。朱彝尊《经义考·群经一》云："月中有兔与蟾蜍何？月，阴也；蟾蜍，阳也。而与兔并阳阴，系乎阳也。"③ 蟾蜍在月宫中属于阴中有阳。

蟾蜍是可以疗伤治病的。（晋）葛洪《肘后备急方·治痈疽妒乳诸毒肿方》："治癣疮，取蟾蜍烧灰末，以猪脂和傅之。"（明）周王朱橚《普济方》卷二百二十五说："取蟾蜍作膏，软玉如泥，以苦酒消之成水，此则为膏之法。试老嫩玉石间水，饮之长生。"《普济方·痈疽门》还说："蟾蜍膏，治一切疮肿痈疽瘰疬等疾。"

（宋）唐慎微《证类本草·虫部下》云："虾蟆，味辛寒有毒，主邪气破症、坚血痈肿、阴疮。服之，不患热病；疗阴蚀疽疠恶疮、猘犬伤疮，能合玉。一名蟾蜍，……生江湖池泽，五月五日取，阴干，东行者良。"④ 这里所说的"虾蟆"，即蟾蜍。在五月五日这天得到的蟾蜍，阴干之后，可以疗治各种痈肿、阴疮，犬咬伤等。为什么五月五日取蟾蜍呢？因蟾蜍在阴阳学说中属阳，五月五日属于阳日。《证类本草》又说"东行者良"，东边是主阳的。我国古代认为，东、南为阳，西、北为阴。蟾蜍属阳。故"东行者良"。

中国古代认为，蟾蜍是可以辟兵的。（晋）晋洪《抱朴子·内篇·仙药》"肉芝者，谓万岁蟾蜍，头上有角，颔下有丹书、八字、体重。以五月五日中时取之，阴干百日，以其左足画地，即为流水。带其左手于身，辟五兵。若敌人射己者，弓弩、矢皆反还自向也。"意思是五月五日得到的蟾蜍是仙药，称为肉

---

① （唐）段成式：《四库全书·酉阳杂俎》，台北：台湾商务印书馆景印本文渊阁，1986年。
② 《晋书·郤诜传》，北京：中华书局，1982年。
③ （清）朱彝尊：《四库全书·经义考·群经一》，台北：台湾商务印书馆景印本文渊阁，1986年。
④ （宋）唐慎微：《四库全书·证类本草·虫部下》，台北：台湾商务印书馆景印本文渊阁，1986年。

芝，可以辟兵，即把敌人射来的各种兵器反射回去。《抱朴子·内篇·杂应》云："三千岁蟾蜍，喉下有八字者，血以书。所持之刃剑，或带武威符、荧火丸，或交锋刃之际，乘魁履刚，呼四方之长，亦有明效。今世之人，亦有得禁辟五兵之道，往往有之。"[①]

蟾蜍是冬眠动物，在古人看来是死了又生，寿命极长的灵物。活万年的蟾蜍称为万岁蟾蜍。（明）屠本畯《闽中海错疏》卷中云："蟾蜍绝寿，有至千岁者，五月五日得之谓之辟兵。古称月中有蟾蜍也。"

中国古代还认为蟾蜍是财的化身。据说八仙之一的刘海蟾降服了一只能变钱的三足蟾蜍，让它为穷人变钱。

日本文化受中国文化的极大影响。天养元年（1144年）农历五月五日，藤原赖长在京都依照中国传来的古书的记载，认真研究"蟾蜍辟兵"的道理和现象。

志摩海滨日神遥拜所见到这些石刻的巨大的蟾蜍，完全符合中国古代的思想意识。日本是一个尚武的国家，天皇在这里遥拜日神，是其希望在战争中能够辟兵的心理。日神遥拜处在日本的最东边的海滨，符合我国所说的"东行者良"之道，也符合我国古代认为蟾蜍属阳、东边为阳的思想。日本的最东边海滨日神遥拜所的蟾蜍表现了中国神话传说和阴阳五行思想对日本的深刻影响。

第二节　日本稻荷神社的创祀及源流

凡去过日本的人都知道，日本有许多稻荷神社，稻荷神社敬奉的是稻荷大神——狐狸。最早在京都创祀稻荷神社者是从中国到日本的秦氏。把某种对农作物有好处的动物当作农神的习俗，当来自中国。先秦时期，中国曾把吃害虫的虎、猫当作"八蜡"之农神去祭祀。但是古代的日本并没有虎、猫之类的动物，于是秦氏便把食鼠的狐狸当作农神，在京都稻荷山上创祀了稻荷神社。稻荷农神信仰迅速在日本民众之中普及。日本的稻荷大农神信仰当来自中国的农神信仰。

一、稻荷大神——狐狸

在日本，稻荷神社真是太多了。日本共有8万多座神社，仅稻荷神社就有3.2万座。3.2万座稻荷神社分布在日本的国土上，几乎每平方公里就有一座稻

[①]（晋）晋洪：《四库全书·抱朴子·内篇·仙药》，台北：台湾商务印书馆景印本文渊阁，1986年。

荷神社。如果除去人烟稀少的深山、北海道连绵不断的荒山，以及一些大江大河，日本每平方公里的土地上就有三四座稻荷神社。我在伊势市所见到的几座稻荷神社，如浅香稻荷神社、雪峰稻荷神社、清丸稻荷神社等大概也就是在 1 平方公里的范围之内。我想，在单位面积内，日本的稻荷神社应该比中国的土地庙还多。最初我还真以为这些稻荷神社就是日本的土地庙，供奉的是土地神呢。

稻荷神社敬奉的是狐狸，狐狸是日本人崇拜的农神。1300 多年前，中国秦氏在日本创祀稻荷神社，秦氏是一个到日本的中国人的后裔。

稻荷神社之"稻"，当然就是稻子了，而"荷"，即担、扛、负的意思，如荷锄、荷枪实弹等。《公羊传·宣公六年》中"有人荷畚自闽中出者"，何休注："荷，负也。"又张衡《东京赋》云："荷天下之重任。"那么，稻荷神社之"稻荷"，本是一个倒装句"荷稻"，即背来稻子的意思。

稻荷神社有的规模较大，有的很小。如伊势公路的旁边，就有一个小小的木质结构的日本式的神龛，像一个高架的粮仓，就是浅香稻荷神社。浅香稻荷神社的旁边有五十铃丘自治会于昭和六十年十月十三日所立的"浅香稻荷神社"的介绍。其文说，浅香稻荷神社原来在现在位置的谷底处，在高 8 尺、横 2 尺的巨岩之上。昭和四十九年，浅香山一带开发住房和公路，于是将浅香稻荷神社挪到现在的位置，即公路旁边的山坡上。

志摩、二见、京都、奈良、神户、大阪、东京等地随处都可以看见稻荷神社。日本到处都有稻荷神社，但稻荷神社常常是铁将军把门，我不知神社里面供奉的神灵是什么。

有一天，我到伊势附近的朝熊山金刚寺去，看到金刚寺的旁边有一座中等规模的朝熊稻荷神社。神社前面有两道鸟居，在第二道鸟居前的两边，各有一高高的石台，台上分别端坐着两只石刻的狐狸。这引起了我的兴趣，我开始注意会馆附近的稻荷神社。皇学馆会馆对面的本誓寺虽然不是神社，但是在本誓寺大殿的左后方有一个小小的神龛，里面供奉着两只小小的瓷狐狸。在会馆通往皇学馆大学的路上有一个"正一位清丸稻荷神社"，里面也供奉的两只狐狸。日本 3.2 万座稻荷神社供奉的是一个神灵，那就是稻荷大神——狐狸。

我在日本各地不断地看到稻荷神社，日本竟然有如此广泛、深刻的对稻荷大神的信仰，我开始对这种信仰发生了兴趣。

二、伏见稻荷大社及其创祀者秦氏

日本的 3.2 万座稻荷神社的总本社，是日本京都的伏见稻荷大社。

为了更好地了解日本人的稻荷信仰，我特地到京都稻荷神社的总本社，即伏见稻荷大神社去考察。从京都火车站再坐两站路，就到了日本稻荷神社的总本社——伏见稻荷大社。

图 5-4　伏见稻荷大社

走近伏见稻荷大社，映入眼帘的是一座由黑色底座、鲜红柱子构成的稻荷大社的鸟居。鸟居是两根竖着的圆柱支撑两根横着的方木，两根横的方木都长于圆柱，上面的方木两端翘起。伏见稻荷大社的鸟居为红色，上面横木的顶部又涂有一层黑色，与黑色的底座相呼应。圆柱及横木皆雕成不同的形状，显示出一种华丽。红色则是中国人喜爱的吉祥喜庆的颜色。从红色的鸟居可以看出，伏见稻荷大社与日本其他神社的区别。

图 5-5　伏见稻荷大社神殿左边狐狸　　图 5-6　伏见稻荷大社神殿右边狐狸

稻荷大社的鸟居与在日本其他地方的鸟居有所不同。例如，伊势神宫前面的鸟居以及在伊势见到的其他稻荷神社的鸟居大多是凝重的原木色或者是银灰色，呈"开"字形，构成一个类似中国牌坊形状的鸟居。

一条整齐的方形大理石铺成的道路直通稻荷大神的正殿。正殿是中国楼阁与殿堂相结合的形式，表现出浓浓的中国特色，正殿牌楼上挂着"伏见稻荷大社"的牌匾，正殿两边高大的台座上各端坐着一只铜铸的狐狸。左边的狐狸口中叼着一把刀，右边的狐狸咬着一支稻穗，这象征着杀死老鼠、给人们背来稻子的寓意。

伏见稻荷大社位于京都南部稻荷山的山麓，该社主要是祀奉以宇迦之御魂大神为首的神灵，以及佐田彦大神、大宫能卖大神、田中大神等四大神配祀。这些神灵皆为稻荷神，即谷物、食物之神，自古以来就是农业的神明。日本是一个以稻米为主食的国家，在稻田里捉老鼠的主要靠狐狸，所以农民把狐狸当成了护粮神使和崇拜的对象。

稻荷大神能够消灭老鼠，使稻田米丰收。古代的农业与商业往往是结合在一起的，所以商业人士也开始祭拜稻荷大神。稻荷大神的祭拜，关系到民众日常生活的各个方面。人们祈求五谷丰登、农作丰收、生意兴隆、交通安全、家内安全、商贸繁昌、心愿成就、消除灾难、开运招福以及祈愿婚姻等，每年都有大量的虔诚的膜拜者来这里祭拜稻荷大神。日本人拜狐狸，奉其为管理钱粮的神仙，名为稻荷大神。稻荷大神是属于人民的，不像日本的某些神宫、神社祭拜的是贵族们的祖先；而祭拜祖先神灵也是贵族的特权。因此，稻荷大社的香火最盛。

伏见稻荷大社建于奈良时代元明天皇和铜四年（711年）。是时，有一个姓"秦"的人在京都稻荷山上首先创祀伏见稻荷大社，至今已经有1300多年的历史了。"秦"不是日本的姓，而是一个到日本的中国人的姓氏。秦氏来自中国，自称是秦始皇之后裔。《日本书纪》卷十九记载：

> 天皇幼时，梦有人曰：天皇宠爱秦大津父者，及壮大，必有天下。寤警遣使普求，得自山背国纪郡深草里，姓字果如所梦。于是，忻喜遍身，叹未曾梦。乃告之曰："汝有何事？"答云："无也。"但臣向伊势商贾来还，山逢二狼相斗污血，乃下马洗漱口手、祈请曰："汝是贵神，而乐麁行，倘逢猎士，见禽尤速，乃抑止相斗，试洗血毛，遂全放之，具令全命。"天皇曰："必此报也。"乃令近侍，优崇日新，大至饶富。及至践祚，拜大藏省。①

---

① 《日本书纪》卷十九，《钦明天皇》，475页，东京：岩波书店，2000年11月。

这一段话的意思是说，当钦明天皇在即位之前，年幼时曾做了一个梦，有人告诉他，如果能得到一个名曰"秦大津父"的人支持，必定会得天下。钦明天皇就到处寻找，结果山背国纪郡深草里，得到了这个名曰"秦大津父"，姓字果如所梦。秦大津父告诉他，他在伊势经商的来往途中，见两狼相斗，于是劝这两个狼不要斗了，如果让猎人见到，它们两个谁也逃不脱。他为这两只狼擦干血迹，让它们走了。

我这样理解，即位之前的钦明天皇与另外一个人争夺天皇之位，秦大津父很明显地以这样一个寓言故事告诉即位之前的钦明天皇，不要两狼相斗，使猎手得利。秦大津父在钦明天皇即位问题上肯定出了力。因此即位之前的钦明天皇就告诉秦大津父说：他将来肯定有好报。"乃令近侍，优崇日新，大至饶富。"这是秦氏在日本发迹的大概情况。钦明天皇即位之后，"及至践祚，拜大藏省"。日本大藏省，主管日本财政、金融、税收等。秦氏成为钦明天皇主管财政、金融、税收等的官员。从此，秦大津父一族成为日本的望族，这大概就是秦氏在日本初露头角的情况。钦明天皇得秦氏于"山背国纪郡深草里"，说明在此之前，秦氏作为一个从异国到日本的人并不得志。

钦明天皇是一个非常重视贤能之士的天皇。《日本书纪》钦明天皇元年八月记载："召集秦人、汉人等诸蕃投化者，安置国郡，编贯户籍。秦人户数，总七千五十三户。以'大藏掾'为秦伴造。"[①] 秦人、汉人大批来到日本，钦明天皇把他们"安置国郡，编贯户籍"，仅"秦人户数"，就有"总七千五十三户"，如果以一户按三口之家计算，那么7053户，就有2万多人，这在当时的确是一个不少的数目，何况还有"汉人"没有计算在内。钦明天皇还在这里面找人为"大藏掾"，作为秦氏的助手。

元明天皇和铜四年（711年），秦氏首先在稻荷山上创祀伏见稻荷大社。仁寿二年（852年），据说天下大旱，人们在稻荷神社奉币祈雨，非常灵验，于是朝廷遣使奉币祭拜。百姓向稻荷大神祈求"五谷丰穰，家业繁荣"，对稻荷大神的信仰日益加深。从此，稻荷信仰在民众之中逐渐形成了。日本出现了3万多个稻荷神社，表现了日本人对农业丰收的期盼。

稻荷大神是日本人民信仰的保证五谷丰登的农业神，但稻荷大神原是秦氏的氏族神，创祀之后逐渐地成为日本民族的农神。而秦氏就是日本的大藏省官员，其管理钱粮，因此人们又认为稻荷大神是祈求商业繁盛的财神。现在日本的某些商店还敬奉着笑容可掬的大肚子的狐狸，以招财进宝。

由于日本民众对稻荷大神的信仰和崇拜，稻荷大神更贴近民众。江户时代形成这样一个习俗，就是前来祈求祭拜的人们在神社境内捐款竖立一座鸟居来

---

① 《日本书纪》卷十九，《钦明天皇》，476页，东京：岩波书店，2000年11月。

表达对稻荷大神的敬意，现在伏见稻荷大神社内就有数以千本的鸟居。我在伏见稻荷大神社就看到这有名的"千本鸟居"。鸟居是清一色的红色，简直是一道深深的红色鸟居隧道，这是在其他任何地方也见不到的奇观。捐竖鸟居者，有个人、公司、行号以及各地的商会组织。

日本伏见稻荷大社是秦氏创祀，从而把狐狸视为农业神。稻荷神社的创祀者来自中国，其与中国的密切关系是不言而喻的。

三、日本的农神信仰当源于中国

因为狐狸吃田鼠，对日本的农业极有好处，因此来自中国的秦氏，创祀伏见稻荷大社，形成了日本的狐狸崇拜。这种把某些对农作物有好处的动物当作农业神崇拜，当是受中国传统文化的影响。

中国古代对狐狸没有太好的印象。狐狸的皮温暖轻柔，西周时期，民众把狐狸的皮剥去，作为贡品，献给贵族做裘衣，以御严寒。例如，《尚书·禹贡》云："熊罴狐狸织皮。"《孔安国传》曰："以麛者曰织，以裘者曰皮。"《诗·豳风·七月》云："一之日于貉取彼狐狸，为公子裘。"《毛亨传》曰："于貉，谓取狐狸皮也。狐貉之厚以居孟冬，天子始裘。"

中国又把狐狸作为一个小的野兽。如《汉书·孙宝列传》记载："豺狼横道，不宜复问狐狸。"颜师古曰："言不当释大而取小也。"

由于狐狸生性多疑，唐宋以后人们又把狐狸当作"狐魅精怪"，如（唐）王焘《外台秘要方》卷二十八《中恶方》云："出门常须带雄黄、麝香、神丹诸大辟恶药，则百虫、猫鬼、狐狸、老物精魅，永不敢着人。"所以，清朝蒲松龄老先生在其撰写的《聊斋志异》中，塑造了大量的狐狸美女的故事。狐狸在中国的古代传说中，没有受到特别的尊重。

但是，狐狸在日本成为举国尊敬的农业神灵，与中国的农神崇拜有关。

先秦时期中国就有"蜡祭"的习俗。"蜡祭"是中国古代在年终举行的一种同农业相关诸神的盛大祭祀。每当农业生产得收成时，人们便认为这丰收是向农神祈年的结果，跟天地万物之神的佑助是分不开的。所以，在旧年将尽的12月，就要对天地万物之神进行一次总的报谢大祭祀，即"八蜡"，祭祀八位神灵，以代表四方之神灵；报答一年来众神赐福助佑之功，同时也为来年的农业生产祈福。① 如果年成不好，通常就不举行蜡祭，不浪费民财。而且蜡祭之后，《礼记·郊特牲》："八蜡以祀四方。四方年不顺成，八蜡不通，以谨民财也。顺成之方，其蜡乃通，以移民也。既蜡而收，民息已。故既蜡，

---

① 周历12月当夏历10月建亥，但后世用夏历者也于12月大蜡。

君子不兴功。"①

"蜡祭"的八位神灵，就是对农业有好处的动物。《礼记·郊特牲》云："天子大蜡八，伊耆氏始为蜡。蜡也者，索也，岁十二月，合聚万物而索飨之也。"郑玄注曰："伊耆氏，古天子号也。"

从蜡祭仪礼所表现的原始古朴之风来看，说蜡祭始于伊耆氏（即神农氏），即原始农业的开创时代是比较合理的。蜡祭的目的是"以其初为田事，故为蜡祭，以报天也"。所谓"蜡也者，索也，岁十二月合祭万物而索飨之也"，就是在每年的12月祭祀那些对农作物有益的人、动物或者物之神。郑玄注："飨者，祭其神也。万物有功加于民者，神使为之也，祭之以报焉。"

蜡祭的八位神灵，《礼记·郊特牲》云："蜡之祭也，主先啬（sè）而祭司啬也，祭百种以报啬也。飨农及邮表畷（zhuì），禽、兽，仁之至，义之尽也。古之君子，使之必报之。迎猫为其食鼠也，迎虎为其食田豕也，迎而祭之也。祭坊与水庸，事也。"② 即"大蜡八"祭祀的是先啬、司啬、农、邮表畷、猫虎、坊、水庸、昆虫。《诗经·小雅·甫田》（唐）陆德明《音义》云"八蜡云：先啬一也，司啬二也，农三也，邮表畷四也，猫虎五也，坊六也，水庸七也，昆虫八也。此八蜡为其主耳，所祭不止于此，四方百物皆祭之。"

"蜡祭"的八位神灵主要是：

先啬，亦称田祖，亦称神农，就是蜡祭中"主先啬而祭司啬"者。

司啬，郑玄注："司啬，后稷是也。"司啬就是后稷，亦是教民稼穑之神。稷，是稷神、谷神之意。稷为百种之先。

农，即田畯。古代有田畯，就是管理农田的官员。

邮表畷，指的是祭田间设施诸神。

猫虎，《礼记·郊特牲》郑玄注曰："迎猫为其食田鼠也，迎虎为其食田豕也，迎而祭之也。"农业益虫神如猫、虎之类，"迎而祭之"，是迎其神而祭之，报谢它们捕杀田猪、田鼠而保护庄稼之功。

"坊"同"防"，指川河堤坝。

"水庸"指沟渠。

昆虫，《礼记·郊特牲》唐孔颖达《疏》曰："昆虫不为物害，亦是其功。"

由此可以看出，中国先秦时期的"大蜡八"，即蜡祭的八个对象，动物占重要的成分，如猫、虎、昆虫等。猫食田鼠，虎食田豕；田鼠、田豕食庄稼，那么猫、虎当然就是对庄稼有益的动物。古代中国把对庄稼有益的动物猫、虎、昆虫等"迎而祭之"。这对于处处向中国学习的古代日本来说，也把对庄稼有益

---

① （清）阮元校刻：《十三经注疏·礼记·郊特牲》，1454 页，北京：中华书局影印 1980 年。

② （清）阮元校刻：《十三经注疏·礼记·郊特牲》，1453 页，1454 页，北京：中华书局影印 1980 年。

的动物"迎而祭之",应该说是理所当然的。

然而,日本古代并没有虎、猫等动物。日本古代是一个火山爆发后形成的海岛国家,很少有原始的动物。老虎是生长在深山密林中的大型动物,日本这样一个岛国没有太大的深山密林,因此也不会有老虎,岛上生长的大型动物大概只有熊。日本最早知道的老虎都是从古代中国传过去的,有些是经过朝鲜传过去的。

古代日本也没有猫。"在日本的奈良时期,为了防止佛教经书遭鼠类咬坏,猫和佛教经书一起经由中国引进到日本。""喜欢之情表现在生活的方方面面的还为之甚少。在猫传到日本的初期,由于猫的数量有限,而且身负保护经书免受鼠类啃食的重责。所以在奈良时期,只有皇室才有饲养猫的权利。"①

古代的中国把猫、虎等当作农神"迎而祭之",而日本没有猫、虎等动物,于是秦末以后跨海到日本去的秦氏把能够吃老鼠的狐狸当作农神是可以理解的。

当至高无上的皇帝在中国出现之后,中国皇帝为使国内有好的收成,要亲自拜天、祭农神。皇帝当然不能把动物当作神来祭拜,故中国的农神逐渐的浓缩成一个最高的神——神农氏。我认为尽管中国人并不崇拜狐狸,但把动物当作农神的习俗当来自中国。

和铜四年(711年),秦氏首先在稻荷山上创祀伏见稻荷大社。这种把动物当作农业神灵的信仰起源于中国,当是秦氏又带到日本的。所以我认为,日本民众对稻荷大神的信仰,当源于中国。

第三节 日本石头崇拜当来自中国

中国自古就有灵石崇拜的习俗。先秦时期,中国宗庙中的"宗祜",就是把石头当作祖先的神主。当牌位兴起之后,这种风俗渐衰,但在日本对石头仍然有非常广泛的信仰和崇拜。在日本,石头被认为是可以通灵的,即可以和神灵相通。这种信仰的形成当受中国文化的深刻影响。

一、日本的石头崇拜

第一次到伊势神宫之内宫时,我就发现:从伊势神宫的大门,走过鸟居之后,一直到宫中的正殿,有两三里的路,包括神宫中所有的道路上铺的全是松

---

① 王瑜:《日本民族的猫情节所折射的文化内涵》,《剑南文学》,2009年第11期,94页。

散的小石头。神宫正殿的庭院里铺着比鸡蛋还大的白石头。神宫的路不是当今所流行的柏油马路，却是用松散的碎石头铺成。这样做难道仅仅是为复古吗？以后我在外宫，在日本东京、京都、奈良等地大大小小的神宫、神社中，都见到有宽宽的用松散的石子铺成的路。这在第一次到伊势神宫参加天照大神的神尝祭时，我就产生了疑惑。

图 5-7　伊势神宫的石子大道与神职人员

在神尝祭的祭典上我见到了皇学馆大学的田浦老师，他曾到中国来过，在中国时我就认识他。我把我的疑问告诉了他。于是，他托一个中国同事转给我一份材料。这份材料上说："石头"在日语中是"いし"，与在日语中的"だましし"（即魂灵）是谐音，即发的声音是一样的。而玉是石头中之美者，玉从石出，一般称为玉石，是可以通灵的。所以，神宫中的路是松散的小石头铺成，其意是用石头与神灵相通的。神宫正殿内用较大的白色石头铺成。白石头，是很尊贵的玉石，与尊贵的祖先天照大神相通，表达对祖先的尊敬。当了解这个问题以后，我对之前见到的许多现象都可以理解了。

在皇学馆大学的旁边有一个倭姬宫。倭姬，就是垂仁天皇所命的去寻找最适宜祭祀天照大神地方的皇女。因为倭姬寻找到了伊势宝地，并在这里建立了永久祭祀天照大神的神宫，所以，在这里也为倭姬建起一座宫，称为倭姬宫，以纪念她的功劳。从倭姬宫的鸟居一直到倭姬宫，大概也有几百米的路程，用清一色松散的小石头铺成，非常漂亮、气派，给人以美不胜收的感觉。

会馆楼前有一个小小的寺院本誓寺，寺院旁边有一个小小的墓地。墓地的每一个墓葬都用大理石砌成一个正方形的一小块地方，占地面积大约有几平方米，每一个墓碑（就是墓葬）的周围都用小的碎石铺成一个方的小园子。在伊势，我大概曾对十多处墓地进行考察，这些墓地的每个墓葬周围的小园子都用

图 5-8　倭姬宫的鸟居与石子大道

图 5-9　石子铺成的驻车场（停车场）

石子铺成。我想这可能也是因为"石头"可以通灵，活着的人可以借此与祖先相通灵的一种表现形式。这种现象，表现出生者对死者的追悼和怀念。日本是一个多神信仰的国家，他们相信，人死了，其灵魂是不死的。生者希望与死者的神灵相通。

在日本的驻车场（中国称为停车场），无论是公用的或是一些比较讲究的家庭停车场也都是用碎石子铺成，意思是向路神祈求平安。车主人在他们的车出发之前，肯定有祈求平安的心愿，他希望能与神灵相通，祈求神灵的保护。这当是停车场皆用碎石头铺成的原意。

后来，我在东京的明治神宫、八王子市的昭和天皇陵、大正天皇陵，都见到了用青色的碎石子铺成的宽宽的路，非常雄伟气派。

当然，日本对石头的崇拜，还表现在庙宇神像、墓前的石刻等方面。这些与中国是一样的。但是在墓地上，在庙宇的路上，在停车场，中国是不用碎石头铺路的。在这方面，日本人更执著一些。

二、中国的灵石崇拜

远古时期，中国人曾经过一个漫长的石器时代。金属工具出现之前，人们把石头当作生产工具，死后用石头堆成积石墓，或用大的石块垒修大石墓。在对石头使用的过程中，人们产生了对石头的崇拜，把石头当作神灵，并经历了石头崇拜的时代。

中国古代人曾为自己死去的祖先立庙做牌位。牌位上写上祖先的名字，供奉在宗庙中。这个牌位就是死者的神主。这个牌位是木的，需要金属工具的加工。在金属工具出现之前，人们把石头当作祖先的神主来供奉。

《左传·昭公十八年》云："郑灾，使祝史迁主祏于周庙。"祏，《说文解字》云："祏，宗庙主也。"祏，由"示"和"石"组成，就是被祭祀的石头。"主祏"，就是代表神主的、被祭祀的石头。

《左传·庄公十四年》记载：春秋时期郑国大夫原繁说，"先君桓公命我先人典司宗祏"。杜预注："桓公，郑始受封君也。宗祏，宗庙中藏主石室，言已世为宗庙守臣。"就是管理"宗祏"的官职。

（汉）郑玄《驳五经异义·补遗》云："《春秋左氏传》曰：'卫孔悝反祏于西圃。'祏，石主也。言大夫以石为主。谨案：大夫以石为主，礼无明文。大夫、士无昭穆不得有主；今山阳民俗，祠有石主。"山阳，今河南焦作一带。这段话的意思是说，《春秋左氏传》记载，卫国的大夫孔悝把"祏"放在原来的地方西圃。郑玄就发议论说，这是说"大夫以石为主"。根据礼制，大夫、士的祖先是不应该有神主的，然而现在山阳民俗，凡祠皆有石头神主。

按：其实春秋时期的大夫、士的祖先是应该有神主的，根据《礼记·礼器》"天子七庙，诸侯五，大夫三，士一。"大夫、士的祖先有庙，就是可以立祖先的神主的，那么卫孔悝把祏反回西圃，这里所说的"祏"应该说孔悝祖先的神主。

中国古代的石头崇拜非常盛行。(汉)史游的《急就章》:"石敢当,卫有石碏、石买、石恶,郑有石癸、石楚、石制,皆为石氏;周有石速,齐有石之纷如,其后亦以命族。敢当,言所当无敌也。"石,本来是一个姓氏。当然,姓氏也源于对石头的崇拜。后代乃以"石"为姓,是表现其所当无敌之意。石敢当,被认为是所向无敌。(元)陶宗仪《说郛》卷二十四下云:石,"其后以命族人,名敢当,所向无敌也。余因吴民之庐舍、衢陌、直冲,必设石人,或植片石,题镌曰:'石敢当'以寓厌禳之,旨亦有本也"。

以上记载都说明,中国古代把石头当作祖先的神主,认为石头可以代表祖先,那么石头当然是通灵的。

在日本,"石头"与"魂灵"是协音。古代由于文字较少,表意文字也不多,协音的文字其实就是一个意思。日语中的"石头"与"魂灵"是一个意思,这与中国把石头当作神主来供奉,是同一意思。这种风俗,中国后代似乎已经不太浓厚了,没想到在日本还保存得这样完整。除去文字外,日本文化中的"石头"与"魂灵"相同,当源于中国文化把石头作为石主的原意。

日本文化的中国渊源

中国两汉时期，日本开始与中国有了联系和交往。是时，日本处在海岛上，比较闭塞，因此这个时期的日本虽有语言，但尚未有文字。日本与大陆接触之后，接受了中国文化的影响，日本的文化、文字、风俗都带有中国的印记。

据中国史书记载，日本人有可能是中国秦始皇派出的童男童女留在日本海岛上的后裔，而当时来中国的日本使者曾自称是中国"吴太伯之后"。这些虽然都遭到近代日本学者的否认，但是日本也没有更有力的文字记载能够否定中国史书的记载。而且从我们所见到的日本文化来看，中国文化对日本的影响之深、之大是显而易见的，日本文化简直就是中国古代文化的分支。

第一节　日本的史书与汉文

日本文字是从中国学习而得，日本最古老的史书是用汉文写成。明治维新之前，日本天皇的诏令、文书、策命、书籍，民间的墓志、碑刻皆用汉文写成，而且日本史书的编排体例，史书中的历法、纪年法、年号法，完全与中国史书一致。日本文化可以说是中国文化派生出来的。

一、中国史书记载的日本

秦汉时期，日本大约才出现国家。中国古代最早把日本称为瀛洲、东瀛、倭、扶桑、日本等。

秦朝时期，中国把日本称为瀛洲。《史记·秦始皇本纪》云："齐人徐市等上书言海中有三神山，名曰：蓬莱、方丈、瀛洲，仙人居之，请得斋戒与童男女求之。于是遣徐市发童男女数千人入海求仙人。"这里所说的"瀛洲"，指的就是日本。瀛，是指池泽中。"瀛洲"，就是在大海之中岛屿。

两汉时期的古籍中，中国称日本为倭。是时，倭国尚未统一，处于列国混战的时期。《汉书·地理志》云："夫乐浪海中有倭人，分为百余国，以岁时来献"。《后汉书·光武帝纪》记载：中元二年（57年）春正月辛未，"东夷倭奴国王遣使奉献"。《后汉书·安帝纪》记载：永初元年（107年）"冬十月，倭国遣使奉献"。倭人之中的一些国已经与汉王朝有了较为密切的联系。倭人中一个较大的国称为邪马台国。

《后汉书·东夷传》："桓灵间，倭国大乱，更相攻伐，历年无主。有一女子名曰卑弥呼，年长不嫁，事鬼神道，能以妖惑众，于是共立为王。侍婢千人，少有见者，唯有男子一人给饮食、传辞语，居处宫室，楼观城栅皆持兵守卫，法俗严峻。"东汉末年，女王卑弥呼基本统一了日本，她当是日本人所尊奉的祖先天照大神。

倭人自称是西周的太伯之后裔。《晋书·倭人》："倭人……男子无大小悉黥面文身，自谓太伯之后。又言上古使诣中国，皆自称大夫。"日本人自称为"吴太伯"之后。吴太伯，是西周太王古公亶父之长子，放弃继承权，让国给弟弟王季。从陕西周原来到江苏，建立吴国。吴国，今江苏省苏州市境，西周时期这里是很偏僻的。日本人自称为"吴太伯"之后，当不是向壁虚谈、空穴来风。

我国史书亦把日本称为扶桑。扶桑，本是一种植物名，生长在我国的南方。西汉东方朔《海内十洲记》："扶桑……地多林木，叶皆如桑。又有椹树，长者数千丈，大二千余围。树两两同根偶生，更相依倚，是以名为扶桑。"

《山海经·海外东经》云："汤谷上有扶桑，十日所浴，在黑齿北居水中，有大木。九日居下枝，一日居上枝。"晋郭璞注："扶桑，木也。"

（南梁）孝元皇帝《金楼子·志怪》云："秦王遣徐福求桑葚于碧海之中，海中止有扶桑树，长数千丈；树两根同生，更相依倚，是名扶桑。仙人食其椹，而体作金光，飞腾玄空也。"①孝元皇帝认为，在扶桑国里所生的扶桑树就是秦始皇所寻找的长生不老的桑葚。

唐代将日本称为扶桑，如唐代王维曾为日本友人作送行的诗《送秘书晁监还日本国》云："乡树扶桑外，主人孤岛中。别离方异域。音信若为通。"

自唐代，倭人认为自己的名称不好听。因太阳从东边升起，日本在东边，近日，故倭国将国名改为日本国。

《旧唐书·东夷》云："日本国者，倭国之别种也。以其国在日边，故以日

---

① （晋）晋洪：《四库全书·金楼子·志怪》，台北：台湾商务印书馆景印本文渊阁，1986年。

本为名；或曰倭国自恶其名不雅，改为日本；或云日本旧小国并倭国之地，其人入朝者多自矜大不以实对，故中国疑焉；又云其国界东西南北各数千里，西界、南界咸至大海，东界、北界有大山为限。"①

唐代是中国与日本关系最好的时期，日本曾19次派出遣唐使到中国。日本从政治制度、天文历法、城市建筑、文字风俗等，全面地学习吸收中国文化。我曾到日本的古都奈良、京都，这两个古都中不仅有大量唐代风格的寺院，如大东寺、唐招提寺、法隆寺等，城市布局也与唐代的长安、洛阳完全一致。

二、日本古代史书用汉文写成

古代的日本，只有语言，没有文字。中国历代史书皆有关于日本的记载，研究日本古代的历史必须到中国的史书上去查阅。

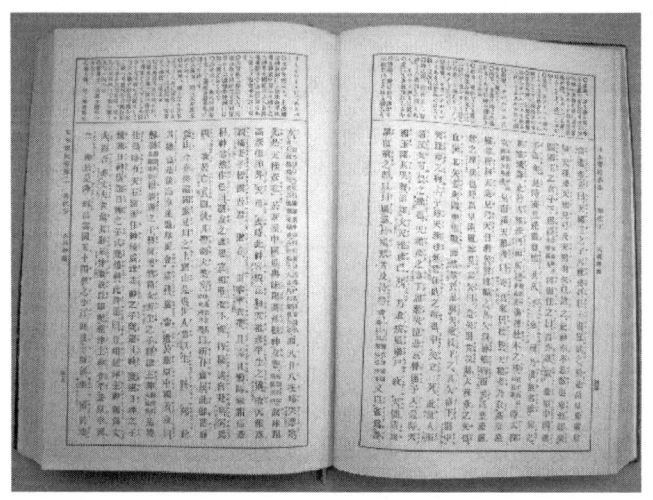

图 6-1　古汉语写成的日本史书《日本书纪》

我在皇学馆大学的图书馆看到了日本的史书。尽管我原来从一些教科书上就已经知道日本古代无文字，日本的古代史书是用古汉语写的，但是在中国我从来没有见过这些书籍。当我在皇学馆大学的图书馆里见到那些用中国文字写成的书籍时，还感到一种惊诧和欣喜。惊诧的是日本的史书确实是用中国文字写成的，欣喜赞叹的是中国文字竟然有如此的魅力和影响。

日本最重要的创世纪传说——《古事记》，六国史（即《日本书纪》、《续日本纪》、《日本后纪》、《续日本后纪》、《文德天皇实录》、《三代实录》），这些日

---

① 刘昫：《旧唐书·东夷》，北京：中华书局，1975年。

本的正史皆用汉字写成。

《古事纪》成书于奈良时代的 712 年。这是一部记载日本祖先创世纪传说的书，即古代神话的书，是日本最早的书，早于六国史，用古汉语写成。这本《古事纪》主要写日本的祖先天照大神的出生与创造世界的故事，其中某些传说与中国女娲造人的故事有相似之处。日本神宫、神社，就是根据《古事纪》与《日本书纪》的记载而建造的，神宫、神社中的诸神也是根据此书的记载而成为日本的神灵。

皇学馆大学的神道学有一门课，专门讲《古事纪》、《日本书纪》这两本书。日本神道教中诸神的故事皆根据这两本书的记载而形成的。

《日本书纪》成书于 720 年，是在奈良时代由舍人亲王等主持编修的。其中"神代上"、"神代下"两篇与《古事纪》有相像之处，神代部分属于神话传说。从神武天皇开始，至持统天皇十一年为止，才算正史。这是日本的第一部正史。

《续日本纪》成书于平安时代的 797 年，记载了从文武天皇到桓武天皇十年的历史。

《日本后纪》成书于平安时代的 841 年，记载了从桓武天皇十一年至淳和天皇的历史。

《续日本后纪》成书于平安时代的 869 年，记载了仁明天皇一代的历史。

《文德天皇实录》成书于平安时代的 879 年，记载了文德天皇一代的实录历史。

《三代实录》成书于平安时代的 901 年，记载了清和、阳成、光孝三代天皇的实录历史。

这六本史书是日本的正史，合称六国史。在皇学馆大学的图书馆，我用数码相机把这六国史全部拍下来，使我感到非常满足。虽然后来我在东京又买了一套《日本书纪》，日本朋友前田礼子教授又送我一本《古事纪》，但我拍下来的书对我来说还是很重要，成为我后来在研究日本史的过程中不可缺少的材料。

皇学馆大学的神宫文库里有许多书。在这里，我又有了新的发现。在神宫文库我看到许多汉字写的书，内容涉及伊势的文化、风俗等。在图书资料的检索目录上写着，这些书都是"和文"书。另外，还有许多医学、地理、辞典等书也是"和文"写的。所谓"和文"就是大和民族的文字，其实就是汉文。明治维新之后，日本在汉文基础上，加上平假名、片假名等，创立了自己的文字。但是无法否认的是日本的古籍全是汉字所编著，明治政府为了掩盖这一点，把汉文所写的史书全部称为"和文"。

公元 7 世纪，也就是中国的唐朝时期，日本还没有自己的文字。日本先后 19 次派遣唐使来到中国。这些遣唐使在中国待的时间不等，有的一年或数年，有的长达二三十年，有的甚至在中国娶妻生子。例如，阿倍仲麻吕在中国待了

36年，回国后两年，再次来到中国，最后死在长安，终年73岁。他一生共在中国度过53年光阴。阿倍仲麻吕的副手吉备真备，在中国待了17年。他们学习中国的经史文献，中国的文字文化、民情风俗对日本产生了极大的影响。在日本，我处处能感受到中国文化对日本的影响。

三、日本史书编写体例与中国完全相同

远古时期，中华民族在与大自然作艰苦斗争的过程中，创造了人类历史上最早的、灿烂的中华文明，也创造了自己的文字，同时也有了记载自己历史的史书，并创造了中国史书的体例。

中国史书的体例主要分为四种类型。

一是编年体的史书，即按照天子、国君的即位年数纪年，如《左传》一书是按鲁国国君的即位年数计算的。鲁国国君在春秋时的世系是鲁隐公、鲁桓公……《左传》的纪年就是鲁隐公元年、鲁隐公二年、鲁隐公三年……，鲁桓公元年、鲁桓公二年……

我国最早的编年体史书《左传·隐公三年》记有鲁隐公"三年春王二月己巳"、鲁隐公四年"冬十有二月辛巳"、鲁庄公"冬十月乙亥"，这里的"己巳"、"辛巳"、"乙亥"，是以干支记日的。

二是实录体的史书。这是由史官专门记载皇帝的言行，将这些言行编著成书。实录形式也是编年体史书的一种，按编年体例记载某一皇帝在位时期言行政务大事，记述当朝政治、经济、军事、文化、灾祥等，后来也称为"起居注"。中国最早的实录是周兴嗣编的《梁皇帝实录》，以后又有唐《顺宗实录》、清《世祖章皇帝实录》、《明实录》、《清实录》等。

三是纪传体的史书。纪传体史书的体例是由西汉司马迁创造的。他的伟大的史学著作《史记》开创了纪传体史书的先河。以后，我国二十四史如《汉书》、《后汉书》、《三国志》……直至《清史稿》，皆是纪传体的史学著作。

四是国别史纪言体的史书。这种纪言体史书主要记载列国时期历史，如《国语》《战国策》、《十六国春秋》等。

日本史书的体例与中国史书的体例完全一致。如《日本书纪》、《续日本书纪》、《日本后纪》、《续日本后纪》等完全是编年体的史书。《日本书纪》记载："辛酉年春正月庚辰朔，天皇即位于橿原宫。……二年春二月壬戌朔甲申，天皇定功行赏。"《日本书纪》与中国史书《左传》一样采用的是编年体例，其史书的纪年、纪月、纪日法，以及年号法也是采用中国古代史书的方法。

西汉武帝时期，中国帝王开始用年号，帝王们在新即位时或者有祥瑞出现时改元，即换年号，如汉武帝元朔二年、太初元年等。明清时期，基本上是每

个皇帝自即位至退位只用一个年号，只有明英宗因遭逢"土木堡之变"，被蒙古军俘虏，两度即位，故用两个年号。

日本则在公元645年开始使用年号纪年。日本的史书《日本书纪》记载有：垂仁天皇"五年冬十月己卯朔"、"十五年春二月乙卯朔甲子"，记载不仅有日期，还有时间，日本从孝德天皇开始有年号"大化"。日本于大化元年（645年）开始定年号为"大化"，使用年号纪年。从此，开创了日本使用年号的历史。大化二年（646年）孝德天皇发布《改新之诏》，史称"大化革新"。

明治维新后，日本政府制定了"一世一元"制，即每个天皇一世用一个年号，并颁布"年号法"，年号必须由天皇亲自制定。1979年2月，天皇不再具有政治职能，将不再具有决定年号的权力，年号通过内阁会议来决定。现在日本的年号"平成"，是根据《尚书·大禹谟》中的"地平天成"、《左传·文公十八年》中的"内平外成"，选出"平"、"成"两个字而成。日本史书的纪年法、年号法皆是从中国文化中汲取的。

日本实录体例的史书形成在平安时期，如《文德天皇实录》、《三代实录》等，也是汲取中国史书的编写体例而形成的。

日本采用纪传体的史书较晚。江户时代，江户幕府副将军、水户藩主德川光国，请明朝的遗贤朱舜水为国师，编著纪传体体裁的《大日本史》。这是日本第一本纪传体史书。

至于第四种纪言体裁的史书，在日本已经变异。国别史的史书已经为地方姓的文学著作所代替，如《伊势物语》等，已经不是史书了。

检阅日本的史书，可以看出日本史书完全按照中国史书的体例编写，受到中国文化的影响多么大。

在日本的东京大学，我也看到明治以后，甚至第二次世界大战以后的碑刻仍是用汉文刻写的。我想，日本对于比较慎重的或者说可以流传下来的东西，如碑刻，即使在明治之后，也还是用汉文书写的。日本的史书、古书、碑文全是用汉文写的，说明中国文化对日本的影响之深。

第二节　日本的姓氏文化

每个国家都有自己的姓氏文化，姓氏是一个国家管理、区分、控制百姓的重要依据。日本的命姓氏原则，即姓氏文化与中国完全一样。《国语·周语中》韦昭注曰："百姓，百官也，官有世功受氏姓也。"中国古代贵族才有姓，而平民是没有姓氏的。至战国秦汉之后，姓、氏合一，我国的平民皆有了自己的姓氏。日本与中国一样，古代只有贵族才有姓，中世纪幕府时代武士、富商开始有姓，直至 1868 年明治维新始，日本建立户籍制度，平民才有姓。日本的姓氏形成时间比中国晚了 2000 多年。

一、日本的姓氏原则

我特别感兴趣的是日本人的姓氏。竹中老师告诉我，她的娘家姓"猪爪"，她的丈夫家姓"竹中"，所以她结婚以后就随夫姓"竹中"了，她的名字就叫"竹中悦子"。竹中老师还说，"猪爪"是个很古老的姓，至于"竹中"她不知道，那是她丈夫的姓。

日本人"妇从夫姓"的情况与我国古代及民国时期的情况是相似的。那时，中国的大多数女子结婚之后都随了丈夫的姓，个别有文化、有地位的女子才有自己的名字，如宋庆龄、何香凝等，据说西方妇女在结婚后也是随丈夫姓的。

出于对竹中老师姓氏的好奇，我开始关心日本人的姓氏。我查了一些资料，也问了竹中老师。日本平民在古代是没有姓的，只贵族才有姓，而且都是天皇赐姓。如安土·桃山时代，当时日本公卿的姓只有源氏、平氏、藤原氏、橘氏、菅原氏、贺茂氏、大江氏等几个大姓。天皇在 1586 年赐给朝臣秀吉以丰臣的氏姓（本姓）。

日本的姓氏最初分为氏、姓、苗三种。

氏，是日本世袭的贵族家族才具有，如日本的藤原氏、苏我氏、源氏、平氏等，皆是日本世袭的贵族。

姓，日本天皇赐给有功的大臣或地位特别尊贵的贵族的称号。

苗，是具有氏、姓贵族的后代分支，即分支、苗裔的意思。

日本古代，氏和姓是分开的。当然，氏和姓皆为贵族才具有。明治维新以后，日本废除了世袭制，氏姓合一。

幕府时代，一些日本武士对天皇、幕府效忠。有些武士因特别有功，地位名号渐高，他们需要有符合自己身份的姓。于是这些武士开始向天皇申请，请求天皇赐给他们姓。日本的武士、富商开始有了姓。

明治维新以后，日本学习西方，建立户籍制度。明治三年（1870年），日本政府决定"凡国民，均可起姓"，即所有的平民百姓都可以给自己取姓。但是尚未有强制性的决定，所以许多百姓还不习惯或者还不敢给自己取性。明治八年（1875年），日本政府颁布了强制性的《苗字必称令》，规定了"凡国民，必须起姓"。于是，日本人才开始动起来。从居住地到职业，都成为起姓的依据。家住在山边的，就姓"山口"、"山本"或者"岗野"，在河边的姓"河野"，在村边的就姓"中村"、"西村"，在土地边的就姓"田中"等。还有以职业为姓，如竹中老师娘家的姓"猪爪"、"猪饭"等。还有认为自己是藤氏或源氏后裔的，其氏姓应该更高贵一些，就姓"伊藤"、"佐藤"、"水原"、"上原"、"市原"等。

我想，竹中老师娘家姓"猪爪"，当是原来家族从事的一种职业。而她的丈夫家姓"竹中"，当是原来住在竹林中的一家。

日本的姓，多是两个汉字，有的是一个汉字、三个汉字，甚至有9个汉字的。有时让人分不清哪是名、哪是姓。日本的姓有很大的随意性。中国13亿人口才有4000多个姓，而日本1亿多人口就有11万多个姓。但无论如何，从明治维新始，日本家家户户才都有了姓，儿子随父性，妻子随夫姓。日本广大的平民开始有了姓。

二、日本的姓氏原则源于中国

日本命姓氏的方法与中国完全一样，当源于中国。中国大约在五千多年前的炎、黄二帝时期就有姓了。炎帝姜姓，黄帝姬姓。

中国姓氏的起源是根据贵族的居住地、官职、封地、爵位、职业而形成的。《左传·隐公八年》云："天子建德，因生以赐姓，胙之土而命之氏。诸侯以字为谥，因以为族；官有世功，则有官族，邑亦如之。"中国姓氏的出现就是出生地、封土、官位而赐的姓和氏。

《国语·晋语四》"黄帝以姬水成，炎帝以姜水成。成而异德，故黄帝为姬，炎帝为姜。"（吴）韦昭注："姬、姜，水名也。成，谓所生长以成功也。"炎、黄二帝的姓就是根据他们生活地域而来的。

中国古代也是只有贵族才有姓。百姓，是多支贵族的称呼。《国语·周语中》云："百姓兆民。"韦昭注曰："百姓，百官也，官有世功受氏姓也。"《礼记·郊特牲》郑玄注曰："百官，公卿以下也；百姓，王之亲也。"

"百姓"，就是"百官"，也就是说只有"百官"才有姓，而这些"百官"是公卿以下姓。王之亲属，当然就是贵族。

"姓"的本义就是"生"的意思。天子所生的儿子，都根据其封地、官职、功劳、爵位，赐之姓。

夏朝大禹姒姓，商朝子姓，周部族姬姓。西周王朝姬姓，但其下面有许多分支称氏。这些氏，也是根据封地、官职、职业、居地而来的。中国周代时期的范氏、羊氏、陈氏是因封地而产生的氏，司马师、司空氏、上官氏是根据官职而产生的氏，东门氏、西门氏、东郭氏等是根据居地而产生的氏。

中国先秦时期姓与氏还是分开的，当时"男子称氏，女子称姓"，因女子没有封地，故称姓不称氏；男子有封国、封邑、官职、职业等，这些在当时只能是"氏"。秦汉以后，姓氏合一，举国民众皆有姓。

唐朝时期，日本向中国派出大量的遣唐使，对中国文化全面接受。日本命姓氏的方法与中国完全一致，日本最早接受了中国贵族姓氏的形式。而日本直至明治维新时，全民才有姓，比中国要晚近2000年之久。明治维新时期，日本命姓氏的原则也是由中国而来，源于中国。

中国文明的进程较日本要早1000多年，中国的姓氏已有5000年的历史，日本的姓氏有1000多年，而平民的姓氏才100余年。日本姓氏的起源与中国完全相同，皆是根据居地、官职、职业而来。日本的姓氏文化是受中国的影响而产生的。

三、天皇无姓

日本姓氏中有一个很有趣的现象，与中国不同，那就是日本的天皇没有姓。日本皇族是一个特殊的家族。日本从来没有过像中国那样改朝换代，日本天皇的血脉是一脉相承的。在日本，无论哪个幕府将军擅政专权，但没有一个人敢取而代之天皇，所以日本天皇的血统是一脉相承的。现在日本天皇的血统可以追溯到其祖先天照大神。

日本天皇认为，自己是天照大神的后代，是太阳神之子，是神，而不是人。他们不需要像普通的贵族那样有姓。据《皇室典范》规定，现在的皇室成员除天皇、皇后外，还包括皇子、皇弟以及他们的妃子和子女。皇室成员都有名无姓。皇子、皇弟是亲王。皇室的公主是内亲王，嫁人后，姓丈夫家的姓，但要脱离皇籍。《皇室典范》不在户籍法的管辖范围内。

在日本人的概念中，特别是明治维新以后，天皇被神化。天皇是神，而不是人。在日本长达1000多年的封建社会中，天皇给显贵的大臣赐姓而天皇自己却没有姓。

日本皇族又称宫家，当与皇族所居的宫殿有关，如中国皇太子居东宫，称"东宫"一样。日本皇族有伏见宫、桂宫、栖川宫、闲院宫。第二次世界大战后，这些宫家成员被降为平民。现存的宫家只有大正时期设的秩父宫、高松宫、三笠宫等三家，以及战后新设的常陆宫。宫家降为平民后，便去掉"宫"字，以宫名为姓。

明治维新之后，天皇的地位大大得到巩固提高，并被神化。天皇在日本被认为是神。第二次世界大战时期，日本法西斯分子以天皇的名义发动"大东亚战争"，中国称之为侵华战争。在中国人民和世界人民的坚决打击之下，日本惨败，打破了天皇是神、日本人是神的子孙，大日本帝国是不可战胜的神话。1953年，以美国为首的驻日联合国总部强迫日本天皇发表《人间宣言》，宣布自己是人，而不是神。但现在，日本天皇仍然没有姓，并且没有选举权和被选举权，因为他们不是公民，而是有特权的皇族。

下 篇

考察与漫游日本

第七章 日本的古都

为了更好地了解日本,我到日本的一些地方漫游和考察,如日本古代文化的发祥地奈良、京都,近代文化名城大阪、神户、东京、横滨,以及日本的北海道等。通过这些漫游与考察,我较为广泛地了解了日本。

第一节 飞鸟时代的古都——奈良

奈良是日本飞鸟文化的发祥地,奈良时期是一个热衷佛教的时代。奈良最突出的就是这个城市的寺院文化。奈良的大安寺、元兴寺、药师寺、兴福寺、东大寺、西大寺、法隆寺、唐招提寺,都是具有典型的唐代风格的建筑。而这种唐代风格的寺院在我国已经不多了。日本曾经断言,中国已经没有唐代风格的寺院,如果想看唐代风格的寺院那就到日本奈良去。

我国的考古学家梁思成先生与夫人林徽因骑着毛驴跋山涉水寻觅唐代寺院,在今山西省五台县东北部距台怀镇约 48 公里的豆村镇发现了一个规模宏大的唐代建筑风格的寺院——佛光寺。据唐代《古清凉寺》记载,佛光寺创建于公元 471~499 年,即北魏孝文帝时期。后来相继发现山西芮城县广仁王庙、山西五台山南禅寺大殿、山西平顺天台庵等皆是唐代建筑风格的寺院。

中国历史上经历了多次的改朝换代,每一个王朝的更替都给文物带来了极大的破坏。而日本天皇是一脉相承的,只存在幕府的更换,对历代文物的破坏不是太大。而在第二次世界大战时期,日本法西斯的魔爪疯狂伸向世界各地,遭到世界人民的坚决回击。当时美国轰炸日本本土,我国建筑学家梁思成建议,免炸奈良、京都,因为那里的文物古迹太多了,那是世界人民的财富。今天我们之所以能够看到奈良、京都的大量文物遗产，当与中国建筑学家的远见和胸怀有关。

一、法隆寺与圣德皇太子

法隆寺位于日本奈良生驹郡斑鸠町，是我计划奈良之行的必到之地。提起法隆寺，就必须要提到圣德皇太子。法隆寺与圣德皇太子的名字紧紧地连在一起。法隆寺是日本飞鸟文化的代表性建筑，圣德皇太子是飞鸟文化的缔造者。

佛教于6世纪前半叶传入日本，至大化改新的645年，这一时期在日本历史上称为飞鸟时代。"飞鸟"，即当时的藤原京（今日本奈良附近的橿原市高殿）。"飞鸟"一名据说是由来自亚洲大陆的人起的，意思是安住之地（在日语中，意为安居之地的"安宿"一词的发音是 asuka，与"飞鸟"一词发音相同）。飞鸟文化的核心内容是大陆文化和佛教文化。

1. 圣德宗本山——法隆寺

法隆寺又称斑鸠寺，是圣德皇太子于飞鸟时代建造的佛教木质结构寺庙，据传始建于607年，是世界上现存最古老的木质结构建筑。

从奈良到法隆寺要坐四五十分钟的汽车。法隆寺前面有一个500米左右的道路，路的两边有用水泥墩和铁栏围起来的古树。古树枝叶交叉在一起，形成一个浓密的林荫道。林荫道的前面立着一块醒目的木牌，上面写着"圣德宗总本山法隆寺"，告诉人们这里是圣德宗的本山，也在诉说着圣德皇太子对佛教的

图 7-1　奈良法隆寺金堂（主殿）

热衷与贡献，以及这座寺院在日本的显赫地位。"圣德宗"，当是佛教与日本本土文化结合的佛教派别。法隆寺作为圣德宗本山，以圣德太子为开宗祖师，将圣德太子撰述的《三经义疏》奉为圣典，遵从圣德太子"以和为贵"的思想理念。法隆寺的寺名表现出期望佛法兴隆的含义。

进入法隆寺，映入眼帘的就是那雄伟的主殿（也叫作金堂），这是重檐歇山顶的佛堂。金堂檐下是斗拱式的木质结构的建筑款式，两边各有一尊高大的、面目如凶神的金刚。金堂是安置法隆寺本尊的圣殿，内有金铜释迦三尊像。这座佛堂建筑除大殿的门前挂着日本式的布帘外，完全是中国大唐的风格。

法隆寺的五重塔高约 31.5 米，是日本现存历史最久的古塔。五重塔楼阁式的建筑、挑角上的挂铃，造型非常美。

在去法隆寺的路上，我见到的法起寺三重塔、法轮寺三重塔等，也具有这些特色，这些日本建筑吸收了中国的建筑风

图 7-2　法隆寺五重塔

格，当然也是日本 7 世纪的建筑特色。这些寺院大多仿造中国隋唐寺院的建筑式样，其风格也完全是大唐之风。

法隆寺分东、西两院，基本上是一种相对称的建筑形式。东路有梦殿等建筑，西院伽蓝有金堂、五重塔、山门、回廊等，这是世界上最大的木质结构的结构建筑群。

寺内保存有自飞鸟时代以来的各种建筑及文物珍宝，被指定为国宝、"重要文化财"的文物约 190 类，合计 2300 余件。大宝藏院有观音像等寺内珍宝，其中有百济观音像、唐传观音像、铜佛像等。在这里，我还见到敬奉圣德皇太子本尊的殿堂。

法隆寺的许多珍宝是不让照相的，圣德皇太子本尊的殿堂给我留下了很深的印象。

《日本书纪》卷二十二记载：推古天皇九年（601 年）"春二月，皇太子初兴宫室于斑鸠"。圣德太子在斑鸠地区建立斑鸠宫。推古天皇十三年（605 年），"皇太子居斑鸠宫"。圣德太子笃信佛教，在将宫殿由飞鸟迁移至斑鸠之地之后，并为用明天皇建造佛寺"斑鸠寺"。

《日本书纪》卷二十七记载：天智天皇九年，"夏四月，癸卯朔壬申，夜半之后，灾；法隆寺一屋无余。大雨，雷震"。法隆寺于天智天皇九年（670 年）

毁于大火，直到天武天皇八年（679年）法隆寺才再度建成。天武天皇同时宣布所有寺庙都要改用中国式名字，从此之后斑鸠寺就正式称为"法隆寺"。1993年该寺成为日本最早一批世界文化遗产之一。

2. 圣德皇太子推行的"冠位阶"和"十七条宪法"

圣德皇太子是推古天皇的摄政王。推古天皇是日本最早的女天皇。推古天皇即位之后，任用她的侄子圣德皇太子摄政。

圣德皇太子传说是金和尚转世，生而能言，聪明绝顶，是日本人崇拜的"法皇"和"圣王"，人们奉圣德太子为日本佛教的始祖。

圣德太子希望用佛教为其政治服务，试图用佛教信仰来控制日本百姓，从而加强天皇的统治。圣德太子兴建斑鸠寺，亲自在宫中讲解佛经，并选写《三经义疏》。一时间佛学大盛，日本兴建了大量的寺庙。

根据圣德皇太子摄政期间所推行的"冠位阶"和"十七条宪法"来看，圣德太子所创立的飞鸟文化是以儒学文化与佛教文化为主要内容的。飞鸟文化与中国文化有密切的关系。

推古天皇十一年（603年），圣德太子"始行冠位，大德、小德、大仁、小仁、大礼、小礼、大义、小义、大智、小智、并十二阶，并以当色絁缝之，顶撮总如囊，而着緣焉；唯元日着髻花"[①]。圣德太子推行的"冠位阶"，是从服饰上表明身份的等级。

次年，即推古十二年（604年），夏四月丙寅朔戊辰，圣德皇太子亲笔作宪法十七条：

> 一曰：以和为贵，无忤为宗。人皆有党，亦少达者。以是、或不顺君父，乍违于邻里。然上和下睦，皆于论事；则事理自通，何事不成。
>
> 二曰：笃敬三宝。三宝者，佛法僧也。则四生之终归，万国之极宗。何世何人，非贵是法；人鲜尤恶，能教从之。其不归三宝、何以直枉。
>
> 三曰：承诏必谨，君则天之，臣则地之；天覆地载，四时顺行，万气得通。地欲覆天，则至坏耳。是以君言臣承，上行下靡。故承诏必慎，不谨自败。
>
> 四曰：群卿百寮，以礼为本。其治民之本，要在乎礼；上不礼，而下非齐。下无礼，以必有罪。是以群臣有礼，位次不乱。百姓有礼，

[①] 《日本书纪》卷二十二，推古天皇十一年，458页，东京：岩波书店，2001年。

国家自治。

五曰：绝餮弃欲，明辨诉讼。其百姓之讼，一日千事。一日尚尔，况乎累岁。倾治讼者，得利为常，见贿听谳，便有财之讼，如石投水。乏者之诉，似水投石。是以贫民，责不知所由，臣道亦于焉阙。

六曰：惩恶劝善，古之良典。是以无匿人善，见恶必匡。其谄诈者，则为覆国家之利器，为绝人民之锋剑；亦佞媚者，对上则好说下过，逢下则诽谤上失。其如此人，皆无忠于君，无仁于民，是大乱之本也。

七曰：人各有任，掌宜不滥。其贤哲任官，颂音则起。奸者有官，祸乱则繁。世少生知，剋念作圣。事无大少，得人必治。时无急缓，遇贤自宽。因此国家永久，社稷勿危。故古圣王，为官以求人，为人不求官。

八曰：群卿百寮，早朝晏退。公事靡监，终日难尽；是以迟朝不逮于急早退必事不尽。

九曰：信是义本，每事有信；其善恶成败，要在于信。群臣共信，何事不成。群臣无信，万事悉败。

十曰：绝忿弃瞋，不怒人违。人皆有心，心各有执。彼是则我非，我是则彼非。我必非胜，必彼非愚；共是凡夫耳。是非之理，讵能可定。相共贤愚，如镮无端。是以彼人虽瞋，还恐我失。我独虽得，从众同举。

十一曰：明察功过，赏罚必当。日者赏不在功，罚不在罪。执事群卿，宜明赏罚。

十二曰：国司国造，勿敛百姓。国非二君，民无两主。率土兆民，以王为主。所任官司，皆是王臣。何敢与公，赋敛百姓。

十三曰：诸任官者，同知职掌。或病或使，有阙于事。然得知之日，和如曾识。其以非与闻，勿防公务。

十四曰：群臣百寮，无有嫉妒。我既嫉人，人亦嫉我。嫉妒之患，不知其极。所以智胜于己则不悦，才优于己则嫉妒。是以五百岁之后乃今遇贤，千载以难待一圣。其不得贤圣，何以治国？

十五曰：背私向公，是臣之道矣。凡人有私必有恨，有憾必非同；非同则以私妨公。憾起则违制害法，故初章云，上下和谐，其亦是情欤？

十六曰：使民以时，古之良典。故冬月有间，以可使民。从春至秋，农桑之节，不可使民。其不农何食，不桑何服。

十七曰：夫事不可独断，必与众宜论。少事是轻，不可必众。唯逮论大事，若疑有失，故与众相辩，辞则得理。①

从上文所引的圣德皇太子亲作的"宪法十七条"的内容来看，"群卿百寮，以礼为本"、"以和为贵，无忤为宗"、"笃敬三宝。三宝者，佛、法、僧也"。这个宪法是以儒学与佛学为主旨的宪法，对于削弱日本的氏族势力起着重要的作用。

推古天皇十五年（607年），圣德皇太子派遣小野臣妹子、鞍作福利为遣隋使，向大隋递交国书。第二年，大隋使者裴世清回访日本。推古天皇二十八年（620年），圣德太子组织编纂《国记》、《天皇记》等书。这两本书较712年成书的《古事记》和《日本书纪》还要更早，但可惜的是《国记》、《天皇记》都毁于战火，没有流传下来。推古天皇二十九年（621年）春二月，圣德太子薨于斑鸠宫。"是时，诸王诸臣及天下百姓，悉长老如失爱儿，而盐酢之味在口不尝；少幼如失慈父母，以哭泣之声满于行路；乃耕夫止耜，舂女不杵。皆曰：'日月失辉，天地既崩，自今以后，谁恃哉?!'"高丽僧人慧慈说：太子"恭敬三宝，救黎元之厄，是实大圣也。今太子既薨之，我虽异国，心在断金，岂独生之？"② 果然在圣德太子去世一年之时，僧人慧慈死去。由此可见，圣德太子在日本有多么大的影响。

自圣德太子之后，佛教成为日本的国教，直至1868年日本明治维新之后，树立了天皇至尊的地位，神道教才有代替佛教而成为国教。

当我见到法隆寺宏伟的、具有鲜明的大唐之风的建筑，便遥想起当年圣德太子积极地吸收中国文化，以儒学与佛学为在日本改革的主要内容。圣德太子在日本通向文明的道路上起着非常重要的作用。我更加深刻地感到飞鸟文化的魅力，也对这位日本的圣德太子肃然起敬。

二、日本华严宗本山——东大寺

奈良是日本的平城京，是710年元明天皇所建的都城。平城京仿当时唐朝的都城长安而建，市内的一条称为朱雀大路的主要干道，将奈良分为东、西两部分。当然，现在随着发展，奈良已经不是旧时的模样，但是仍然可以看出古城的风采。在奈良某些地方，有时我感觉简直像我的家乡开封，城市不大，却古老，而现在的地位又因偏僻而发展速度较慢。

走出奈良火车站，大约坐五站汽车就到了东大寺。在汽车上，我被这座城市的绿色所吸引，一片片草坪后面那古色古香、带有浓浓的唐风建筑，兴福寺、

---

① 《日本书纪·推古十二年》卷二十二，460页，东京：岩波书店，2001年。
② 《日本书纪·推古二十九年》卷二十二，469页，东京：岩波书店，2001年。

奈良国立博物馆，……让人特别感兴趣的是那些美丽的梅花鹿。这些小鹿在大街上，或跟在游人的后面，或卧在道路中间，或在路边的草坪上休息，或追逐着行人要吃的东西……毫无怕人的迹象。有些游人不断地拿出吃的东西喂它们，特别是孩子更是喜欢这些可爱的小鹿。在东大寺、春日大社等处都可以见到一群群的梅花鹿，这是奈良的一大特色，表现出人与自然的和谐。

图 7-3　日本华严宗大本山——东大寺

走过一条喧闹繁华的街，大华严寺的山门赫然出现在眼前。这是日本佛教华严宗的总本山，始建于 745 年。

东大寺依照中国寺院的建筑结构而建，正门为天竺式样，门上高挂着"大华严寺"的匾额，大门是由 18 根高约 30 米、直径约 1 米的木柱，以榫卯结构支撑。这个大门是日本现存的最大木构山门，斗拱式的建筑形式表现出唐代风格。

东大寺（とうだいじ）也是我奈良之行的必到之地。东大寺是日本华严宗大本山，又称大华严寺、金光明四天王护国寺等。东大寺位于平城京（今奈良）东，是南都七大寺之一，距今已有 1200 余年的历史。8 世纪后半叶，大安寺、元兴寺、药师寺、兴福寺、东大寺、西大寺、法隆寺并称为南都七大寺，这些寺院皆表现出盛唐之风格。

728 年，圣武天皇建立东大寺。因为寺院建在国都平城京以东，所以被称作东大寺，另外有西大寺等。

通往东大寺的街的一边是公园，一边是卖各种小百货、小吃的商店，还有为游人而建立的食堂等……

东大寺大佛殿金堂（即大殿），正面宽 57 米、深 50 米、高 46 米，是世界最大的木质结构建筑。东大寺的大木柱下面有一个方洞，孩子在大木柱方洞里爬

图 7-4　东大寺大佛殿金堂（大殿）

图 7-5　东大寺卢舍那青铜大佛像

进爬出地玩耍，也由此可见东大寺木柱的宏大规模。大佛殿内，放置着一个高 15 米高的卢舍那大佛像。据说，日本圣武天皇闻听唐朝女皇武则天在洛阳城的龙门石窟雕建卢舍那大佛像，非常羡慕，于是在平城京（今奈良市）东山处建大伽蓝，即今东大寺。在东大寺金堂建这尊高超过 15 米的大佛像——卢舍那大佛像，以与洛阳龙门的卢舍那大佛媲美。这尊青铜镀金的卢舍那大佛，是世界上仅次于我国西藏的日喀则扎什伦布寺的强巴佛的第二大金铜佛像，已经入选世界文化遗产名录。

东大寺院内还有南大门、二月堂、三月堂、正仓院等。

中国唐代高僧鉴真和尚初渡日本时，曾在东大寺设坛授戒，在大佛殿前临时建造的戒坛，为圣武太上皇即皇亲贵族、朝廷的达官显贵以及僧俗等授戒，为东大寺增添了人文光辉。

华严宗，又称贤首宗，汉传佛教的流派之一，此宗以《华严经》为其主旨，故称为华严宗。唐代僧人法藏（643～712年）为华严宗之始祖。

法藏曾为唐代女皇武则天讲经，以殿前金狮子为喻，深入浅出，广阐经义，写成著名的《金狮子章》。武则天赐法藏"贤首国师"。因法藏受封贤首国师，故此宗或称为贤首宗。以后，华严宗又以唐朝杜顺和尚为始祖，而实际创始人是法藏。

日本天平八年（724年），大唐僧人道璿带《华严宗章疏》入日本。新罗僧人审祥（？～742）是日本华严宗的初祖。审祥曾来中国从贤首法藏大师学华严经。日本天平年（729～749）赴日本，住在大安寺，传播华严经，日本始有华严宗。审祥于天平十二年（740年）十月八日亲自在东大寺法华堂宣讲六十卷华严经，整整讲三年。华严宗得到了日本圣武天皇的支持，审祥宣讲华严经之时，空中现紫云被覆春日山，天皇赐采帛1000余匹。华严宗成为南都（奈良）六宗之一。

东大寺是日本最古老的寺院之一。1997年秋，"中韩日三国佛教友好交流会议"的三国代表曾在这里共同举行了祈祷世界和平法会。

三、鉴真大师与唐招提寺

到了奈良是必须要到唐招提寺的。唐招提寺是中国唐代高僧鉴真大师建立的寺院，也是古代中日文化友好交流的见证。鉴真大师为中国文化的东传日本做出了卓越的贡献。

图 7-6 奈良唐招提寺

图 7-7　唐招提寺鉴真大师御影堂

我到唐招提寺的时候已经是下午 4 点多了。唐招提寺的金堂（大殿）正在修缮，因此有的地方没有看到。但是我仍然惊叹于它的壮观，感受到了鉴真大师执著的博爱情怀，以及为中日文化的交流所做的伟大贡献。

唐招提寺位于奈良的一个小街上，有一个很雄伟宽阔的山门，以至我站在小街对面的最边处也无法用相机照到山门的全景。据说，山门上的"唐招提寺"的匾额是日本孝谦女皇仿王羲之、王献之的字体所书，如今的真迹存放在讲堂内。

进入唐招提寺，一眼便能看见一条宽宽的由细石子铺成的路，这与日本的神宫、神社相同，却不同于奈良的法隆寺、东大寺。我想，唐招提寺相对法隆寺、东大寺建立稍晚，其风格也稍有不同。

唐招提寺的大殿是单檐歇山顶的木质结构建筑，具有浓郁的大唐风格。金堂（大殿）正面 7 间、进深 4 间，坐落在约 1 米高的石台基上，为天平时代最大、最美的建筑。金堂内供奉着卢舍那佛像，高 3.7 米，另外药师如来佛立像、大日如来的木雕佛像、千手观音佛立像等都是奈良时代特有的脱干漆造，现在被认为是日本的国宝。在唐招提寺的藏经室还存放着 1200 多年前鉴真从中国带去的经卷。

1688 年，日本为鉴真修建御影堂，里面供奉着鉴真大师干漆夹造的坐像，高 1 米左右，目前也是日本的国宝。1980 年 4 月 13 日，鉴真大师干漆夹造的坐像从日本运回中国扬州巡展。鉴真大师干漆夹造的坐像，我并没有见到，因为是日本人的国宝，只有每年在大师圆寂日（6 月 6 日）的前后三天，才会开门供信众瞻仰。我站在御影堂前，对这位远播中国文化到日本的高僧深表敬意。

唐招提寺建于天武天皇天平宝字三年（759年）。寺，最早是宫廷内的等级、法规、法度之意。《说文》说："寺，廷也。有法度者，从寸，㞢声。"以后称宫廷内的近侍、阉者等，以及宦官被称为寺人。汉代，我国官方接待四方宾客的官署称为寺，如鸿胪寺、太常寺等。《左传·隐公七年》唐孔颖达疏曰："自汉以来三公所居谓之府，九卿所居谓之寺。……官所止皆曰寺。《释名》曰：'寺，嗣也，治事者相嗣续于其内。'"《汉书·元帝纪》颜师古注曰："凡府、庭所在，皆谓之寺。"

东汉永平年中，佛教传入中国。西域僧人迦叶摩腾与竺法兰刚到中原时，东汉政府安排他们住在鸿胪寺。鸿胪寺，是国家接待外宾的地方。迦叶摩腾与竺法兰就住在鸿胪寺（今之白马寺）译经。于是后代僧尼就把安放佛像与佛经，以及和尚的住处称为"寺"。汉明帝在洛阳修建中国的第一所寺院——白马寺。

"招提"是梵音，即"四方"或者"四方僧房"之意。中国魏晋六朝时期多把寺院称作"招提寺"。"唐招提寺"的名字当是因鉴真和尚从唐朝来到日本的修业，有"四方"之意。

鉴真和尚到日本所传的是佛教中的律宗，故唐招提寺又称为建初律寺，现在被奉为日本的律宗总本山。

所谓律宗，就是研习、传持、约束僧众的各种戒律。其实际创始人为唐代道宣和尚，根据佛教的《四分律》建宗，所以律宗也称四分律宗。道宣和尚住终南山，所以律宗又有南山律宗或南山宗之称。律宗的教理分成戒法、戒体、戒行、戒相等四科。"戒"，主要有五戒、十戒、二百五十戒等，"戒"的目的是为了在佛教徒的心理上构筑一种不作恶的防线。

鉴真大师原是扬州大明寺的和尚，14岁出家，深研戒法、讲律传戒，成为律学大师。鉴真大师55岁时，日本遣唐使团的学僧荣睿、普照等受日本天皇委托，到扬州恭请鉴真大师东赴日本做授戒师。因当时佛教已经传入日本，为日本人普遍接受，但是日本并不懂得佛学戒律。（宋）释赞宁的《宋高僧传·唐扬州大云寺鉴真传》记载：日本僧人荣睿、普照对鉴真大师云："我国在海之中，不知距齐州几千万里，虽有法而无传法人；譬犹终夜有求于幽室非烛何见乎？愿师可能辍此方之利，乐为海东之导师乎！"鉴真大师以博爱的情怀认为"山川异域，风月同天，寄诸佛子，共结来缘；以此思之，诚是佛法有缘之地也"。

鉴真大师六次东渡，历经千难万险，才成功到达日本。日本真人元开《唐大和上东征传·鉴真年表》载：天宝元年（742年）四月（一次）、十二月（两次）、天宝三年（744年）冬、天宝七年（748年）六月、天宝十二年（753年）十月各一次，一共六次才到达日本。

天宝七年（748年）六月，鉴真大师第五次东渡时，"遇飓风，在海上漂流十四日，几经辛苦，才到达海南岛南端，第五次航海又失败。从海南，经雷州半岛绕广西、广西、江西而北返。途中，荣睿寂化于端州，普照别，祥彦逝，鉴真本人也失明，经大庾岭而北返"，终于在天宝十二年（754年）十二月十日到达日本。鉴真大师"历时十二载备尝艰辛的弘法初衷，终于实现……四月，在奈良东大寺大佛前为圣武上皇、光明太后、孝谦天皇等受戒。灵福等已经受过戒的日僧也纷纷舍旧戒而受大和尚的新戒"①。

《宋高僧传·唐扬州大云寺鉴真传》曰：

> 日本其国王欢喜迎入城，大寺安止。初于卢遮那殿前立坛为国王授菩萨戒，次夫人、王子等，然后教本土有德沙门，足满十员度沙弥澄修等四百人，用白四羯磨法也。又有王子一品亲田舍宅造寺，号招提，施水田一百顷。自是已来，长敷律藏受教者多彼国号，大和尚传戒律之始祖也。以日本天平宝字七年癸卯岁五月五日，无疾辞众坐亡，身不倾坏。乃唐代宗广德元年矣，春秋七十七。至今其身不施苎漆，国王贵人信士时将宝香涂之。

鉴真大师在眼睛失明的情况下，备尝艰辛，初衷不变；困难重重，百折不回。这种博大的弘扬佛法的执著精神使他光耀中日友好的史册。站在唐招提寺的大殿前，我久久不愿离去，我为中华民族有这样的奋斗者而自豪。

四、春日大社的三千石灯塔

奈良最突出的特色建筑当是寺院。飞鸟文化与奈良文化的特征就是以佛教文化和儒学文化为主。这个时期日本把学习隋唐当成既定的国策，而在平安时期，虽然仍然学习唐朝的建筑和文化，但是日本逐渐地形成了自己的特色，因此有人把平安时代称为日本的"国风时代"。春日大社是奈良末年始建、平安时代完成的属于神道教的建筑，是奈良至平安时代之交的产物。

春日大社坐落在春日山上，供奉的是春日的土地神，是日本全国各处的春日大社的本山。

春日大社与奈良的东大寺相邻，根据路标，穿过一片小树林就到春日大社了。春日大社里面林木茂密，满有森林的味道。春日大社也像东大社一样，有可爱的小梅花鹿在参道上漫步。更为奇观的是，在春日大社每一条参道的路上都有成排的石灯塔，春日大社一些殿堂的走廊下、檐廊下也挂满了铜的吊灯。

---

① 〔日〕真人元开，汪向荣校注：《唐大和上东征传》，122~128页，北京：中华书局，1979年。

据有人统计，春日大社石灯塔和铜吊灯共有 3000 多盏。有人说，这里有石造灯塔 1780 盏，铜吊灯 1012 盏，我没有数过，所以也不知到底有多少，但是这些石灯塔和铜吊灯形成了春日大社的一道奇观。

图 7-8　春日大社参道上成排的石灯塔

灯塔是日本人特别看重一种神物。我最初在伊势市内宫至外宫的御幸道上、志摩海滨日本天皇的日神遥望所都见到这样象征性的石灯塔，在安乘崎见到真正的海上灯塔等，都引起了我特别的兴趣。在日本人的墓地上、在神社、在寺院，到处都能见到这些石的灯塔，甚至在日本侵华战争时期，开封沦陷后，在河南大学被抗日人民打死的 20 多个日本兵，日本人筑灯塔也为之照明。另外，在伊势所见到的迎太阴、盂兰盆节的晚会上我也见到日本人献灯、点灯的仪式，可见日本人对灯的重视。我想，由于日本是一个海岛国家，在茫茫的海上特别是黑夜中，人们难以辨别方向，所以对灯塔表现出特别的需求。这当是日本人把灯塔当作神物的重要原因。

据说春日大社每年的中元节，亦称中元万灯节（8 月 14 日、15 日），其实也就是日本的盂兰盆节，春日大社境内的 3000 盏石灯、铜吊灯将被一齐点亮，使时神社道路两边的石灯与社内回廊下铜吊灯的灯火汇成一片，夜空下一片辉煌，极为壮观。

如果说那千千万万个红色的鸟居是京都伏见稻荷大社的奇观，那么 3000 多盏石灯、铜吊灯则在奈良春日大社中形成了美丽独特的风景。这 3000 多盏石灯、铜吊灯从何而来？这些石灯、铜吊灯也与京都伏见稻荷大社红色的鸟居隧道一样，是千百年来日本历代的贵族、武士和一般信徒所奉献。

奈良后期，苏我氏家族已经完全把持朝政。645 年，中臣镰足和后来的天智天皇（中大兄皇子）发动政变，杀死苏我氏的首领苏我入鹿。天智天皇登基，

图 7-9　春日大社殿堂走廊、檐廊下的铜吊灯

中臣镰足被任命为内大臣,进行改革,史称大化改新。这次革新的主要内容就是学习中国的政治和社会制度、行政建制等。大化革新取得了重要的效果。天智天皇赐中臣镰足姓藤原,从此,中臣家族便以藤原为姓。

中臣镰足的儿子藤原不比(659~720年)是采用"藤原"新姓的第一人。他是日本奈良时代的公卿,曾受命参与《大宝律令》的编修制定,708年任右大臣,710年参与迁都平城京,与皇室关系密切。文武天皇、圣武天皇的皇后都是藤原不比的女儿。藤原氏作为皇室外戚,势力逐渐强大。藤原基经为了进一步扩大权力,创立了"关白"官职。"关",即通告的意思。《周礼·秋官·条狼氏》云:"誓大夫曰敢不关,鞭五百。"孙诒让《正义》曰:"此不关,亦谓不通告于君也。""关白",就是摄政大臣有事情必须向天皇通告。"关白"一职比摄政和首相有着更大的权力,其地位仅次于天皇。这是藤原氏在日本独创的"关白政治",也有称为"摄关政治"。

8世纪后期天皇迁都平安(即京都)以后,藤原氏家族操纵日本皇室达300余年,权倾一时。藤原氏就把春日大社扩展成为为祭祀氏族之神的神社。但是藤原氏为了使春日大社能够有更大的发展,将"武瓮槌命"、和"经津主命"分别从鹿岛、香取请入,之后又从枚冈将"祖神天儿屋根命"和"比壳神"请入春日大社。

根据《日本书纪》的记载,在日本的古代神话中,大自然共分三重天地,即日本祖先天照大神所管辖的高天原、人们所居住苇原中国,再者就是地下的黄泉国。天照大神"遣经津主命、武瓮槌命,使平定苇原中国",经津主命、武瓮槌命说服了大己贵神,将苇原中国让给了天照大神的孙子治理,从此苇原中国成为天照大神子孙繁衍的国度。

"天儿屋根命"是中臣的远祖。《日本书纪·神代下》记载：当天照大神因生素盏鸣的气而躲进天石窟的时候，"中臣远祖天儿屋命，则以神祝祝之。于是日神方开盘户而出焉"①。天儿屋根命神是向神祈求祛除灾害、祈求丰年的神。"比壳神"是镇守国家、去除灾厄、保佑生产育儿、拥有各种各样功德的神。这些神被认为是藤源氏一族的守护神，但也是《日本书纪》记载的日本神话中的神灵。当藤源氏把这些神灵的神主从他们原来的居地移到国都之后，藤原氏家族最初为了祛除灾害，祈求丰年，请来皇子主祭。这个祭奠本为临时举行的，后来成为固定的制度。

春日大社的祭奠逐渐成了日本的国家祭典，得到日本百姓的普遍信仰。春日大社称为日本全国春日社的总本社，同伊势神宫、石清水八幡宫一起，被世人并称为"三社"。春日大社也像伊势神宫一样有20年式迁的仪式。春日大社的参道上挂着大型的"第60次式年迁宫"的横幅。伊势神宫该进行第62次迁宫了。春日大社要比伊势神宫的迁宫最少晚40年左右。春日大社与伊势神宫一样都有迁宫仪式，也说明春日大社在日本神道教中的地位。

春日大社共有四个大殿。第一殿敬奉着武瓮槌命的神主；第二殿敬奉着经津主命的神主；第三殿敬奉着天儿屋根命的神主；第四殿敬奉着比壳神的神主。这些都是《日本书纪》、《古事记》中记载的神灵。虽然这些神灵在《日本书纪》、《古事记》中不是太显赫，但是经过了七八世纪日本权臣藤原氏的提倡，其地位大大提高，在20年式迁方面简直可与日本祖先天照大神相比，可以看出权势也是能改变古代神灵的地位。

第二节　千年古都——京都

京都是日本的千年古都。781年桓武天皇即位，由于朝廷斗争的复杂，784年把国都从平城京（今日本奈良）迁到山背国（今京都中南部）的长冈；延历十三年（794年），又把国都迁到平安京，即今天的京都。自794年始一直到1868年的明治维新，京都一直是日本的国都，时间达1000多年之久，是古代日本政治、经济、文化和宗教的中心，史称平安时代。京都有悠久灿烂的历史文化，今有3000多所寺院、神社，仅世界遗产就有16处。有人说，京都就像一个历史博物馆，浓缩了日本1000多年的历史。

京都位于本州岛的中西部，三面环山，风景秀丽，最初是模仿中国隋唐时期的长安和洛阳而设计的长方形的城市，以朱雀路为轴，分为东、西二京，东

---

① 《日本书纪·神代下》，443页，东京：岩波书店，2000年。

京模仿洛阳城,西京模仿长安城,在传统区域上仍以洛中、洛西、洛北、洛东、洛南来划分。京都有许多世界闻名的寺院、王宫、千年古刹等都是模仿中国唐代的建筑模式。

一、真如堂的红叶

京都我一共去过两次。第一次是和竹中老师一块到京都看红叶,并且游玩了一些地方。后来,我觉得没有看够,又一次到京都考察了京都的世界文化遗产和与中国有关的寺院和庙宇。当然,这一次我还是远远没有了解京都。

图 7-10　京都真如堂的红叶

时已入秋,伊势山坡上的红叶已经发红。虽然不是漫山遍野,但是一片片的红叶把山装点得很是好看。在国内我却无时间去看红叶,尽管北京西山的红叶那么有名,我也去过北京多次,但皆因工作而去,办完事情就匆匆而回。由于常年忙,我一直没有专程去看过红叶。

京都的红叶在日本是最有名的,一般是从 10 月下旬开始看红叶,11 月达到高潮。竹中老师热情地邀请我们和她一起到京都去看红叶。由于初到日本,我们也想到京都去看看,于是与竹中老师约好 11 月 23 日去京都看红叶。对我来说,看红叶并不是主要的,我还是想看看京都的文物胜迹。那天,竹中老师和她的丈夫开车带我和几个中国同事同去京都。

京都没有修建地铁,因为文化古迹太多了,日本政府怕修地铁震动地上的文物。在京都的大街上,只有坐公交车。

我们来到京都的真如堂。在真如堂前我确实见到了那红似火的红叶，虽然并不是满山红叶。不过，能到京都参观游玩还是挺令人心旷神怡的，何况我的目的并不在红叶。

真如堂的正式名称为"真正极乐寺"，是一座佛寺，僧人戒算上人建于永观二年（984年）。真如堂有山门、大雄宝殿、藏经楼等，其建筑形式是歇山式的房顶，单檐挑角、木斗拱结构，是中国寺院的建筑形式，但已经不完全像中国的佛寺那样，而是与日本的神社建筑有些相像，但又不完全像神社。我想，真如堂虽然模仿中国的建筑形式而来，但是已经日本化了。

在真如堂，我见到一颗菩提树，该树枝繁叶茂，看上去至少有上百年之久。菩提树，佛教视为圣树，印度则定之为国树。中国佛教曾有"身如菩提树，心如明镜台"的诗。中国东南沿海一带的寺院多种有菩提树，但我到南方，很少到寺院去，因此我从来没有见过菩提树。这次在真如堂见到的菩提树，也使我大开眼界。据说，佛教的创始人释迦牟尼在菩提树下悟道，得名为菩提树。"菩提"意为"觉悟"。

真如堂在佛教的派别中属于天台宗，院里耸立着三重塔、观音堂等建筑。有一个非常大而宽敞的殿堂，上有菩萨的像。要想进入这个殿堂，必须脱鞋的，就如同进入日本人的家一样。我和竹中老师一起脱了鞋，走进殿堂，对着菩萨拜了拜。这是由中国传入日本的，更何况中国也有寺院。

天台宗的一祖为龙树菩萨（印度人），为汉传佛教之十三宗之意，始创于南北朝的北齐，因其创始人智顗常驻浙江天台山，故称天台宗。在中国我曾经去过国清寺，国清寺就在浙江省的天台山上。当时听导游说，国清寺是天台宗的祖庭，日本僧众曾多次到天台山国清寺寻祖。

天台宗于9世纪初由日本僧人最澄（767～822年）传到日本。最澄，俗姓三津首，幼名广野，近江滋贺人，据称其祖先是后汉孝帝的后代。最澄在唐朝一年，于贞元二十一年（805年）三月离华归国，此后大弘天台教，正式开创日本天台宗，以国清寺为祖庭。

我们所到的真如堂是天台宗的寺院。当然，日本几乎所有的寺院都与中国有密切的关系，都是由中国或者经朝鲜传入日本的。

真如堂秋天看红叶，春天看樱花，但是其红叶更为有名。

二、京都最古老的寺院——清水寺

我们与竹中老师一起旅行的第二个景点是清水寺。清水寺位于日本京都府京都市东山区清水的寺院，于宝龟九年（778年）前后由延镇上人创建，是京都最古老的寺院。清水寺的山号为音羽山，供奉着千手观音。宝龟九年，清水寺由延镇上人开山,由延历十七年(798年)由大将军坂上田村麻吕改建为佛殿,从此成为恒武天皇的敕愿寺。以后慈恩大师把恒武天皇的敕愿寺建成法相宗的寺院。法相宗是我国唐朝玄奘创建的佛教的一支。据说,慈恩大师是玄奘的第一个在日本宣扬玄奘佛法的弟子。清水寺属于法相宗的寺院,现在是北法相宗的大本山。清水寺、金阁寺与二条城并列为京都三大名胜。清水寺是平安时代的重要文化遗迹。1994年,清水寺列名至世界文化遗产中。

图 7-11　京都清水寺的"清水舞台"

11月中旬正是看京都红叶的时候,人真是太多了。到日本后,我就住在伊势。伊势是一个小小的古城,平时在街上见不到几个行人。到了京都我才真正地见识了日本人之多。由于公交车的载量有限,故坐公交车也要排队。大概排队的人总有四五十人,当快排到跟前时,后面又站了一大队人。到日本后我好久没有见到这么多人了。这当然是在看红叶的季节里特有的现象,我第二次去京都时就没有见到这么多的人了。

在通往清水寺的那条路上,真是人山人海,比中国庙会人还多。只见人头攒动,我和几个同伴在人群中挤着,要相互照顾着,唯恐彼此走散了。在这条路上,店铺林立,有古京庵、锦古堂、京扇子专门铺、梅山堂、朝日堂、西秀清水烧等,这些店铺简直就是中国的店铺,和中国店铺的名字也一模一样,那种感觉简直就像在中国国内。

经过拥挤的人群,我们终于到了清水寺。清水寺坐落在音羽山的半山腰上,要比真如堂大得多。在清水寺确有那遍山红叶,"层林尽染"的景观,但清水寺的游人太多了,我找不到那种雅静的感觉。

中国古代有许多关于红叶的美丽诗歌。唐代诗人杜牧的《山行》是家喻户晓、脍炙人口的一首诗，也是在中国流传最广、最为人称道的古诗。诗云：

>远上寒山石径斜，
>白云生处有人家。
>停车坐爱枫林晚，
>霜叶红于二月花。

这是多么美丽的意境，诗中有画，画中有诗。也许是那天清水寺的人太多了，在清水寺者熙熙攘攘的环境中我找不到那种美的感觉。

清水寺是1633年由德川家康捐资兴建的，日本古时除了东、西两大愿寺盖在京城内，所有的庙宇神社都是依山而建。清水寺坐落在山腰上，寺院完全是木质结构，总面积达13万平方米。其内最有名的"清水舞台"，高达50米，由139根木柱支撑着整个清水寺正殿的殿堂。在"清水舞台"上凭栏远望，京都市景尽收眼底。在江户时代，"清水舞台"是表演雅乐的地方。这里有迷人的四季山色和舞伎。

图7-12　清水寺"洛阳十三番朝仓堂"的石碑

"清水舞台"的下面就是悬崖，地势非常险恶。日本人常说"抱着从清水寺的舞台跳下去的决心"，就是说连跳崖的决心都有，应该没有办不成的事。清水寺正殿阳台突出于断崖之上，因环境优美而成为自杀者的选择之地。也正因为舞台地势险恶，才流传下来那句俗语。据记载，江户时代此处共发生234起跳崖事件。

在清水寺，我看到一块竖着的石碑，上写着"洛阳十三番朝仓堂"。我想，这座石碑上写着"洛阳"二字，以"洛阳"命名，当与洛阳有关。其实京都与洛阳有关的地名是很多的，如洛南、洛东等。洛阳就是河南省的一个城市，一座十三朝的古都。在这里我能见到这样一块碑文，心中感到由衷的自豪。

清水寺旁有一个小小的神社，叫作地主神社。这个地主神社是用来祈求良缘的神社。这个地主，当是中国土地神的意思吧。神社里有一对相距10米远的"恋爱占卜石"，可以用来占卜人们的婚姻是否幸福。地主神社是年轻人喜欢去的地方。我们只是浏览一下，就离开了。

我们是坐竹中老师丈夫开的汽车去京都的，回到会馆时，已经晚上11点多了，虽然有点疲倦，但还是很高兴。

三、金阁寺与室町幕府

第二次去京都时，距离我到日本已经快一年了，独自一人出来旅游也不再胆怯。这次到京都，我确定了几个旅游点。京都金阁寺，是我必须要去的地方。

图 7-13　金阁寺之金阁

金阁寺，原名鹿苑寺，是一座临济宗的寺院，位于京都"洛之北山"，即京都的洛北区。当我坐着公交车穿行在北大道、南大道、东大道、西大道时，看到某某景区在洛南、洛北、洛东、洛西这些与中国洛阳相关的地名时，心中总是会产生一种莫名的亲切感，为中华伟大文化的远播日本而自豪。

走进金阁寺（舍利殿），穿过两边植满鲜花的路径，清澈的镜湖池中耸立着金色的舍利殿。这座舍利殿，从游人经过的路上看去，是建筑在镜湖池中间的，路边的栏杆把游人与舍利殿隔开。但其实舍利殿的另一边是与陆地相连的。舍利殿的外层用手工将纯金锡箔一张张地粘贴而成，故又称为金阁寺。据说，每当晴空万里、阳光灿烂之时，金阁寺的金箔就会闪闪发光，连倒映在水中的影像也金光异彩，非常美丽。可惜的是，我去的这一天，阴雨绵绵，好多人还打着伞呢，所以我也未见到那金光异彩的景观，真是太遗憾了。

金阁寺是一座紧邻镜湖池畔的三层楼阁建筑。根据说明牌上的解释可知：一楼是带有镰仓时代形式的"法水院"，属寝殿造风格；二楼是镰仓时期的"潮音洞"，供奉着观音，即武士造建筑风格；三楼则为中国唐朝禅宗佛殿造风格的"究竟顶"，供奉着三尊弥陀佛（属禅宗佛殿造建筑）。寺顶为宝塔状的结构，顶端有只凌空欲飞的、象征吉祥的金凤凰。

粘贴纯金锡箔是二楼和三楼，而一楼没有粘贴纯金锡箔。

金阁寺现在已经是世界文化遗产，我真想走进看看，但可惜的是，游人不能进入舍利殿，只可远观，不可近前。

在金阁寺，有一道银河泉，据说是这座庄园主人足利义满将军饮用的泉水。白蛇冢，是西园寺家是旧迹。

金阁寺，最初是镰仓时期的内大臣、太政大臣西园寺公经（1171～1244年）及其长子实氏（1194～1269年）所修筑的庭园。这座庭园背靠衣笠山，面临田野，并且有一池碧绿的湖水、清澈潺潺的小溪、溅着银花的瀑布。西园寺公经在这里修建了北山山庄。

西园寺家的这座北山山庄，在建成100多年后的应永初年，镰仓幕府被推翻，西园寺氏的北山山庄转入室町幕府的第三代将军足利义满名下。足利义满（1358～1408年）1368年继位，1378年移居京都室町，正式称室町幕府。室町，是足利义满在北小路室町御所的旧迹上建造新宅邸，并且为新邸收集了许多的奇花异草，室町幕府的称谓就是由这室町宅邸而来。足利义满是当时日本的实际执政者。

1397年，他以足利家河内领地与西园寺家交换京都郊外北山山庄，修建鹿苑。鹿苑中著名的金阁寺，就是足利义满将军所修建。鹿苑寺，因足利义满将军的法号"鹿苑院殿"而得名。

足利义满将军执政室町幕府时期，日本正处在南北分裂时期。足利义满逼降南朝的后龟山天皇。后龟山天皇在京都举行了将神器让渡给北朝后小松天皇的仪式，后小松天皇成为唯一的天皇。日本完成统一，全国范围确立起室町幕府将军的绝对统治权，使室町幕府走上鼎盛时期。

明朝建立之后，太祖朱元璋因倭寇沿海骚扰，实行海禁，中断对日贸易。

日本自古就是一个资源匮乏的国家，朱元璋的这项政策对日本非常不利。于是，足利义满将军在建文三年（1401年），遣使赴明，在国书中称臣纳贡，献上抓获的倭寇，双方签订了《勘合贸易条约》，日本以属国的名义希望能够与明政府恢复邦交贸易。明朱棣称帝之后，日本对明朝每十年一贡的进贡贸易持续150多年。明朝赐足利义满"日本国王"金印一枚，足利义满回书自称"日本国王，臣源义满"。源氏义康因居住在足利庄改称足利氏，其祖为源氏。日本的幕府将军自封为日本国王，对外也称为国王。

应永元年（1394年），义满把将军职位交给43岁的儿子义持（1386～1428年），辞去太政大臣的职位，剃发出家。1408年，足利义满圆寂。足利义满死后被日本皇室封为太上天皇，幕府惶恐辞去皇室的封赐。足利义满的法号"鹿苑院殿"。

日本的动画片《聪明的一休》中，说在这个鹿苑寺中，一休经常调侃嘲弄的将军就是足利义满，当然这是虚构的。

1950年，金阁寺中一名名为林常贤的弟子，一把火将金阁寺烧成灰烬。他说他放火的理由是，这么美的东西不应存于世上。据说还有一种解释是，舍利殿是纯金锡箔粘贴而成，三层楼阁以原木为架，镜湖银泉的碧水，舍利殿坐落在芳香泥土上……这对于金、木、水、火、土等五行来说，只缺一火。林常贤在1950年所放那把火，正是鹿苑寺所缺的火。今日所看到的舍利殿，是昭和三十年（1955年）日本政府依照原样重新修复建造，昭和六十二年（1987年）全殿外壁重新粘贴金箔。

林常贤放火烧金阁寺的事件被日本名作家三岛由纪夫写成小说《金阁寺》，小说的背景就源自一名年轻僧人放火烧毁金阁寺的真实历史事件。这部小说也产生了极大的影响。

说到这里，我还想再谈谈中国五台山的金阁寺。金阁寺位于山西五台山南台之北、中台之南。唐代宗大历元年（766年），金阁寺由印度来华的三藏法师不空派其弟子含光到五台山创建。据传说，寺庙建筑式样是参照当时印度最著名的寺庙那烂陀寺建成。极盛时，主客僧众常达万人。该寺铜铸为瓦，瓦上涂金，整个寺庙金光灿烂，"照耀山谷"。不空法师在这里开讲密宗经义。金阁寺前院，中间耸立着一座重檐歇山顶的高大楼阁，内供有高17.7米的千手（实有48臂）观音铜像，寺院落成后，不空奉敕为金阁寺的开山祖师。

中国五台山上的金阁寺是唐代宗大历元年（766年）创建，日本京都的金阁寺是1397年室町幕府将军足利义满以领地与西园寺公经交换而来的北山山庄之后建成的，比五台山金阁寺的建成晚600多年。足利义满对中国文化是非常仰慕的。他甘愿称臣纳贡，与大明王朝进行贸易，由此可知他在舍利殿的外壁粘贴金箔的金阁寺，当是在五台山金阁寺的基础上，受了中国五台山金阁寺的影响而创建的。京都这所金阁寺与中国五台山的金阁寺当有渊源关系。

图 7-14　中国五台山金阁寺

四、德川幕府与二条城

二条城坐落在今京都（平安京古城）二条大道上，这也是它之所以得名的原因。江户时代，德川将军的幕府在江户，即今之东京。二条城是幕府将军德川家康到京都朝见天皇时的住所，德川家康为保卫京都御所（皇宫）而建。二条城有用大块石头堆砌的高大的城墙，城墙东西约500米、南北400米，城墙外有宽宽的护城河，表现了德川幕府将军的权势和地位。

二条城建筑面积8000平方米，整个城的总面积达27.5万平方米。1994年，二条城被联合国教科文组织列入世界文化遗产名录。

走进二条城，经过那高大的城门，迎面而来的是本丸御殿，这是二条城的主体建筑。本丸御殿的巨大前门是一个日本式的垂花门，垂花门上雕有相对的两只仙鹤在松柏枝中飞翔，还有荷花、菊花等，雕刻精美，装饰华丽，这些是典型的中国式的花鸟，象征着万年长青和洁白无瑕。

二条城的主体建筑是本丸御殿和二之丸御殿，二之丸御殿里面设有若干个房间，是幕府将军会见各地大名藩主、朝廷敕使的地方。幕府将军对外称"日本国王"或"日本国大君"。二之丸御殿主要由一些客厅、室、黑书院、白书院等组成，有几十个房间，而且每个房间都铺有草席。每个房间内都挂有典雅美丽的画，如长寿的仙鹤、松柏、牡丹、桃花、梅花等，房间的屏风有的画着猛

图 7-15　二条城的垂花门

虎和豹，象征着将军家的威武。使我感到奇怪的是，在这座华丽富贵的二条城中，我似乎没有看到日本的国花——樱花，我想这个时期日本尚未把樱花作为国花，因此我看到的全是具有中国风格的花、鸟图案，每个房间都被装饰得金光灿灿，十分美丽。其摆设、壁画等都散发出浓厚的盛唐文化气息。在殿内的走廊行走时，脚下就会发出声音。据介绍，这叫莺声地板。有人认为，这是德川将军因内心的恐惧，害怕被别人谋害，为保证自己的安全而特意设计的报警系统。

从"二之丸御殿"出来，进入二条城的庭院。二条城的庭院其实是一个大型美丽的花园。园中种有许多巨大的银杏树、枫树和苍松，大片绿油油的青草地、清澈的湖水，给人一种清新振奋的感觉。

我来到二条城的城头上，俯瞰这群被列为世界文化遗产的建筑，这里曾经是显赫的幕府将军府邸，是闲杂百姓不可能进入的地方。这座府邸是德川将军到京城朝见天皇的下榻之处，据说德川将军是为了保护天皇所建。明治之后，1867年，第十五代将军德川庆喜在二条城将政权归还给天皇，二条城便属于日本天皇了。1884年，二条城更名为二条离宫。1939年，天皇将它赐给京都市政府。

二条城原是织田信长为室町幕府第十五代将军足利义昭建造的城池。织田信长是尾张国的大名（诸侯）。在织田信长的支持下，足利义昭登上室町幕府第十五代将军（末代将军）的宝座。但织田信长只是把足利义昭当作傀儡，于是足利义昭与织田信长产生了尖锐的矛盾。1573年，信长击败义昭的军队，流放足利义昭，室町幕府灭亡。

织田信长是日本战国中晚期最强大的大名。天正十年（1582年）六月二日，部将明智光秀背叛，在京都本能寺杀死织田信长。羽柴秀吉（后改名为丰臣秀吉）和柴田胜很快来到京都，击败了明智光秀，明智光秀战死。羽柴秀吉又击败了柴田胜，并与德川家康达成和解。天下最后落到羽柴秀吉手中。天正十四年（1586年），正亲町天皇赐姓秀吉"丰臣"，所以羽柴秀吉又称为"丰臣秀吉"。

丰臣秀吉统一日本后，贪心不足，企图先占领朝鲜，继而占领中国，于是在明朝和朝鲜联军的打击下，丰臣秀吉惨败收场（后面将详述）。德川家康乘机打败了丰臣秀吉，控制了日本，建立了江户幕府，于是二条城落入了德川家康手中。德川家康对二条城进行扩建，基本形成了现在的规模。

在二条城的城头上，我看见那高大的、筑城的巨石，城外深深的护城壕沟，它们经历了为争夺江山的幕府将军而挥舞着的战刀，见证了日本历史的沧桑。如今，这美丽的二条城已被辟成公园，成为世界文化遗产供人们游玩。

五、京都、开封两个相国寺

京都相国寺本来不是我京都之行所要考察的景点，我是准备去看京都御所的。但是到了京都御所，大门紧闭。据说如果想参观御所，就必须提前向御苑里的宫内厅提出申请。因此当我来到京都御所时，只能望着宽宽的碎石子路和京都御所紧闭的大门兴叹，我想我是不会有这个机会了。我只好在京都御所外围的那条宽宽的石子路上走了一圈，隔着围墙向里面看了看，只觉得那朴素无华的建筑与二条城相比，简直不是一个档次上的。也难怪，京都御所修建时期正是德川幕府时期。幕府掌权，天皇处于无权状态，当然天皇的皇宫也就不能与幕府将军的二条城相比了。

当我怀着很失落的心情从京都御所出来，来到路口等汽车，忽然抬头看见街对面的一个竖石上刻有古色古香的"大本山相国寺"的大字，这马上引起了我的兴趣。我是河南省开封市人，开封的大相国寺可是名震全国、虎炳史书的大寺院。而京都竟也有相国寺。这难道就是几年前与开封相国寺结为友好寺院的京都相国寺吗？

我于是快步走进了这座"大本山相国寺"。京都相国寺倒不是那么冷清，但是日本的寺院、神宫、神社都有一样的特点，即平时没有什么人来参拜，但到了祭日，人们就会从四面八方蜂拥而至。相国寺的门前不断有汽车进进出出，有一些人在走动，门口的标牌上写着"相国寺教化活动委员会研修会"、"坐禅

图 7-16　京都相国寺

会"等宗教活动的广告,相国寺进进出出的汽车大概是来参加活动者的车。

在寺院的大门处有一个"大本山相国寺全景图",看来这个寺院的规模不算小。进入相国寺,古木参天,到处是一片绿葱葱的世界。寺院的山门之后有一个放生池,这是佛教寺院所必有的。

京都相国寺的正殿是"法堂",即大雄宝殿。法堂重檐挑角、木柱斗拱、歇山房顶,优雅古朴,显示出这是一座典型的唐代风格的木构建筑。据说"法堂"的天花板上有一幅"蟠龙图",是庆长十年(1605年),即丰臣秀赖时代,一名为绥野光信的画师用了7年时间绘制而成的。这幅"蟠龙图"是京都相国寺的镇馆之宝。还有人说双手相互击掌可以得到天花板上的蟠龙回应。法堂的对面,则是"方丈间"。据说在这个寺院里藏有高丽版大藏经。寺院中的承天阁、美术馆保存着重要的历史文物与佛教图像。普通的游人是见不到这些的,只能在介绍资料上见到。

京都相国寺是临济宗的大本山,是京都最大的寺院,日本永德二年(1382年)为幕府将军足利义满所创建。自创寺之始,该寺院即为京都五山(京都五所著名佛教临济宗寺庙:天龙寺、相国寺、建仁寺、东福寺、万寿寺)之一,极具盛观。京都相国寺是日本临济宗的大本山,其所属除本寺院内的小寺院之外,还有鹿苑寺(金阁寺)、慈照寺院(银阁寺院)、真如寺等。在全国有130座分寺院。

临济宗源起于中国,是禅宗南宗五个主要流派之一,从曹溪的六世祖慧能,历南岳、马祖、百丈、黄檗,一直到临济的义玄,在镇州(今河北正定)建临济院,后世称为临济宗。临济宗提倡"即心即佛"的禅宗新法,而黄檗禅寺也因之成为临济宗祖庭。临济宗传入日本,"学徒云集,朝野尊尚",成为日本佛教主要宗派之一。日本临济宗认河北正定临济寺为其祖庭。

京都相国寺是在开封相国寺的影响下创建的。

开封大相国寺原为战国时期魏公子无忌——信陵君的故宅。北齐天保六年（555年）始创建寺院，称为建国寺。唐延和元年（712年），武则天的幼子唐睿宗李旦（初封殷王，后改封豫王、冀王、相王等）登基，因他是由相王即位皇帝，于是把建国寺更名为"相国寺"。唐睿宗亲笔为该寺书写了"大相国寺"的匾额，从此"相国寺"名震天下。北宋时期，相国寺是全国最大的佛教寺院，其主持由皇帝赐封，成为"皇家寺院"。

开封大相国寺坐北朝南，自南依次建有碑楼、二殿（天王殿）、正殿（大雄宝殿）、八宝琉璃殿、藏经楼；寺前院东侧还建有钟楼等。八角琉璃殿中安放一尊银杏木雕的千手千眼佛像，佛像高达7米，被涂成金色；像分四面，每面分四层，雕有手臂千只，每只手掌中有一只眼睛。千只手臂、千只眼睛，即千手千眼佛，精美绝伦。开封大相国寺之名始于唐代，鼎盛于宋代，明末毁于黄河水的泛滥，今日的相国寺系清代乾隆三十一年重修，是佛寺中罕见的古建筑。

宋代海外僧侣来华，多在大相国寺居住。宋神宗时，日僧成寻率弟子来到宋朝国都东京，就住在大相国寺。日本僧人回国后讲述大相国寺的壮丽和雄伟，引起幕府将军足利义满的钦慕，因而把自己在京都创立的寺院取名为"相国寺"，表明足利义满认为自己是"相国"之意。

于是，开封与京都皆有相国寺。京都相国寺之名是在开封大相国寺的影响下而取的，在日本佛教界广有影响，为日本"五大本山"之一，拥有数百万信众。1983年底京都相国寺访华团专程来开封大相国寺参观朝拜。1992年11月6日，海内外4000余位高僧参加开封大相国寺举行的"佛像开光、迎奉藏经和方丈升座"的庆典活动，当时中国佛教协会会长赵朴初出席庆典，并赠送给大相国寺《乾隆版大藏经》一部，共7000余册。京都相国寺尾谷宗忍长老一行19人，到开封大相国寺参加庆典活动，该寺与大相国寺结为友好寺院。1994年，河南开封大相国寺访日团前往日本京都相国寺参加中日两相国寺友好纪念碑揭碑仪式。开封、京都两个相国寺的僧人在一起诵经，共同祈祝世界和平。

在京都相国寺，我停留了一个多小时。京都相国寺正殿"法堂"，即大雄宝殿的雄伟令我赞叹。这座"法堂"是日本国家的"重要文化财"，这座相国寺也像一幅历史的画卷，记载着中日文化的交流与辉煌。

六、平安神宫与1895年

平安神宫是根据平安京八分之五的缩图而设计的，也就是说其浓缩了古代的平安京,其建筑形制结构与原平安京完全一样,只不过规模缩小了一些。

平安神宫是京都一座标志性的建筑,建于明治二十八年。明治天皇为了纪念定都京都1100周年,而修建了这座平安神宫。794年,桓武天皇将首都从奈良(平城京)移到平安京(今京都),截至1192年源赖朝建立镰仓幕府,这是日本历史上的平安时代。把新的国都命名为"平安",当然有祈求平安之意。平安时代之得名来自其国都"平安京"之名,平安神宫又取日本史上最重要的平安时代为名。

自延历十三年(794年),桓武天皇把国都迁到了平安京始,直至1868年代明治维新之前,京都一直是日本的国都。

京都作为日本国都的1000多年中,经历了平安时代、镰仓时代、室町时代、安土·桃山时代、江户时代等。平安时代虽然已经出现了权臣,如藤原氏在日本的"关白政治"(也有称为"摄关政治"),但是这个时期的日本天皇还有一定的权力。然而,自从镰仓幕府以后,日本进入了幕府时代,天皇成为摆设。

图7-17 平安神宫太极殿

平安神宫几乎完全是唐代的风格,只是大门前面那一个高大的红色的鸟居与中国不同,但这座鸟居也不全是日本风格。日本神宫、神社前面的鸟居全是由原色的木柱搭建而成,采用较凝重的色调;而平安神宫前面的鸟居是中国人认为吉祥喜庆的朱红色。平安神宫的鸟居是日本国内最高大的鸟居。

由鸟居向前,有一个细石子铺成的广场,正对着应天门。应天门是一个坐北朝南的两层大殿,红柱碧瓦、重檐挑角、硬山房顶、斗拱结构形式与中国的古典建筑完全一样。应天门的两侧是左右对称的带回廊的东西厢房,围成一个院落。

　　经过应天门，后面院落的正殿是太极殿。平安神宫竟然有太极殿，由此可知，1000多年前的平安京也是如此的结构和规模。平安京建有太极殿是毫无疑义的。平安神宫太极殿面阔11间，单层挑角、歇山顶，也是红柱绿瓦，地道的唐代建筑风格。太极殿的说明牌上介绍，太极殿是古代的役所，也是古代订立盟约、议政的重要场所。役所，在前面已介绍过，就是政府的意思。也就是说，太极殿是平安时代决策政事的大殿。

　　太极殿当然也与中国建筑一样坐北朝南，在整个建筑群的中轴线上，并且采用左右对称的建筑格局。在太极殿的东侧耸立着青龙楼，其西侧是白虎楼，安全符合中国的左青龙、右白虎的坐标形式。青龙楼、白虎楼遥遥相对，规格形式相同，皆是红柱绿瓦，重檐叠阁，华丽无比，显示出富丽堂皇的皇家气魄。太极殿的两侧除去青龙楼、白虎楼之外，还有回廊围绕，回廊之外有神苑，包括花园、池塘，神苑遍植花草树木。

　　"太极"一词出自中国古籍《周易·繫辞上》，曰："是故易有太极，是生两仪，两仪生四象，四象生八卦。""太极"在汉语中的意思就是天地万物之源。

　　在唐代，太极殿是唐王朝一个重要的议朝政的场所。《旧唐书·高祖本纪》记载："高祖即皇帝位于太极殿，命刑部尚书萧造兼太尉告于南郊，大赦天下。"《旧唐书·太宗本纪》云："甲子，太宗始于太极殿听政。"唐高祖李渊在太极殿即皇帝位，唐太宗李世民也在太极殿听政。太极殿是唐朝皇帝听政、议政、举行大事的正殿，是唐王朝非常重要的议政处。

　　在平安神宫，我似乎看到了1000多年前的平安京。平安京的应天门、太极殿、青龙楼、白虎楼，不用说是中国古代皇家建筑群在日本的翻版。

　　从桓武天皇（781～806年）至孝明天皇（1846～1867年），平安京作为国都共经历了78位天皇。在这78位天皇中，只有定京都的桓武天皇和孝明天皇才在平安神宫中有御镇座，即恭奉有神主。

　　794年，桓武天皇把国都迁到平安京（今京都）。桓武天皇是定京都为国都的第一位天皇。

　　孝明天皇（1846～1867年）是日本第121代天皇，是明治天皇的父亲。孝明天皇，讳统仁，幼名熙宫。由于日本几百年来都在幕府的统治之下，孝明天皇不主张推翻幕府政治，只希望幕府进行攘夷、锁国而已。倒幕派认为孝明天皇已经是维护幕府的旧势力。很快，孝明天皇死去，有传说孝明天皇是遭到倒幕派的毒杀。但这并没有根据，只是一种传说。孝明天皇死后，他的次子明治天皇即位。明治天皇在倒幕派的支持下，终于推翻了德川幕府，建立了近代天皇制。孝明天皇并没有什么政绩可言，但他是明治天皇的父亲。更重要的是，在京都为日本国都的1000多年中，孝明天皇是京都为国都时期的最后一位天皇。桓武天皇与孝明天皇在形式上涵盖了京都为国都时期所有的天皇，日本以他们代表在京都即位的所有天皇。我想这大概就是平安神宫为这两位天皇设立神位的原因。

在平安神宫时，我看见说明牌上平安神宫是明治二十八年为纪念定都京都1100周年而建。当我从京都返回住处皇学馆会馆之后，把明治二十八年与公元纪年对照，才知明治二十八年竟然是1895年；我不由浑身打了一个激灵，那不正是《马关条约》签订的那一年吗？！1894年中国在与日本的甲午海战中失败。1895年4月17日，中国被迫与日本签订了《马关条约》，赔款两亿两白银，割让台湾，丧权辱国，而日本竟在这一年大庆特庆，修建平安神宫纪念定都京都1100周年。这些修建平安神宫的钱可能来自中国的赔款。本来我在平安神宫看到这完全具有大唐风格的建筑，心情很好，但当我知道平安神宫是在《马关条约》刚刚签订之后修建的时，心情不由变得沉重。

第八章
关西名城——大阪与神户

日本伊吹山之南、笹尾山之东、松尾山之东北、南宫山之西北,围成东西4公里、南北2公里的盆地,称为关原。关原是连接西北方向的北陆道、东南方向的伊势之间的要道。日本的关东、关西主要就是指以关原为界限,以东称为关东,以西称为关西。关东平原地区,主要是东京、神奈川、横滨、千叶等地;关西指大阪、神户、奈良、和歌山。本书把京都、奈良划在古都章节中,其实京都、奈良也属于关西地区。本章所说的关西名城,主要指的是大阪和神户。

第一节 大阪之行

大阪,古称难波,是日本的第二大城市,也是日本西部的重要港口、重镇和商都。大阪由于濒临濑户内海,自古以来就是古都奈良和京都的门户。大阪是日本向中国派遣唐使的重要港口,有深厚的文化积淀。日本大化革新之后,难波曾是孝德天皇的国都,直至孝德天皇去世。安土·桃山时代,丰臣秀吉的幕府就在大阪。

一、古难波城——大阪溯源

大阪是日本古代的难波城,曾作为古日本的国都。今大阪市中央区还保存有难波宫遗址。在难波宫遗址还发现了7世纪中期记有最早万叶假名的木简,说明了大阪历史的古老。

传说日本神武天皇驾船到此,水流湍急,因此将此地命名为"浪速",后又改称"难波",19世纪此地才开始称为大阪。难波,即今日本大阪市的古称。

孝德天皇时期,日本进行著名的大化革新,日本全面采取唐朝的政治经济制度。647年,孝德天皇下诏,在官职上仿照中国唐代"置八省百官",即中央设二官:神祇官、太政官;八省:中务、武部、治部、民部、兵部、刑部、大藏、宫内等。日本官制大体相当于唐之三省六部。经济上把所有的土地收归国有,实行均田制、租庸调制。政府授田给日本的良民,每隔六年授田一次;土地不许买卖,死后必须归还国家。大化革新之后,日本政治、经济、文化制度全部模仿唐朝。大阪是西部的重要港口和重镇,是通向中国的必经之地。为了更好地与中国联系,孝德天皇准备把国都迁往大阪。

孝德天皇四年(648年)"春正月壬申朔,贺正焉。是夕,天皇幸于难波碕宫"①。白雉二年(651年),"冬十二月,……天皇从于大郡迁居新宫,号曰难波长柄丰碕宫"②。白雉三年(652年),难波宫建成。《日本书纪》云:"秋九月,造宫已讫。其宫殿之状不可殚论。"③ 这个记载说明,当年的难波宫非常豪华。但是天孝德皇迁都难波并没有多长时间,于白雉四年(653年),天孝德皇崩,"葬于大坂矶长陵。是日,皇太子奉皇祖母尊迁居倭河边行宫"④。于是日本的都城又迁到了奈良。由此看来,当年的迁都,是孝德天皇的主意,日本朝廷的皇亲贵族并不赞成,因此难波城作为日本的国都大约不到十年,就又迁回去了。但是难波确实曾为日本的国都,是当时日本政治文化中心。

天武天皇以后,虽然难波城不再是日本的国都,但还是日本的"副都",即中国所说的陪都之意。安土·桃山时代,丰臣秀吉占据大阪城,一时间大阪又称为日本的政治、经济中心(后面将详述)。

大阪作为日本商业经济的中心,具有不可替代的作用。大阪又被称为"水の都",纵横交错的河流,以及连接这些河流而开凿的运河,构成一个水、陆交通的大动脉,使难波成为日本外交与商业的中心。在伊势,很多人做生意都要到大阪去。记得我在伊势的"一誉坊"墓地见到这样一块墓碑。碑文说:本墓的墓主人(我当时没有记下他的名字)生于江户时代。有一次,他听说有一种货物大阪奇缺。尽管有人说不要着急,明天再动身也不晚,但是他不辞辛苦地立即赶上毛驴连夜向大阪进发,结果他的货物大大赢利,从此成为伊势的富户。从碑文中可以看出,大阪当时已是重要的商业中心,以及大阪商人那种努力进取的精神。

---

① 《日本书纪》卷二十五,孝德天皇大化三年,(四册),517页,东京:岩波书店,2001年。
② 《日本书纪》卷二十五,孝德天皇白雉二年,(四册),523页,东京:岩波书店,2001年。
③ 《日本书纪》卷二十五,孝德天皇白雉三年,(四册),524页,东京:岩波书店,2001年。
④ 《日本书纪》卷二十五,孝德天皇白雉三年,(四册),526页,东京:岩波书店,2001年。

大阪，原名为"大坂"，明治天皇对"大坂"的名字特别反感，因为"坂"字拆开，就是"士反"，即武士要造反之义。而且明治天皇时期确实发生过西乡隆盛带领着鹿儿岛武士反叛的事件，于是"大坂"就被改称为"大阪"，直至现在。

二、丰臣秀吉与大阪城堡

2007年12月，我和竹中老师等人从北海道乘飞机回到本州岛，住在大阪。第二天，我们到了大阪城公园。出了大阪公园火车站，老远我们就看见绿树之中耸立着一座巍峨辉煌的宫殿，那就是大阪城天守阁，为日本历史上战国时代的武将丰臣秀吉所建。向前走，只看见那巍峨坚固的城墙，有一种坚不可摧的气势。

图 8-1 大阪城的天守阁

如今大阪城已经被人们开辟为公园，大阪城的护城河以内就是大阪城公园。大阪城公园内种植了1250株梅花、4500株樱花。我们到的时候，虽然花儿还没有开放，但那满园在寒风中挺拔的梅树、樱花树，也使人看到一种生气勃勃的景象。

走过护城河上的极乐桥，经过那雄伟庄严的城墙，就到了巍峨壮丽的天守阁。明应五年（1496年），佛教净土宗和尚莲如上人在这里修建一座寺庙，寺庙迅速扩大，成为大阪的本愿寺，是佛教徒的聚集之地。本愿寺实际曾是一个反对地方封建势力，为信徒群众争取现世幸福的具有军事性质的组织，并曾发动

"一向宗"佛教徒起义。

天正八年（1580年），本愿寺被织田信长所攻陷，从而毁于大火。这就是日本历史上著名的"石山战争"。

织田信长死后，羽柴秀吉（后改名为丰臣秀吉）接任掌握了政权。天正十一年（1583年），羽柴秀吉在本愿寺的旧址上修建城堡。羽柴秀吉修建城堡的理念是，这座城堡一定要固若金汤，可以成为一统天下的据点。

大阪城的城墙长12公里，由40万块巨石垒成。最大的一块巨石叫硝石，高5.5米，宽117米，重130吨。城外挖掘有又深又宽的壕沟，城中建立这座天守阁。天守阁共有8层楼，在阳光下，更是金光闪耀，绚丽辉煌，雄伟壮观。天守阁是权力和威严的象征，曾有"三国无双"的美誉，现在已经成为大阪象征性的建筑。天守阁当时就是丰臣秀吉的家。

天守阁现在是一个展览馆，8层楼每层都展现着丰臣秀吉不平凡的一生：丰臣秀吉的年谱、丰臣秀吉的事迹及其所处的时代、丰臣秀吉的兴衰、战争等情况。最高一层是瞭望台，站在上面可以看到大阪市繁华的街景。

羽柴秀吉生于尾张国爱知郡中村（名古屋市中村区），是农民的儿子，幼年丧父。母亲带她改嫁到继父家。羽柴秀吉因无法忍受继父的辱骂鞭打，带了一贯钱离开家，四处流浪，后来到了织田家中，为织田信长拿拖鞋。织田信长就是尾张国领国的大名（诸侯）。在织田信长家，羽柴秀吉的才华逐渐显现出来，并得到织田信长的信任。织田信长死后，羽柴秀吉成为其继承人。

羽柴秀吉所处的年代正是日本的战国时代。室町幕府后期，幕府已经失去权威，代之而起的是各地的大名。而羽柴秀吉当年所投奔的织田信长就是尾张国领国的大名。尾张国地处浓尾平原，农业发达，这就使织田信长有了较雄厚的经济基础。织田信长利用较好的经济基础，购买了步枪、大炮等先进武器，使自己有了能够统一全国的主动权。事实上，织田信长死时，已经平定了26国，完成了大部分的统一事业。羽柴秀吉继承以后，征服了关东的德川家康、和歌山的高野山，实现了全国的统一。天正十三年（1585年），朝廷被迫授予羽柴秀吉"关白"之职。

1586年，天皇赐姓"丰臣"于羽柴秀吉，任以太政大臣。日本进入了丰臣秀吉统治下的安土·桃山时代。安土，今日本滋贺县，织田信长曾在此建城。桃山，在今东京南郊，多有桃树。丰臣秀吉曾在这里居住20余年，故日本历史上把织田信长、丰臣秀吉统治时期称为安土·桃山时代。丰臣秀吉是统一日本战国时代的武将、英雄，当然也是一个野心家。

丰臣秀吉统一日本群雄以后，并不能满足在日本的统治，梦想统治朝鲜、中国。天正十八年（1590年），他致书威逼朝鲜国王说：他要率领军队"长驱直入大明国，易吾朝之风俗于400余州，施帝都政化于亿万斯年"。很明显，他要朝鲜充当他侵略中国的急先锋。次年，即天正十九年（1591年），丰臣秀吉把"关白"之职让给养子丰臣秀次，自己亲自指挥，派出大军侵略朝鲜并很快占领了朝鲜的京城、开城、平壤三大都城。丰臣秀吉被胜利冲昏了头脑，叫嚣要把都城迁到北京①。

在天守阁，我见到了丰臣秀吉占领朝鲜后对朝鲜所发的盖有"丰臣秀吉"朱印的文书禁令。禁令有三条：①禁止朝鲜人干预军事；②禁止放火；③禁止朝鲜男女做损害军事的事。违反者一律在严格处理之科内。

由于天守阁馆内不让照相，我又没有带笔，故回来后赶快记下来这些内容。根据这些禁令条文，可以看出朝鲜人民反抗日本侵略的情况。因为朝鲜人民有人放火、破坏日本的军事等，所以丰臣秀吉才下这样的禁令。

上帝要想让谁灭亡，必先让他疯狂。1597年，中国出兵支持朝鲜。中国将领李如松与朝鲜将领李舜臣联合在一起，大败日本丰臣秀吉军队。次年，一代枭雄丰臣秀吉死去。丰臣秀吉的儿子丰臣秀赖年幼即位，由其母亲（即丰臣秀吉的妻子）辅助。丰臣秀吉的妻子就是当时大阪城的城主。

德川家康乘机以江户（今东京）为据点，进攻大阪，迫使秀赖母子自杀，从而夺得政权，建立江户幕府的统治，结束了安土·桃山时代。

眼前的这座雄伟壮丽的天守阁，曾被大火焚烧过两次。庆长二十年，即元和元年（1615年），德川家康攻击丰臣秀赖的夏之战中，天守阁被付之一炬。掌握了政权的德川家康政权重修天守阁，但宽文五年（1665年），遭雷击，又被焚毁。昭和六年（1931年），在市民的热切要求下，天守阁重修至今。

这座天守阁，饱经历史的风雨沧桑，记载着日本人民的辉煌与苦难。我站在天守阁的顶部展望台上俯瞰大阪繁华的市容，心中也像大阪城一样不平静。

第二节 神户之行

神户，原称兵库，即存放武器的地方，原来是一条狭长的临海沙滩，是通向京都的天然屏障，距大阪仅30公里。今神户是兵库县的首府。

1868年日本对外开放后，由于兵库地势险要，易守难攻，日本政府决定将其建成港口与外国通商，1873年将兵库改称神户港。"神户"之意，即保护日本京都的门户。神户从此成为日本对外交流的窗口。神户有相当规模的中华街，有充满古典欧洲情调的异人馆。神户港现已成为一个国际大港口和都市。

---

① 吴廷璆：《日本史》211页，天津：南开大学出版社，2010年。

一、神户中华街

我和竹中老师等在大阪住了一晚,第二天清晨,我们坐上火车到神户去。神户离大阪 30 公里,大约过了 20 分钟,我们就到了神户。神户有一条中华街,也有人称为唐人街。这条中华街长 500 米左右,是日本的第二大中华街。日本最大的中华街在横滨,神户中华街的规模比横滨的要小得多。当我和竹中老师来到这个街上,街口有一个挂着"南京町"字样的双层挑角亭子,上面挂着灯笼和各种花花绿绿用纱制成的花鸟等工艺品。小亭子的前面有两个中国年画上经常见到的童男童女,他们站在那里向行人拱手,好似在问候、拜年。

图 8-2 神户中华街

中华街上挂满黄纱制成的灯笼,黄色灯笼上有一个大大的、红色的"福"字。街上熙熙攘攘,人头攒动。街口有一个高大的中国式的牌楼,上写"长安门"。"长安门"的上方有赵朴初题写的"敦睦"二字。进入街内,商店门口书写着中国名称的店名,有"香港点心菜馆"、"长城饭店"、"米坊专家"、"五星饺子"、"台湾小吃"、"中华料理"等,琳琅满目,好一派繁华热闹的景象,这让我感觉回到了国内。在一些饭店的门口,还有许多宣传员用日语大声拉客,或介绍本店的食品,就像在国内一样。这条街上的店铺,基本都是中国人开的,而且大部分是饭馆。

我和竹中老师等一行专门到神户中华街吃午饭。我们来到一个中国人开的小饭馆。老板是中国福建人,30 多岁。他见到我们很高兴。他说,他在国内学习不好,家里又没有什么钱,所以就利用一个远房舅舅的关系来到日本。刚开始给人家打工，后来自己开店，现在已经结婚，妻子是日本人，生了两个女儿，在家照顾小孩。目前他和妹妹在饭馆上班。店铺是租人家的，每月赚的钱比打工稍好一点，只不过不受老板的气了。他说，他的日语，也只能说简单的用语。他每个月能赚 20 多万日元，他说他已经很满意了，比他在国内打工好一些。我们在他的饭店里吃的是中国式的面条和锅贴，这是我在皇学馆会馆的饭厅里绝对吃不到的。我们在这家中国餐馆所吃饭的味道也不能说是非常好，但我吃得还是很满意，也了解了一些中国人在海外生活的情况。

老板还告诉我们，那些为饭馆宣传的人也都是中国人，他们大部分是来上学并打工的学生。这个街上尽管开店的都是中国人，但吃饭的大部分是日本人，因此做宣传必须用日语。果然，我们又在另外一家店里买包子时，见到一个女孩子正在用日语卖包子。当我们问她是中国人吗，她笑着说："你们是不是听我说得日语不好、不纯正，才说我是中国人的？"她的样子很沮丧。她说她在神户的语言学校学习，放假来打工，她的日语现在还说得不太好。我们怕伤害她的信心，就说"不是"，是因为听说这里有很多中国人，才试着问的。她这才稍微放松一些。

我想，这些来海外谋生或学习的中国人，其实都很不容易。他们年纪轻轻离开父母，独自在人地生疏的异国他乡，辛辛苦苦，打造自己的人生。

二、神户异人馆

在神户中华街吃过饭之后，我们和竹中老师一起去神户异人馆。所谓异人馆就是外国人的住所。外国人，对日本人来说，就是异人。异人馆在神户的北野，又称为北野异人馆。

神户是明治时期对外开埠最早的城市港口，当时吸引了大批的外国人前来投资经商居住。神户的北野是外国人的聚居地，这里遗留了大量 19 世纪西方风格的建筑群，极具特色。这一条街上聚集着英国馆、美国馆、荷兰馆、新西兰馆、中国馆等，室内陈列的当年的家具、摆设、工艺品、陶艺品、服饰、雕塑、绘画等，反映了各国名望家族生活起居的时代特征，很有价值。这条街统称为"异人馆"，其中最有名的是"风见鸡馆"和"萌黄之馆"。

风见鸡馆，是德国商人高德佛里的·托马斯的住宅。明治四十二年（1909年），高德佛里的·托马斯建造风见鸡馆，这是北野地区唯一一座砖造建筑物。日本大部分房屋的是木结构的。在距"风见鸡馆"很远的地方我们就见到了那高高的哥特式建筑上面有一根类似避雷针的杆子，杆子上有一只彩色美丽的公鸡。这只鸡其实就是一个风向标，有风时鸡头就随风而转动，故德国商人托马斯把他的住处称为"风见鸡馆"。

图 8-3　神户异人馆

风见鸡馆是一座楼房，共三层，里面各个房间有不同的摆设，展示出不同的风格，其中有托马斯与他美丽的妻子、女儿的照片，充满着19世纪的欧式情调，也表现出这位富商的奢华。这座风见鸡馆已经被列为日本重点文物保护单位。

萌黄之馆与风见鸡馆相邻，是明治三十六年（1903年）为美国驻神户总领事亨特·夏普建造的公馆。萌黄之馆是一座两层的木质结构建筑，楼体呈淡绿色，在楠树的掩映之中，更显得静谧美丽，里面有阿拉伯图案的楼梯、壁炉、欧式的窗户，显示出主人的讲究和奢华。

这条街上有很多的异人馆，我们只看了两个，时间已经不允许我们再看下去。竹中老师催我们赶快回去，因为今天晚上还要赶回伊势。

在伊势，我从未见到过异人馆、教堂、修道院之类的机构，只是在北海道的函馆市，见到有大量的西洋建筑，还有街上灯火辉煌的圣诞树、圣诞老人等。在东京，我也见到不少教会、教堂。我想这些地方因为是日本开放很早的城市和地区，而伊势号称"日本的心"，是日本民族文化集中的地方，因此我看见的都是神宫、神社和寺院。在伊势这座古老的小城中，我更能深刻地了解日本古代的文化。

神奇的北海道

北海道自江户时代被纳入日本的版图,成为日本的大后方。在国内时,我曾看过由日本演员高仓健主演的电影《追捕》、《远山的呼唤》等。影片中所表现出来的那种苍凉厚重的情调,善良纯朴的风土人情,优美动人的农家气息,是那样诗情画意、动人心弦。当我来到北海道时,看到那连绵不断的雪山和满道的冰雪,又感受到了它那未经雕琢的、苍凉的美。

第一节 北海道之冬

在北海道,我见到了那一望无际的雪原,它表现出北国特有的厚重、苍凉与神奇。小樽,是日本作家小林多喜二的故乡,在这里我见到了为北海道的发展做出贡献的小樽运河。在北海道,我生平第一次见到火山爆发后的遗址,以及号称"东洋第一之温泉故里"的登别温泉,这真使我大开眼界,感受良多。

一、北海道的雪原

12月24日,已经是隆冬季节。我、竹中老师和一位中国同事,我们一行三人随一个旅游团到北海道去旅行。清晨,我们从伊势出发,到大阪,转飞机,下午就到了北海道的首府札幌。

途径札幌,我们没有停车,只在汽车上看了看北海道的首府。札幌,1922年才建市,原是一片荒野,而如今这里已成为北海道的首府,是日本的第五大城市。汽车在山坡上行驶,从车上俯瞰札幌那一座座高楼大厦,想象着这里原是一片"洪荒"的境况，从而惊奇日本近百年来沧海桑田的变化。

进入北海道，立刻就有一股寒气袭来。我打了个冷战，赶快从背包里掏出大衣穿上。天空飘着雪花，这里没有伊势的飘逸和青翠，有的是北国的苍凉和寒冷。我望着那白茫茫的雪原，冰雪覆盖着的山川，远处几棵苍松在寒风中傲然挺立。我不禁赞叹，啊，好一派北国风光！

北海道，原称虾夷岛，是日本的第二大岛，南北宽约420公里，东西长约540公里，面积约为7.8万平方公里，占日本总国土面积的1/5还多。北海道位于日本列岛最北部，与中国沈阳的纬度相同。

北海道是日本江户时代新开拓的领土。北海道的先住民——白老爱努族，原是这个岛的主人。爱努族（Ainu）是日本的少数民族。爱努人身材矮小，肤色浅黑，男子络腮胡须浓重，是世界已知人种中体毛最盛的人种。有人猜测，爱努族可能是类高加索人的后裔。他们具有丰富的文化遗产，有自己的民族语言，善于刺绣、雕刻，喜爱歌舞，创造了许多诗歌等文学作品。爱努人没有文字，凭着记忆代代相传。

1807年，日本幕府控制全岛，设开拓使。1869年，置北海道，改现名。1886年，设北海道厅。1899年制定《北海道旧土人保护法》，以同化爱努民族为目的。日本过去很长时间不承认有第二个民族，认为在日本只有大和民族。20世纪末，日本终于承认了爱努族。日本众议院于1997年5月8日通过了《爱努文化振兴法》（又称《爱努新法》）。1974年2月20日，日本北海道爱努人访华团一行15人到达北京，对中国进行友好访问。这是第一个访问中国的日本少数民族代表团。

现在，北海道的原住民——白老爱努族基本上被同化，其语言也是日语，在北海道基本已没有纯种的爱努人。

北海道没有经过污染的田野，一望无际的森林、土地、冰川，都具有独特的魅力。北海道有丰富矿藏资源，煤炭储量与产量均占日本全国一半以上。工业以食品加工为主，木材加工、造纸、钢铁工业发达。小麦、马铃薯、乳牛产量均居全国首位，是日本主要的农牧业生产基地。说起奶牛，在伊势超市里所卖的牛奶，以北海道的牛奶品质最为优良。

站在北海道凛冽的寒风中，望着那神奇的一望无际的雪原，我想，对于日本这个资源相对贫乏的岛国来说，得到北海道这样一块宝地，真是福气。

二、小樽运河与小林多喜二

汽车终于到了札幌西部的小樽。"小樽"一名语源自爱奴语，意为"砂岸中的河"，原名钱函，此地盛产青鱼。当时日本准备开发北海道的札幌，小樽是北海道西部的重要海港。明治二十九年（1896年），日本在这里修了著名的小樽运河，以运送建筑札幌的材料。

小樽运河长约1.3公里，宽约40米，是采取填海的形式修建的，1914～1923年，历经9年才完工。小樽运河伴随着北海道的开发而出现，是北海道拓荒历史的象征，如今已经完成了它的历史使命。据说由于小樽城市建筑的开发，又把运河截取填住一部分，使小樽运河更短了。小樽运河是北海道唯一的，也是最古老的一条运河。在小樽，到处是冰雪满道，雪花飘舞，而小樽运河却没有结冰，还在静静地流淌，诉说着北海道的历史。

图9-1　小樽运河

小樽运河的左岸，高楼林立，已经远非小樽运河刚建成的境况了。但运河右岸上那厚重的石壁仓库，是明治、大正年间建造的，给人一种神秘的感觉。在小樽，我看到那一个个厚重的大房子、小小的窗户，上面写着"仓库"的字样，表现出一种厚重，严肃与神秘。北海道由于特殊的气候环境，日本在这里建了许多的仓库，这些仓库不仅有重要的经济价值，更重要的是有重要的战略意义。当我看到小樽仓库时，觉得是来到了日本的大后方。这里应该是日本最安全的地方。

北海道气候恶劣，更能培养出人们坚韧不拔的能力和品格。

小樽处于北海道，天气特别寒冷，许多房子的前沿挂着粗大的冰柱琉璃。小樽的房子建筑厚重、坚实、挡寒，不像伊势的房子是典型的日本民居，比较单薄，一层木板就行了。小樽的房子，总让我觉得有寒冷的北方风格。

当年的小樽是北海道仅次于涵馆的第二大城市。随着札幌的迅速发展，小

图 9-2　以小林多喜二的名字命名的饭店

樽已经远远地落后了。但是小樽在北海道发展的历史上曾经有过重要的地位。小樽那独特的风情、异国情调的建筑，在日益发展的旅游事业中越来越显示出其魅力。

　　小樽是日本著名作家小林多喜二的故乡。小林多喜二是日本无产阶级文学家。在小樽，我见到一个饭店，上写"多喜二"的牌匾，在饭店的右侧还写有小林多喜二的几句诗。记得我上初中时，中学课本上有小林多喜二的作品。小林多喜二是像我这样年龄的中国人都熟知的日本作家。1903 年，小林多喜二生于日本北部秋田县，其祖父在世时家里还是很富裕的，到他父亲的时候，家道中衰。小林多喜二四岁时，全家来到北海道的小樽谋生，投靠开面包作坊的伯父。小林多喜二在小樽读完了小学，又上了小樽高等商业学校，毕业后，到小樽一家银行工作。小林多喜二自幼年就喜欢文学，北海道的冰雪激发着他的灵感、陶冶着他的心灵。1923 年，小林多喜二发表《龙吉和乞丐》、《杀人的狗》等文艺作品，对北海道处在底层的劳动人民的悲惨生活倾注了深厚的感情。1929 年，小林多喜二在其代表作《蟹工船》中，猛烈抨击日本天皇，说天皇是吞食人民膏血的魔王。明治维新以后，日本天皇是至高无上的神。日本以大不敬的罪名逮捕了小林多喜二。后来，小林多喜二参加了日本共产党，发表中篇小说《组织者》、《新女性的性格》（后改名《女子》）《地下党员》、《地区的人们》和长篇《转型期的人们》等。小林多喜二激烈反对日本的上层狂人进行的侵华战争，同情下层人民的遭遇，写出一部又一部不朽著作。1933 年 2 月 20

日，小林多喜二在东京被捕入狱，遭受毒打而牺牲在狱中，年仅29岁。当中国左翼作家联盟获悉小林多喜二逝世，发表了抗议书；鲁迅寄去了悲愤的吊辞，还为他的遗属发起了募捐活动。

日本的大后方的小樽，竟出现小林多喜二这样的"叛逆者"。在日本北国的冰天雪地中看到以小林多喜二的名字命名的饭店，我顿时感到很亲切，与我的中学时代联系起来了。这家商家打名人的牌子，真是打对了。我就很想在这里吃一顿。但是由于旅行团给的时间有限，这个愿望没有实现。

三、登别温泉与地狱谷阎魔堂

北海道旅游的第二站就是登别。这里是一个爆发过的火山口，所形成的温泉据说是最好的。晚上我们住在登别温泉旅馆，旅馆准备了一顿丰盛的晚餐，完全是和式的。所谓"和式"，就是按照日本传统的方式吃饭。我也像日本人那样坐在铺着"榻榻米"的地上，在矮几上吃饭。

晚饭后，我们到温泉洗澡。在这冰天雪地的北国，在露天的温泉中洗澡，也够浪漫了。在伊势时，我们和竹中老师也去附近的伊贺县洗温泉，但那都是室内的。日本人说，日本最好的温泉是在登别。他们认为登别温泉是"东洋第一之温泉故里"。登别温泉也真是名不虚传，洗在身上，滑滑的、腻腻的，有一股淡淡的硫黄味。洗过澡，我感觉到有一种精神焕发的感觉。

我们又换上旅馆为我们准备好的和服。穿上和服，这时才有了在东洋的感觉，我们连忙互相照相留念。

正在休息，突然一个40多岁的女服务员进来，问我们需要什么。她进来后，先在地毯上跪下来，然后再问。她这一个动作，把我吓了一跳。我生在中国，是在宣传人与人平等的国度里长大的，没有见过这样的场面。后来我听说在日本人都是这样的，女人说话、吃饭都是要跪在地上的。这是日本人的规矩。我想起，我在皇学馆中学汉语俱乐部，一个女同学跪着和我说话；皇学馆大学为了欢迎我们特别开了一个宴会。宴会也是和式的。在宴会上我的两个女同事吃饭时也是跪在地上的，当时由于我不习惯，未学会跪在地上，并且我觉得像我这样的年龄，是不应该跪的，所以我不跪。但当我见到女服务员跪着接待客人，还是特别的不习惯。

第二天早上，我们去参观了那个火山口。老远就闻到了一股浓浓的硫黄味。这里的硫黄味可比在旅馆温泉浓得多。走到火山口，只看见在四周山坡地围绕中有一片赭色的小盆地，那片赭色的小盆地也是火山熄灭后的景观。这片火山爆发后的遗址，寸草不生，可以看出当年火山爆发的威力。我是在中国华北平原上长大，从未见过火山，更没有见过火山的喷发，只是听说过，或者认为那

图9-3 北海道登别爆发过的火山口

时写文章时用的形容词。看到这片赭色的、寸草不生的碎石,真是目睹了大自然的威力。

小盆地的边沿上有一道清亮亮的小溪流淌,小溪上面一股股的白气向外冒,那是温泉冒出的热气,那浓浓的硫黄气味就是从溪水中散发出来的。再放眼望去,山坡的后面也冒着白烟,也是流淌的温泉。根据介绍,这个温泉的水能达到80摄氏度,是日本最好的温泉,这些温泉是火山爆发后的产物。火山爆发虽然给这里带来过巨大的灾难,却恩赐给人们第一流的温泉,这恐怕也是大自然对人们的补偿吧。

在火山口的边上,有一个地狱谷。地狱谷有蓝、红二鬼,手拿狼牙棒,表现着他们的威风。在地狱谷旁边还有一条小街,在这个街上有一个阎魔堂,上面端端正正地坐着一个阎魔王。阎魔王身穿黄色的王袍,头戴平顶带琉的王冠,手执笏板,两眼圆睁,一副凛然的、不徇私情的冷面。在阎魔王的左侧有一个圆牌,上写着"子丑寅卯辰巳午未申酉戌亥"十二地支,这是一个表示时间的时刻表。我想这是阎魔王在钩去人们生命时所必须掌握的时刻表。

阎魔王的传说当然来自中国,十二地支也是中国人的发明。阎魔王,在中国叫作阎君,或者尊称为阎王爷。在中国的传说中,阎王爷掌管人的生死。当人死后,都要从阳世间到阴间阎王爷那里,受阎王爷的掌控。到阎王爷那里,就意味着死。日本关于阎魔堂、阎王爷的故事当然是受中国文化的影响。

我想,这里是一个火山口,曾经过火山爆发的洗礼,肯定死了许多人,因此人们把这里称为地狱谷。地狱谷又有阎魔王和厉鬼,这都是人们的想象。人

图 9-4 登别温泉的地狱谷阎魔王

们就又在这里立下庙宇，塑造神、鬼，以表示人们对大自然威力的崇拜。

在地狱谷旁边的那条商业小街上，我见到了好几个旅游团，诸如来自马来西亚、新加坡等国家，以及我国台湾地区的旅游团。大家都因说中国话而相识。有一个来自中国台湾地区的女子和我谈了好一会的话，她听说我要在日本待一年，她对我说要好好宣传咱中国文化，这使我有了血浓于水的感觉。在这次旅行中我见到了许多台湾人，大家都是很亲切的。

第二节 北海道的咽喉——函馆

函馆，是北海道最早对外开放的城市。在函馆，我看到日本近代西洋式的城堡——五棱郭，那里曾发生过著名的戊辰战争，幕府最终也在那里消亡，使函馆五棱郭的名字永远回响在日本的历史上。

一、函馆圣诞节夜景

旅游团在出发时已经计划好，12月25日，即圣诞节到达函馆。

函馆，原名"箱馆"，是我们北海道旅行的最后一站。在札幌兴起之前，函馆是北海道的第一大城市。函馆是北海道的南大门，是从本洲通往北海道的咽喉之地，是重要的海港城市。

1859年，函馆与横滨、神户同为日本对外开放通商的口岸，函馆是北海道开发最早的城市，这里有较多的西方人，因此城市内有许多教堂之类的西式建筑，使这个城市及其建筑都带有西方风格，函馆的圣诞节充满了西方的情调。

每年12月25日是全世界基督徒纪念耶稣诞生的日子，西方人称之为圣诞节。函馆也非常隆重地纪念这一天。晚上，我们来到函馆市中心的标志性建筑明治馆前，这里已经是一片灯火辉煌。明治馆其实是一座大型的综合商场。明治馆前站着一位打扮成圣诞老人的人，带着雪白的胡子，穿着大红色的袍子，头戴大红色的帽子，袍子袖口、帽子边沿都镶着宽宽的白边。他的前面有一个捐款箱，这位"圣诞老人"正在为一项体育基金募捐。

明治馆旁边的街上耸立着一颗有二三十米高的、高大的圣诞树，上面缀满了彩灯，彩灯时而红色，时而绿色，时而彩色……变换着不同的颜色，流光溢彩，在严寒的夜色中闪烁着美丽的、温和的光芒。我想，西方国家的圣诞节大概也是如此吧。

我们又来到一条商业街，这条街上有许多商店。每家商店都挤满了人，商家卖力地推销着他们的商品，免费让人们品尝他们的糕点、果汁，毫无夜的感觉。这简直是一座不夜城！

离开市中心，我们到函馆山上去欣赏函馆的夜景。函馆夜景与中国香港的维多利亚夜景、意大利的那不列斯夜景并称"世界三大夜景"。

来到函馆山下，我们坐上缆车。地处北海道的函馆，本身就特别寒冷，再加上又是晚上，且在山上，所以在函馆山上观看夜景，是我在北海道旅行中感到最冷的时候。

在函馆山上，冷风嗖嗖，刺入骨髓；但函馆山下华灯闪亮，犹如辉煌彩色的海洋。函馆市的两侧被海洋包围，左侧是函馆港，右侧是津轻海峡，那海湾就像一个马鞍形，有人说是像蝴蝶形。当然，这灯光夜景也如同地形一样呈现出马鞍形或蝴蝶形。函馆市家家户户的窗棂内灯火通明，都市霓虹灯亮起了艳丽的光芒，与黑色天幕上的星光交相辉映。那轮明月也不失时机地跃上太空，用明媚的银光为这美丽得夜景写上她的温柔。幽深的海面上，闪烁点点的渔火，更增加了夜景中神话般的美丽。寒风中我忘了寒冷，被美丽的夜景所陶醉。函馆的夜景，美丽得让人流连忘返。

函馆是日本最早对外开放的城市，所以有着浓重的异国情调。在中国，现在虽然许多年轻人也过圣诞节，但是像函馆在圣诞节之夜如此热闹、华灯辉煌的，似乎还没有。

第二天，我们在函馆还见到了一些外国人在这里修建的教堂、圣公会教堂，见到了日本最古、最早的"写真"。"写真"，就是照片。这是一张旧北海道厅松前藩士石冢官藏及其从者的照片，现已被北海道指定为有形文化财产。我还见到了日本最早用钢筋水泥建筑的房子。

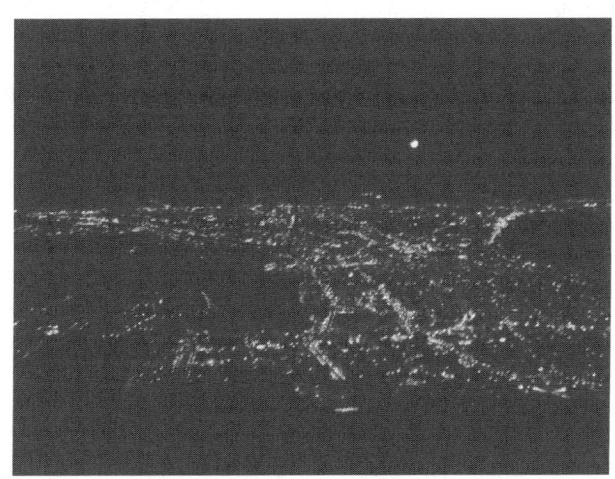

图 9-5 世界三大夜景之一——函馆马鞍形灯光夜景

上午 10 点多，我们参观了一所天使圣母修道院，这是明治维新以后，外国人在这里修建的。这座修道院创建于 1898 年，距今已有 100 多年。修道院是哥特式的建筑，有高大的用白色大理石雕塑的圣母塑像。我们去修道院时，看见身穿黑衣的修女们正在念经。展品室里有修女们做的工艺品，我买了一只上面印着西方小姑娘的小盘子，算作函馆纪念品吧。函馆还有圣公会的教堂、东正教的教堂，是一座很西化的城市。

二、"虾夷共和国"与幕府武士的最后消亡

在函馆，导游带我们参观了五棱郭。五棱郭是江户时代在函馆市建造的一个城郭，也是日本第一个以西洋建筑模式所建造的军事防御性的城堡。"五棱郭"呈五角星状，这是日本最大的西洋式城郭，是函馆标志性的建筑。五棱郭总面积约 252 000 平方米，总周长约 1800 米。五棱郭的城墙高约 6 米，底部厚约 30 米（包含垣墙部分），城外有护城河，宽约 30 米，深约 4 米。

古代的日本在城市建造方面，大多是在城中建一座天守阁，砌上高高的城墙，就像中国一样。而这座城郭是按欧洲的"陵堡式筑城"方式建造的。这种建筑方式是著名的法国军事工程师沃邦元帅所创。其特征是利用尖角的形状的"陵堡"减少周围的防卫的死角，亦可抵御敌人左右来袭时的炮火，还有利用半月形状的堡垒来掩护大门以及护城桥梁的作用。但是五棱郭城墙较低，周围又是平原地形，因此它的防御能力并不强。

五棱郭筑城 100 年纪念时，人们在五棱郭入口处旁建造了一座高约 60 米的展望塔，可由塔上观望整个五棱郭的星型结构。2004～2006 年，人们又建筑一

座新塔，塔台为五角形，高度达107米。站在五棱郭塔上可以瞭望五棱郭城和函馆的市容。

我们随旅游团坐电梯登上了这座高达107米的五棱郭塔。站在五棱郭塔上，俯瞰那座神秘的呈五角星状的五棱郭，我还是感慨万千。

五棱郭曾发生过惊心动魄的戊辰战争，它使明治政府赢得了最后的胜利，幕府统治彻底从日本政治舞台上消失，从而使五棱郭的名字永远回响在日本的历史上。

明治维新前夕，日本的倒幕派（打倒幕府的一派）和佐幕派（辅助幕府的一派）发生了尖锐激烈的斗争。然而，由于德川幕府已经处于末期，幕府日趋腐败，对人民残酷地剥削，引起了人民的强烈反抗。倒幕派积极活动，争取了年轻的刚即位的明治天皇的支持，对德川幕府发动猛烈的进攻。1868年5月，幕府将军德川庆喜献出江户（今东京）。

但是，原幕府海军副总裁榎本武扬虽名义上被迫归顺新政府，但拒不交出军舰，1868年于9月28日率8艘军舰从江户出逃，沿途收容幕府军残部，兵力约3000人。12月2日，榎本在虾夷（今北海道）登陆，攻占箱馆，即现在的函馆。榎本武扬很快控制了整个虾夷岛（即今北海道），建立虾夷共和国。榎本武扬被选为虾夷共和国的总裁，并任命他最亲信的武士——土方岁三为陆军奉行、军事指导。英国、法国的领事承认了虾夷共和国。

1869年2月，明治天皇派遣黑田清隆率8000左右的政府军乘军舰渡海，前往箱馆征讨榎本残部。虾夷共和国以武士组成回天敢死队。回天敢死队的将领土方岁三剑术精湛，英俊潇洒，骑着战马，挥舞着战刀英勇出战，视死如归，其势锐不可当，迎战明治政府军。但是，当他看到明治新政府军猛烈的西洋炮火时，他知道自己手中的剑过时了。

明治新政府在发展的过程中注意接受新事物，军队装备精良。而虾夷共和国的士兵就是原来的幕府武士，他们虽然精通剑术，但在他们执政时期实行闭关锁国的政策，拒不接受新事物。他们精湛的剑术在装备精良的政府军面前根本起不了作用。在现代化武器洋枪大炮面前，虾夷陆军节节败退。眼见败局已定，土方岁三单人独骑挥舞着战刀，闯入新政府军阵，大吼"我乃土方岁三是也！"土方岁三被铁炮射中，子弹从胸部贯穿，英勇战死。土方岁三表现出了日本武士最高境界。土方岁三的遗作是首和歌："纵然身葬虾夷岛，灵魂死守东之君。""东之君"，指的是他的主人松平容保。土方岁三战死之后，榎本武扬投降，戊辰战争结束。

因为战争之年是戊辰年，故这场战争被称为戊辰战争；因战争发生在箱馆（函馆的旧称），又称为箱馆战争。这场战争历时一年半，也就是说虾夷共和国存在了一年半。战争的结束，预示着新时代的崛起，旧时代的结束。

"虾夷共和国"与日本武士同时走到它的尽头,并最后消亡。从此日本的武士时代结束了,一个崭新的明治时代到来了。

图 9-6　函馆街头商店中土方岁三铜像

从五棱郭塔向下俯瞰,五棱郭掩映在一片绿树之中,五棱之角分明,护城河水晶莹如带,静静流淌,似乎在诉说着过去的故事。那里曾发生过激烈的战争,幕府武士在那里最后消亡,五棱郭因此也遭到极大的破坏。现在五棱郭正在修建,预计两年后即可完成重建规模。在日本,我发现日本人对有历史价值的一切文物,很重视保存,绝不轻易毁坏。

让我感到惊讶的是,在函馆的五棱郭我见到了人们为土方岁三塑造的铜像。在函馆的街头和商店,我同样见到了他的铜像,还看到用他的名字命名的红酒。土方岁三是旧幕府的殉道者,而今日的日本则是明治维新的延续,为什么人们还如此褒扬他呢?我想,日本人是很重视他们的武士道精神,无论是维新派或者是佐幕派,只要是为了自己的事业而勇敢献身,就能得到日本人的尊重。日本人之所以尊敬土方岁三,当是由于他的武士道精神。

武士是日本幕府时代的产物。日本在其封建化发展的过程中,与中国有所不同。日本的天皇从来就没有改朝换代过,但是日本天皇在长达 1000 多年的历史中却处于无权的地位。也许正因为无权,天皇才没有被推翻。大约从平安时代末期(即 8 世纪)起,日本的国家政权就操纵在藤原氏的手中。以后,日本平氏、源氏相继建立起能够控制天皇的政权。这个时期,日本的政治称为幕府政治。幕府为了控制天皇,培育自己的武装力量,日本开始出现武士这个阶层。武士是平氏、源氏在建立自己政权的过程中利用和依靠的武装力量。武士实际上就是幕府贵族的爪牙和鹰犬。

　　日本的武士道精神，以坚韧、忠诚、勇敢而著称于世，曾被认为是纯日本化精神的产物；而究其源，日本的武士道精神实际是吸收了中国儒家的伦理精神，又加上日本的本土文化而形成的。江户前期，山鹿素行写的《士道》，被认为是武士道理论的奠基学说。《士道·明心术篇》说："孔孟之教人曰：'守死善道'，曰'舍生取义'，曰'杀身成仁'。夫死者，人之大事也。至道义只当守，生不足恋，死不足顾，况富贵贫贱，饮食色情害志乎？"①

　　山鹿素行的弟子大道寺友山在《武道初心集·臣职篇》中说："武士临战场，绝不当顾家室。出阵应有战死之决心以生命付诸一掷，方得荣誉。与敌骑决胜负，将被敌取首级时，敌必正色问我姓名，即应朗报己名，莞尔授项，不可有懊丧萎缩之态。负致命伤时若尚有气力，必向番头、组头或同伙报告，不露痛苦，处以冷水无事之色，方不失为武士第一要义。"② 至此，武士道的精神和理论完全日本化。

　　武士是日本幕府贵族依靠的基本力量。镰仓幕府的源赖朝氏、室町时代的足利尊氏、安土·桃山时代的丰臣秀吉，直至江户时代的德川幕府，日本一直处在将军、武士的控制之下。所谓"幕府"，就是将军的帐篷。"幕府"一词来自汉语。《史记·建元以来侯者年表第八》记载："杨敞家在华阴，故给事大将军幕府，稍迁至大司农为御史大夫。"日本的幕府政治就是武人政治，武士阶层在日本历史上存在1000多年。

　　有人说，土方岁三是日本历史上最后的幕府武士。土方岁三身上集中地表现着英勇忠诚、爱名轻生、俭约寡欲、重视礼仪、至死也不改其忠的日本武士精神。这种武士道精神在日本国民中有重要的影响。土方岁三是日本幕府时代最后、最典型的武士。土方岁三誓死忠于自己的主人；他的一把武士刀、一颗忠诚不变的心、一种视死如归的精神，大概是日本人之所以赏识他的理由。

---

①② 吴廷璆：《日本史》，230页，天津：南开大学出版社，1994年。

第十章 东京纪行

正值炎夏7月,我接到了东京留学生会馆孙国凤老师的信,说是他们那里现在是生意比较清淡的季节,8月份他们会馆的生意就忙了,如果我现在去东京,住宿费比较便宜。孙国凤老师东京大学研究生毕业,现在东京管理留学生会馆。接到她的信后,我就急忙赶到东京,开始我的东京之行。

东京是近代日本的国都,许多地方表现出近代的特征。我在奈良、京都见到的每处古建筑都显示出浓厚的唐风,而东京显示出的却是拼命地学习西方,然后向外扩张的强势。

第一节 东京的高校

作为一个教师,在东京我首先选择去参观日本的高校。东京的高校与中国有较多的联系。如早稻田大学,清末民初之际,我国很多辛亥革命党人在那里留过学;又如东京中央大学,那是辛亥革命家、河南省辛亥起义的总司令张钟端就读过的学校;而东京大学是日本的一流大学,这些学校都有深厚的文化积淀。

一、早稻田大学与中国辛亥革命党人

在东京,我首先去访问的是早稻田大学。早稻田大学是日本私立综合性高等学校,因校址在东京新宿区西早稻田,1882年初创建时学校名称为"东京专门学校"或"早稻田学校",1902年9月经日本有关部门批准改制为"早稻田大

图 10-1　早稻田大学创始人大隈重信铜像

学"。早稻田大学的创始人大隈重信以"学问的独立"为办校方针,奉行先进和开放的办学理念,主张学术自由,提倡独立的钻研精神。

早稻田大学的大门口,高耸着一座钟楼,那是为了纪念创始人大隈重信而建的。早稻田大学的校园里也有大隈重信的铜像。在早稻田大学的校园里,一股自由的气氛扑面而来。在校园里,到处都会看到反对政府当局的标牌、标语、和板报,上面写着"反对福田政权的关于消费税大增税的政策!""反对殖民战争!""反对八国峰会!"八国峰会是指 2008 年北海道召开的世界八大工业领袖国的联盟会议,包括法国、美国、英国、德国、日本、意大利、加拿大、俄罗斯。会议有三大议题:关注气候变暖、全球化与自由贸易及非洲发展问题。这个会议遭到了日本的非政府主义者的反对。我们且不说这个会议的正确与否,但日本大学生这种参与精神和敢于反对政府的勇气是我不敢想象的,也表现出早稻田大学"学问独立"的办校方针和学术自由的办学理念。

自清末起,早稻田大学就与中国有非常密切的关系,是日本最早接受中国留学生的大学。早稻田大学最早接受了清朝政府派遣的公费留学生,中国留学生人数一度占到该校学生总数的四分之一。在早稻田大学的周围有许多与中国辛亥革命党人有关的遗址和遗迹。当我刚从新宿早稻田驿下车,在西早稻田一丁目这个小街上,有两个中国留学生告诉我,这就是原来的牛込区马场下町二十番地,现在这个小街改名为西早稻田一丁目。河南辛亥革命党人、女革命家、社会活动家、教育家刘青霞与燕斌等创办《中国新女界杂志》时所居住的故址,就在这条小街上。

图 10-2　早稻田大学附近牛込（こむ）区马场下町二十番地
辛亥革命党人创办革命杂志的小街

刘青霞（1877～1923），原名马青霞，河南安阳人，父亲马丕瑶曾为广西、广东巡抚。其二兄长马吉璋曾为光绪皇帝的侍读、侍讲兼起居注。刘青霞17岁时嫁给河南省首富、尉氏县刘耀德为妻，改名为刘青霞、刘马青霞；25岁时其夫刘耀德亡故谢世，但并没有留下子嗣。当时刘耀德的姐姐有孕在身，于是刘青霞诈称有遗腹子，抱养了刘耀德的姐姐之子为己子，为子取名刘鼎元。刘氏家业由刘青霞执掌。

1906年，马吉璋被清政府派往日本考察学务，管理留学生。刘青霞在同族侄孙刘恒泰的鼓动下，携子同二兄长马吉璋一道赴日游历，考察学务，考察实业，增长见识、开阔眼界。马吉璋征得清政府的同意，为刘青霞办理了护照。

刘青霞东渡日本，很快结识了唐群英女士、黄兴先生、孙中山先生、张仲端先生等。在这里，刘青霞接受了资产革命思想的熏陶，参加了同盟会，成为先进的中国人。

就在早稻田大学西边的这个小街上，刘青霞与辛亥革命党人创办《中国新女界杂志》，捐款创办《河南》杂志。回到河南后，她创办了最早的女子学堂，捐巨资支持发动河南的辛亥革命。刘青霞一生致力于办义学、兴善举、妇女解放及教育事业，与"鉴湖女侠"秋瑾齐名，被誉为"南秋北刘"。

早稻田大学南边的小街，有雷奋、杨荫杭办《译书汇编》的旧址。周恩来及廖仲恺、李大钊、澎湃等早年都曾在早稻田大学学习。

日本自明治维新以后，在政治上大大地优于我国的封建专制制度，许多优秀的中国人来到日本，学习他们的政治、教育、文化等各种制度，以反对清政府的专制统治。在东京，还有中国留学生创办的《民报》、《云南》、《粤西》、《晋乘》、《国民报》、《江西》、《四川》、《汉声》、《浙江潮》、《洞庭报》旧址、陈天华创办的《二十世纪之支那》旧址。辛亥革命党人在东京上野公园的精养轩举行过励志会、新年纪念会、支那亡国242周年纪念会。2000多名中国人集会东京的锦辉馆听章太炎发表演讲。中国留学生会馆在今御茶水桥东200米处，曾有很多先进的中国人在那里居住，从事革命事业。东京布满了中国辛亥革命党人的旧址和遗迹。

我在早稻田大学西边的这个小街上，缅怀当年的辛亥革命党人。当年他们为了追求富国强兵的理论和技术，来到日本求学。清政府派出留学生的目的本来是为了巩固清王朝的统治，而这些留学生在接受新思想之后，却成了清王朝的掘墓人，东京无意间成为辛亥革命的重要策源地。站在早稻田大学，我浮想联翩，心潮起伏，心情久久不能平静。

二、东京大学

东京大学，有与早稻田大学不同的氛围。在东京大学的校园里，我看到了古色古香教学楼，以及作为国家文物保护遗产的赤门，还有那具有庞大树冠的古老的樱花树。我想，如果在樱花开放的季节，这里肯定很美丽。

但在这里，我没有看到在早稻田大学所见到的那些反对当局的标牌、标语、板报，以及扑面而来的自由的气氛。有人说，"在东京大学的办学理念里，你几乎捕捉不到文人气息，相反，它给世人的印象，更多的则是理性和务实"。对这句话，我似乎也有同感，虽然我对东京大学并没有太深刻的了解。

图 10-3　东京大学校园的古树

东京大学,是日本第一所高等学府。江户时期,这里曾设置了"兰学"机构"天文方"、昌平坂学问府、种痘所,其中昌平坂学问府是明朝人朱舜水在当时的江户创办的儒学堂。"昌平",指的是孔子的家乡昌平乡,后成为东京大学的前身。明治时期创办东京开成学校和东京医科学校,将江户时期各个有科学含量的机构纳进学校。1877年,日本政府公布了"新学制令",确立向欧美学习的国策,根据文部省指示,将上述两校合并,定名为东京大学。明朝人朱舜水创立的"昌平坂学问府"就是赫赫有名的东京大学的前身,这使我又一次感到自豪。

图 10-4　东京大学滨尾先生的铜像

1886年,明治政府为适应大日本帝国的需要,颁布了"帝国大学令",东京大学改名为帝国大学。1887年制定了"学位令",增设博士和大博士学衔。帝国大学又称"东京帝国大学"。为了使帝国大学更好地发展,日本把当时在政府曾任文教要职的东宫大夫、枢密院议长、文学部大臣滨尾先生,调任为帝国大学的总长。在东京大学,我见到了滨尾先生的铜像和碑文。碑文铭曰:

夫诚积于内而发乎外,可以感乎天地鬼神,况于人乎?是以至诚之人生,则为众人之所感叹,死则为众人所敬仰,丰功盛德光前照后焉。滨尾先生至诚之人也,其在文教要职为东宫大夫、为枢密院议长,无一不至诚,服务膺事而其终始,所缱绻为本学事业矣。自始官于东京大学至薨前,前后五十年,虽职司有所不同,心则无一日不在本学,充实内容、扩张规模,创讲座,制定学位,令增设农科大学等,皆出自先生至诚主张。其罢文学部大臣后再为本学总长,以枢密院顾问官姑兼本学总长者,亦以至诚,感乎人心也。其薨也,全学如丧父母,以大讲堂充葬仪场，藉表哀痛之意。葬之前，皇上赐御沙汰，有致意忠诚谋事之语。天语昭昭，真蔽先生德业矣。葬之日，勒使来临，显官巨公以至。学生列于仪者二千有余，可以观先生德业之盛焉。昭和三年五月，本学设纪念事业实行委员会，遂决建设铜像，以致追慕之忱。之议像以成，乃举先生德业，基于至诚以念后人云。

昭和八年六月
东京帝国大学滨尾先生纪念事业实行委员会

此碑于昭和八年（1933 年）六月所立，滨尾先生是昭和三年（1928 年）五月之前谢世。那么滨尾先生在帝国大学的 50 年，正是处于侵华战争的前夕。我想，滨尾先生为培养大东亚战争的人才耗尽了心血，他才能得到日本天皇的褒奖，"有致意忠诚谋事之语"。

第二次世界大战前，帝国大学是日本培养具有国家主义思想人才的基地，培养了几万名毕业生，许多人成为国家级的领导人物。帝国大学是培养"日本首相人才的基地"。日本首相总理大臣中，第二次世界大战前有三分之一出自东京帝国大学。第二次世界大战后，日本首相总理大臣则基本出自东京帝国大学。

第二次世界大战后，帝国大学恢复了东京大学的校名。1986 年，有关机构投票评选 10 所世界著名大学时，东京大学作为亚洲唯一一所入选的高校，证实了其学术地位。

第二节　东京近代皇室建筑

自明治天皇迁都东京，至今已有 100 多年的历史，经历了明治、大正、昭和、平成四代天皇，东京自然留下了日本天皇的许多遗迹。明治天皇陵葬在京都伏见桃山陵，东京仅有明治神宫供日本人膜拜；而大正天皇与昭和天皇的陵墓皆在东京的八王子市。东京还有日本天皇的御苑、皇居等建筑。有关天皇的居处和建筑当然是东京最高规格的建筑了，这是人们每到京城都要去参观考察天皇居处的重要原因。

一、东京皇居

日本的皇宫，我只见过两座，即京都御所和东京皇居。

日本自建国之后，其都城主要有三个：分别是奈良时代的平城京；平安时代的平安京（即京都）；明治维新以后的东京。

平城京，即今奈良，皇宫现已不存在，只有遗址。但是据说，日本已经在原来的遗址上恢复了原来的皇宫建筑，并且将于 2010 年对外开放，至今我还没有去过那里。

古京都自平安时代（794 年）开始建都，直至 1868 年明治天皇迁都东京止的 1000 余年间，一直是日本的首都。京都至今有保留完好的日本皇宫，即京都御所。

京都御所，又称为京都皇宫、故宫，位于京都市中心上京区内，1331～1868 年这里主要用作天皇居处。据介绍，京都御所内有紫宸殿、清凉殿、常御所和小御所等。明治天皇、大正天皇及昭和天皇的继位仪式都在此举行。京都御所，前后被焚 7 次，现在的皇宫为孝明天皇重建，东西宽 700 米，南北长 1300 米，面积 11 万平方米，四周是围墙，内有名门 9 个、大殿 10 处、堂所 19 处。

如果想参观京都御所，必须提前向御苑里的宫内厅提出申请。因此，当我面对京都御所紧闭的大门时，只能绕着宽宽的碎石子路隔着围墙向里面张望。

日本朋友告诉我，到东京，一定要去看看皇居，因为那是日本天皇的居所。皇居前面用细石子铺成的广场那么宽阔、那么气派，显示着其在日本独一无二的高贵。一条宽宽的护城河碧波荡漾，一道用巨大的石块垒砌的城墙挺拔坚固，环绕着皇居。人们站在外边可以看见高耸的城墙内，在半山坡上建筑的壮丽辉煌的角楼，其建筑形式及规模与大阪的天守阁有相似之处。真正的皇居，站在城墙外是看不到的。城墙与护城河之间栽满了樱花树，林木掩映，把皇居与这个喧嚣的城市隔离开来，皇居也被衬托得更为美丽神秘、高不可测。护城河上有一座二重桥使皇居与外面的世界相通。皇居平时是不让市民参观的。每年的元日（新年）、天皇生日（12 月 23 日），市民可以进入皇居参观。

这里原是 1457 年江户幕府所建的江户城堡。明治维新后，明治天皇从京都迁都江户，把江户城改名为东京。自 1868 年由京都迁都东京以来，已历四代天皇，即明治天皇、大正天皇、昭和天皇及平成天皇。明治天皇迁都东京后，下令将京都御所改为京都皇居。

第二次世界大战期间，东京皇居遭到联合国军队炮火的猛烈袭击而成为一片废墟。现在的皇居是 1968 年（明治迁都 100 周年）时，依据原貌重建的。

东京皇居，在第二次世界大战前称为"宫城"，由"御所"（天皇居处）、"宫殿"（举行政务的场所）和宫内厅（行政机关）等组成。第二次世界大战后，日本战败，"宫城"这个名字被废止，改名为"皇居"。

东京皇居还见证了江户幕府的历史，因此这里更充满了厚重历史的底蕴。那坚固挺拔的城墙，是幕府特有的防御形式；德川将军在京都二条城的城墙，

图 10-5　东京皇居

丰臣秀吉在大坂城修建的城墙等都说明了这一点。京都御所却没有那高大城墙和护城河，因那时的天皇处于无权的地位。而在东京，天皇皇居的防御设施却是建造了这高大的城墙、宽宽的护城河，表明了明治维新以后日本天皇权威地位的形成。

东京皇居之外，宽阔气派的细石子的广场，大片修剪整齐的绿草地，茂盛的樱花树、黑松和垂柳，为日本第一家增添了许多神秘和高贵的气氛。

二、明治神宫

明治神宫，位于东京市中心的"代代木"，也是我到东京计划中必须去的地方之一。过了神宫桥，就是明治神宫。进入神宫的大门，与日本其他的神宫一样，有一条长约 500 米、宽 7~8 米的松散的石子路。路的两边有郁郁葱葱的自然长青林。明治天皇 1912 年驾崩，1920 年创建明治神宫，日本全国向明治神宫的宫苑赠送 10 万株树木。明治神宫目前共有 17 万株树木，形成了这郁郁葱葱的自然长青林。

神宫的前面有两道高高的鸟居，过了神宫桥有一道鸟居，到了明治神宫大殿的门楼前，还有一道鸟居，鸟居前面就是神宫的门楼。这两道鸟居中一座是原木色，另一座是银灰色，与伊势神宫的鸟居一样，但是形状却有所不同，倒是与平安神宫、伏见稻荷大社前面的鸟居一样呈"宗"字形。

平安神宫的门楼是殿阁型的牌楼，高大雄伟，是一斗拱形的两层的木构建筑。牌楼的两旁有两株上百年树龄的高大的樱花树，在进入神宫之前，必须用清水洗手漱口。

图 10-6　明治神宫大殿

过去门楼，就是宽阔的庭院。庭院正中就是雄伟气派的明治神宫大殿。神宫大殿是单檐挑角，歇山式的房顶，亦有一派唐代的风格。大殿庭院的东西两边是吊着灯笼的廊庑。整个布局豪华气派，壮丽雄伟、辉煌显赫，与它的祖先天照大神所居那座木柱草顶的伊势神宫相比，真是不可同日而语。神宫正殿的两旁亦有两株上百年树龄的高大的樱花树。神宫正殿的里面当有明治天皇的神主。人们在神宫大殿之前就要止步，这与伊势神宫的规矩也是一样的，所以神宫正殿里面有什么我也就不得而知了。

明治神宫也与伊势神宫一样，每日都有警察巡守。但明治神宫有与伊势神宫不同之处，那就是在明治神宫可以举行结婚典礼。据一个中国朋友告诉我，他那次去明治神宫，刚好赶上有年轻人正在举行婚礼。明治神宫喜气洋洋、张灯结彩、搭台唱戏，而伊势神宫是绝不允许举行任何形式的婚礼的。伊势神宫永远保持一种庄重肃穆的气氛。日本朋友告诉我，因为伊势神宫的神主是日本天皇的祖宗天照大神，而天照大神则是一位女皇，故不能在伊势神宫举行婚礼。而明治神宫的神主明治天皇是男性，可以在这里举行婚礼。她的话，可能有一定的道理。

明治天皇名睦仁，1852～1912 年在位。庆应三年（1867 年），16 岁的睦仁天皇即位。当时，日本沿袭了 600 多年的武人政治，国家政权掌握在德川将军为首的江户幕府手中。天皇只是名义上的国家元首，没有实权。

当时，已经发生了 1840 年的鸦片战争，中国遭受西方帝国主义列强的侵略，西方工业文明的先进显示出巨大的威力。日本江户幕府为了自己的统治，采取闭关锁国的政策，拒绝接受西方的文明。在这种情况下，日本的有识之士，如"三杰"西乡隆盛、大久保利通、木户孝允为首组织倒幕派反对德川将军和江户幕府，并把名义上处于日本最高的天皇抬出来作为推翻德川将军江户幕府的象征。明治天皇在倒幕派影响和推动下，接受了西方先进的思想，于是发动了一次在日本历史上有重要意义的明治维新运动。

庆应四年（1868年）一月，倒幕派拿到明治天皇的密诏，发动政变，迫使德川将军退位。明治天皇同年七月把国都从京都迁往江户，并把江户改称为东京；九月改元年号为"明治"。明治天皇总揽政治大权，从此日本进入了近代天皇制时期。

明治神宫东廊庑的外边是一座神乐殿，亦有一座回廊。回廊里有游人（日本称作"参拜者"）休息的地方。回廊的一端悬挂着明治天皇在明治元年（1868年）三月十四日御制的五条御誓文，并写有："我国即将进行前所未有之变革，故朕躬身先众而行，向天地神明宣誓，定斯国是，立万民保全之道。盼众卿亦念兹在兹，同心戮力。"这五条御誓文被认为是日本明治维新改革的具体条款。日本接受西方的先进思想，对社会风习进行变革，"富国强兵"是明治维新的最终目标。

明治天皇发布《教育敕语》，推行以效忠天皇为核心的军国主义教育，从而完成了日本近代天皇制国家的基本法律和意识形态方面的改革。从明治天皇时期始，日本天皇成为一个神，而不是一般的凡人。

明治天皇在日本这个又小又穷、资源贫乏的偏僻岛国，领导了日本的明治维新，创造了世界史上的奇迹，仅用了半个世纪的时间，就实现了社会、经济、军事多方面的改革，使日本成为世界强权国家。

随着日本的强大，古老的中国成为日本帝国主义侵吞掠夺的对象。明治天皇于1894～1895年发动中日甲午战争，强迫中国签订了《马关条约》。《马关条约》中约定中国将辽东半岛、台湾岛、澎湖列岛及周围附属岛屿割让给日本，赔偿日本2亿两白银。日本人从战争中得到巨大的利益，更加强了日本对外扩张的能力和资本。

当我站在明治神宫，想起这些令人痛心的往事，一方面不得不佩服明治天皇的魄力和智慧，也佩服日本民族改变自己命运的勇气和决心；另一方面痛恨明治天皇对中国的侵吞和掠夺，痛心中国几千年来封建专制制度绑在人们身上的枷锁。如今这场噩梦已经过去，但我们永远都不要忘记那个时代，那些加在中国人民身上的耻辱。明治天皇在位45年后，于1912年去世，他的陵墓在京都的伏见桃山陵。

三、新宿御苑

明治神宫不远处是新宿御苑，占地58公顷，位于东京的市中心。新宿御苑原来是江户时代信川高远藩主内藤骏河守的住宅。明治时代，内藤家向政府上缴这块地皮，明治五年（1872年）改为水果蔬菜研究所，7年以后成为新宿植物御苑，第二次世界大战后改立为公园，当时主要作为皇室的庭园使用的。

图 10-7　日本御苑

在这个御苑中没有太多的人工建筑，也没有太多的雕饰。在一个被称为日本式庭园的地方，有几处日本式的小房子。小房子门前的牌子上写着"乐羽亭"、"翔天亭"，就是营业的茶室，当是后代所建；再就是那一大片绿色的草坪和郁郁葱葱、修剪的十分整齐的常青树、高大的樱花树；一个大大的湖泊，给这个花园添了无限的生机和情趣。远处还有一处简单的亭子，有游人在游览，有的在作画。

根据介绍，这个御苑中还有一个洋式庭园，但当我到了那个被称为"洋式庭园"的地方时，只见一个大大的圆坛，里面种了一些花，圆坛周围是一不太整齐的石子路。我连照相的兴趣都没有了。在我看来，这个洋式庭园实在没有令人神往之处。

御苑，顾名思义，是天皇休息游逸之处，地处日本的国都东京，在地理位置和意义上相当于中国北京的颐和园、圆明园。但是在建筑的壮观和雕饰的华丽方面，是远不能与北京的颐和园、圆明园相比的。

颐和园规模宏大，占地面积 293 公顷，园中的景点建筑物百余座、大小院落 20 余处，古建筑 3000 多间，面积 70 000 多平方米，亭台楼阁、长廊水榭、殿堂庙宇、孔桥石坊等不同形式的建筑与自然山峦交融如画，古树名木与湖光山色相映成趣。

新宿御苑没有亭台楼阁、长廊水榭、殿堂庙宇、孔桥石坊，没有壮丽的建筑、没有豪华的雕饰；只有一两处简单的亭子。

新宿御苑的建筑与雕琢远不能与中国的颐和园、圆明园相比,当我最初想到此处,一阵骄傲与自豪感悠然而生;同样是皇家御苑,同样是皇室建筑,新宿御苑怎么能与大中华的颐和园、圆明园相比,到底是小小的日本难与我大中华媲美?!

但是出于历史学人的习惯思路,我很快又想到,也许正因为颐和园太豪华、清朝皇家太豪奢,而日本新宿御苑太简朴,才是导致中国在甲午海战中惨遭失败的重要原因。

颐和园是为慈禧太后过60岁寿诞而修建的。为了建筑这座颐和园所耗费的大量的白银是挪用海军衙门的军费,至使中国海军的军舰、器械落后,不能及时更新。康有为在《康南海自编年谱》中说:"时西后以游乐为事,自光绪九年经营海军,筹款三千万,所购铁甲十余艘,至是尽提起款筑颐和园,穷极奢丽,而吏役辗转扣克,到工者十得其二成而已。于是光绪十三年后,不复购铁舰矣。败于日本,实由于是。"① 最近有人提出,说慈禧修建颐和园没有用那么多银子,修颐和园连同做寿一共享了1000多万两。就算是1000万两还少吗?为修筑颐和园,清政府不仅挪用了几百万两的海军军费,而且命全国各省认筹银子。如广东认筹100万两,两江70万两,湖北40万两,四川、直隶各20万两等。为慈禧太后做六十大寿,"从西苑到颐和园,沿途扎彩亭、彩棚,每五步一座,植花奏乐演剧"。当有人提出,战事紧急,颐和园工程是否稍缓。慈禧太后竟然说:"今日令吾不欢者,吾亦将令彼终生不欢。"② 日本也乘此慈禧做寿之良机,向中国发动战争。"日知今年慈圣盛典,华必忍让。"西太后竟然在甲午战争发动之后,在大连陷落、旅顺危急的情况下,还继续举行了她豪华奢丽的六十大寿的庆典。慈禧太后表现出了封建专制统治者极端的自私无能、专横跋扈、视国家人民如私产、置国家人民利益于不顾的反动本质。这种情况决定中国在1894年甲午战争中的惨败是必然的。西太后的行径与日本发奋图强、实行富国强兵的政策形成了鲜明的对比。

日本明治维新以后,自天皇至大臣皆自己出资捐款给政府,更新海军设备。1894年,乘慈禧太后六十大寿之时,日本发动侵华战争。甲午海战,中国一战而败是必然的。1895年,战胜的日本强迫清政府签订《马关条约》。条约规定:中国割让台湾和澎湖列岛、辽东半岛给日本,赔偿日本白银2亿两。后来中国又以白银赎回了辽东半岛。而台湾和澎湖列岛被日本整整占据50年。日本拿到割地和赔款,完成了原始资本积累,其经济迅速发展;而中国从此一蹶不振。

---

① 康有为:《戊戌变法·康南海自编年谱》,《中国近代史料丛刊》(四),122页,上海人民出版社,1957年。
② 王芸生:《六十年中国与日本》第二卷,192页,北京:生活·读书·新知三联书店,1980年。

但这些优势是谁造成的呢？把颐和园与新宿御苑对比就会看得很明白，也许能更清楚地解析近代中国屡屡战败的原因。

新宿御苑质朴大方，毫无人工雕琢的痕迹，更无天上人间的豪华奢丽，但是那一片生机盎然的绿色难道不正象征着日本民族向上的务实精神吗？！新宿御苑中有 1500 株樱花树，每年春天从 2 月～4 月，各式樱花竞相怒放、绚丽灿烂、令人陶醉。日本首相每年 4 月都要在这里举行"赏樱会"，招待各国使节和社会名流。由于我是 7 月份来这里的，没有看见樱花那绚丽的风采，只看见樱花树那高大繁茂的树冠，但我能想象到这里的樱花在春天会多么的迷人。

记得一位先生曾经对我说："人们老是骂昏君贪官，但是你看看历史上的有名建筑、名胜古迹都是昏君贪官留下的，如十三陵、颐和园、圆明园……"但我想，如果不修十三陵、不修颐和园、不修圆明园，也许中国发展得更快，也许早就像欧洲列强一样成为世界强国了。

如果说中国不如西方列强发展得早，受到了某种限制，但是日本并不比中国发展得早，为什么人家能发展起来，而我们却不能？痛定思痛，这是强大的封建专制制度造成的。

四、靖国神社的战争亡灵

靖国神社是备受中国、韩国等在第二次世界大战时期受日本侵略国家注目的焦点。日本的高层官员每年的 8 月 15 日（农历七月十五日，盂兰盆节）去参拜靖国神社，引起第二次世界大战时期受日本侵略国家的愤怒。

每年的 8 月 15 日，是盂兰盆节。如前所述，当中国唐宋时期关于盂兰盆节的风俗传入日本之后，每年的 8 月 15 日，是日本人迎接期待祖宗回来受子孙祭祀的日子。日本的高层官员于每年的这一天去参拜靖国神社，当然就是迎接靖国神社的战争亡灵回到阳世间受享的意思。

靖国神社供奉的亡灵都是哪些人呢？靖国神社的拜殿里，供奉着 246 万日本人的亡灵。除去明治维新（1868 年）和倒幕战争中死去的 1.4 万多人之外，其余多是在对外侵略战争特别是侵华战争中死去的战犯。中日甲午战争中战死的有 1 万多名，出兵侵略中国台湾等地战死的有 1000 多名，镇压"义和团"而死的有 1 万多名，日俄战争和侵略朝鲜战死的有近 9 万名，第一次世界大战中战死的近 5000 名，侵略中国的"九·一八"事变中死的有近 200 万人，在向亚洲扩张的太平洋战争中死的有近 90 万人。1978 年秋，臭名昭著的日本甲级战犯东条英机、宏田弘毅、土肥原贤二、板桓征四郎、松井石根、武藤章等侵华战争的主将也被移入靖国神社。

靖国神社供奉的这些亡灵有四分之三是在侵略中国的过程中而死的。当然，在日本明治维新和倒幕时期死的人们也可说是日本的英雄,但是那些侵略者呢?那些为侵略战争而死去的人,我们也许可怜其愚昧和受骗,同情他们成为贪婪的战争贩子的牺牲品,但是多少无辜的中国人、韩国人、菲律宾人……死在他们的枪口下……我认为,当你看到靖国神社供奉的是这些人的亡灵的时候,如果是一个正直的日本人,就绝不会去参拜靖国神社!

图 10-8　靖国神社大殿

当然,去靖国神社的人,不一定就是去参拜。带着对过去苦难历史的追忆、痛苦往事的考察、愤怒情绪的宣泄,这就是我去靖国神社的目的。

每月的 1 日、15 日是靖国神社例祭的日子。我来的这天刚好是 7 月 15 日。只见靖国神社热闹非凡,大路两旁摆满了卖各色小吃的摊点,摊点的上方挂满了黄色的灯笼。大路的右边有一个台子,台子上面正有日本传统的歌舞伎在表演,"咿咿呀呀"地唱着曲子,好一个热闹的场面。

在快到靖国神社大殿的地方,高耸着日本皇家陆军创始人和靖国神社创建者大村益次郎的铜像。铜像的前面是一个鸟居。鸟居是日本神宫和神社前面的象征物。在向前走就是靖国神社大殿,日本人就是在这里参拜靖国神社的魂灵。

日本是一个太平洋中的岛国,国土狭小、资源极其贫乏,自丰臣秀吉时期,日本就对一水之隔而又地大物博的中国垂涎。明治以后,日本维新成功,学习西方,其国力与科学技术迅速增长。到中国掠夺财富,就成为日本全国上下努力的目标。中国也就成为日本扩张侵略的目标和对象,从甲午战争到第二次世界大战,日本占领了中国的台湾、澎湖列岛、东北三省,进而大半个中国的沦陷。沉重的历史创伤在每一个中国人的心中留下了深深的烙印。在伊势的这一年中,我看到了很多块日本墓地,在每一块墓地的墓碑上,我看到只要是战死的军人,基本都是在侵略中国战争中而死的。当然,这些战争对中日两国人民来说都是一种不幸和苦难。

我认为日本在第二次世界大战以后所走的道路基本是正确的，放弃侵略和战争，专心致志地发展工业和科技，用自己的产品去交换别国的农产品和某些资源，而不是用侵略和战争去掠夺别国，在这里我也祝愿日本民族发展和富强，彼此永远不要战争。

五、大正天皇陵与昭和天皇陵

日本东京八王子市的高尾山中有四座皇陵，其中的多摩陵是大正天皇与贞明皇后的陵墓，武藏野陵是昭和天皇和香淳皇后的陵墓。

图 10-9　大正天皇多摩陵

这次到东京，我刚好住在八王子市，便特意到高尾山中去考察了日本近代的四座皇陵。从规模上看，日本的皇陵远远比不上中国皇陵气派。中国皇陵有高大的享堂和陵上建筑，皇陵前有宽宽的神道；陵前的神道两旁还有石像生，那高高的华表、石人、石兽等，多么尊贵气派。日本皇陵的"表参道"也很有特色，宽宽的几里长的石子路也非常气派，但是没有享堂、华表、石人、石兽之类的建筑和华饰。就所占的山水之胜来说，日本皇陵位于青山绿水之间，丝毫不逊色于中国的皇陵。用中国人的眼光来看，应该说"风水"是很好的。

这四座皇陵，像日本所有大的神宫、神社一样，在青山绿水之中有二三里地的由青色碎石子铺成的路，蔚为壮观，这是"表参道"。在"表参道"之前有一个两叉口，分别通向大正天皇（日本第 123 代天皇）及皇后陵、昭和天皇（第 124 代天皇）及皇后陵，四座皇陵的陵园共占地 46 万平方米。

图 10-10　昭和天皇武藏陵

这四座皇陵的规格基本是一样的。每座皇陵的前面照例有一个高高的鸟居，鸟居的前面有三级台阶。在鸟居和台阶之间，有一层铁围栏。游人不准走上台阶、进入陵内半步。皇陵的形制是上圆下方，用白色的大理石砌成，高11米左右。皇陵内，存放着天皇的灵柩。日本的皇陵不准游人参观，日本认为每个游人都是参拜者，当然参拜者也是不准参观的。

多摩陵安葬着大正天皇（1912~1925年在位）与贞明皇后。大正天皇是明治天皇的儿子，本名嘉仁，是日本第123代天皇。根据中国《易经》中"大亨以正，天之道也"之意，而改元"大正"，故嘉仁被称为大正天皇。大正天皇在位初期，承明治天皇维新创业积累的财富和基础，根据《马关条约》中国支付给日本赔款对日本的财政起着很大的支撑作用。1914年8月至1918年11月，在自欧洲爆发并波及全世界的第一次世界大战中，欧洲商人多来日本投资经营，造成日本的一片繁华气象。这个时期日本民主自由气氛也较为浓厚，被称为"大正之春"。

大正天皇晚年，据说因儿时曾患有脑膜炎而复发，导致精神失常，而不能正常处理国务，因此提前退位，其子裕仁即位，是为昭和天皇。根据《尚书·尧典》中有"百姓昭明，协和万邦"一句改年号为昭和。

武藏野陵安放着昭和天皇裕仁和香淳皇后的尸身。昭和天皇就是日本发动第二次世界大战的罪魁祸首之一。昭和天皇裕仁发动了1931年的"九·一八"事变，占领了中国的东北三省；发动了1937年的卢沟桥事变，挑起了大东亚战争，而中国也拉开了抗日战争的序幕。

日本在第二次世界大战失败后，裕仁在美国的保护之下幸免被审判。1954年，裕仁被迫宣布，日本天皇不是神，而是人，只是日本的象征。在此之前，日本天皇被认为是神。昭和天皇自 1921 年摄政，1926 年即位，1989 年驾崩，在位 68 年，是日本天皇中寿命最高、在位时间最长的天皇。

第二次世界大战以后，日本的《和平宪法》规定：日本的主权属于国民，天皇只作为日本国的象征存在；日本永久放弃国家主权发动的战争，不保持陆海空军及其他战争力量，不承认国家的交战权。日本不再有权进行战争，日本在这种框架的约束下，专心致力于发展经济，从而使日本成为世界上仅次于与美国和俄国的第三大工业强国。应该说，日本发展道路还是平稳和正确的。日本发展的历史也告诉我们，放弃战争、维护和平，才是全人类的福音。

第三节 东京孔庙——汤岛圣堂

奈良与平安时代，中国的儒学、佛学、道学大量的直接或间接的传入日本，对日本的政治、文化、经济都起着重要的影响。是时，日本的寺院也讲解儒学。魏晋时期，儒学传入日本之后，日本不断地请求中国或者朝鲜派遣博士、学者、高僧到日本去传授学问，当然也有很多学者由于改朝换代，亡命日本，使日本迅速地接受了中国的儒学。同时日本也开始像中国一样对儒学的创始人孔子进行祭祀。日本有很多城市都有孔庙及研究孔子的学术团体，如东京、栃木、熊本、佐贺、长琦、福冈、大阪、神户、冈山等县、市都有孔庙。

在东京，我见到了日本最大的孔庙——汤岛圣堂。这个汤岛圣堂是在中国明朝抗清的民族英雄、思想家朱之瑜（号舜水）先生的指导下创建的。汤岛圣堂还珍藏着朱之瑜先生带到日本的孔子铜像（目前已经成为日本的"国家文化财"）。

一、儒学传入日本及孔庙的出现

一般认为，儒学大约是在晋武帝太康元年（283 年）传入日本的。是时，有一个名叫王仁的人从百济（今朝鲜）到日本，献上《论语》十卷、《千字文》一卷，首先被日本的贵族所接受、学习，然后推广到全国。

《日本书纪》卷十记载：应神十五年（284 年），百济王向日本贡了良马两匹，并派一个名叫阿直岐的人随之到日本，在轻坂上厩养马，从此日本把养马的地方称为"厩坂"。阿直岐能读经典，太子菟道稚郎子以他为师，学习经典。应神天皇问他："还有胜于你的博士吗？"阿直岐说："有，王仁者，是秀也。"于是，天皇派使者到百济国去请王仁。《日本书纪》卷十"应神十六年"记载："王仁来之，太子菟道稚郎子师之。习诸经典于王仁，莫不通达。所谓王仁者，是书首等之始祖也。"①

《古事记》"应神天皇"条下云：应神天皇令百济国云："如有贤人者则贡上，故受命以贡上人，名和迩吉师，即《论语》十卷，《千字文》一卷，并十一卷，付是人贡进。又贡上手人韩锻，名卓素，亦吴服、西素二人也。又秦造之祖，汉直之祖，及知酿酒人，名仁番，亦名须须许理等参渡来也。故是须须许理酿大御酒以献。于是天皇、宇罗宜是所献大御酒。"②

从《古事记》的记载来看，这个名叫和迩吉师的人从百济国来，不仅带来了《论语》十卷，《千字文》一卷，而且带来了织造、酿酒等技术，这些人，如"韩锻"、"卓素"、"秦造之祖"、"汉直之祖"都是来自中国，天皇很喜欢他们所贡献的"大御酒"。

有人认为，《古事记》中的"和迩吉师"，就是《日本书纪》记载的"王仁"。这个说法是有道理的。王仁，有人认为当是中国名字。王仁有可能是从中国到百济，又从百济到日本，精通经典的中国人；"和迩吉师"当是王仁的日本名字。

儒学传入日本之后，大受日本人的推崇，日本太子菟道稚郎子就以王仁为师，向他学习经典。所谓经典，就是中国的《论语》、《千字文》等儒家经典。

推古天皇时期，圣德太子所进行的改革就是在儒家思想的指导下进行的。圣德太子推行"冠位阶"，即"大德、小德、大仁、小仁、大礼、小礼、大义、小义、大智、小智，并十二阶"。次年，圣德皇太子作"宪法十七条"："以和为贵"、"君则天之，臣则地之"、"信是义本"、"以礼为本。其治民之本、要在乎礼、上不礼、而下非齐。下无礼、以必有罪。是以群臣有礼、位次不乱。百姓有礼、国家自治"等，皆是儒家经典的精髓。

文武天皇时期，日本首次对孔子进行祭祀。《续日本书纪》卷二《文武天皇》大宝元年（701年）二月，"丁巳释奠"。注曰："学令：释奠之礼于是始见矣。""释奠，凡大学、国学，每年二仲之月上丁释奠与大圣孔宣父。""义解：为释，释菜也。释奠，币也。祀其先圣，以示敬道。宣父，是孔子谥也。"

《续日本书纪》卷二《文武天皇》大宝元年（701年）记载的"丁巳释奠"是最早见于日本史的"释奠之礼"。

"释奠之礼"是在中国太学、国学中所进行的祭祀孔子的礼节。中国古代释奠礼、释菜礼在古籍中多有记载。《礼记·文王世子》云："凡学，春官释奠于其先师，秋冬亦如之。"又曰："凡释奠者，必有合也。"所谓"必有合"，指的是合舞与乐。

---

① 《日本书纪》卷十，"应神十五年至十六年"（二册）512页，513页，东京：岩波书店，2001年。
② 仓野宪司校注：《古事记》"应神天皇"，311页，东京：岩波书店，2008年。

释菜礼，是春天万物萌发生长之际，向神灵敬献新长成的芹藻菜蔬之类的礼。在行释菜礼时，不用舞乐。每年的开学之日和春秋仲丁（阴历二月、八月这两月上旬之丁日），称为"上丁"日。"仲丁"日是阴历二月、八月这两月的第二个丁日，就是阴历二月、八月的十四日，都要举行较大规模的祭祀活动。

释奠之礼、释菜之礼，皆是在学宫中进行的祭祀先圣、先师之礼。

东晋孝武帝太元十年（385年），在国都太学中建孔子庙，左学右庙，以供学子祭祀、膜拜。学校所行的释奠、释菜之礼祭祀的是孔子。

当儒学传入日本之后，日本也像中国一样开始祭祀孔子，并且出现了许多孔庙。《续日本书纪》记载的"丁巳释奠"，当是一种对孔子的祭祀之礼。文武天皇大宝元年（701年），日本的国都还在藤原京（今奈良橿原市高殿），尚没有往平城京迁都，因此这个释奠之礼当在国都藤原京孔庙或者太学中进行，所以日本最早的孔庙或者学校当在今奈良附近。

据说，迄今为止日本遗存最早的孔庙是栃木县足利市足利学校。足利学校依照中国庙学的形制，既是祭祀孔子的庙宇，又是让学子们学习读书的地方。足利学校，是天长九年（832年）由小野篁创建的。

二、东京孔庙——汤岛圣堂

日本东京最繁华中心"御茶の水"的东边有一条河，河上有一座桥。桥上刻有"圣桥"二字。这座桥又名"昌平桥"，是因孔子家乡春秋鲁国的昌平乡而命名的。《史记·孔子世家》云："孔子生鲁昌平乡陬邑。"从桥上过去，向北100米左右就是汤岛圣堂，这就是东京孔庙。东京孔庙是我这次东京之行考察的重点。汤岛是东京的一个街名，"圣堂"指的就是孔庙。汤岛圣堂是东京最大的孔庙。

这座孔庙始建于江户时代。是时，日本在幕府的统治下，崇尚儒学。江户宽永九年（1632年），建立汤岛圣堂，最早建在上野一带，1690年迁于现址，已经有300多年的历史了。宽政九年（1797年），江户幕府的第十一代将军德川家斋以明人朱舜水制作的孔庙模型为准，对圣堂进行扩建，并把圣堂改称为"昌平坂学问所"，当年这是日本的最高学府，是当今东京大学的前身。

孔庙大门上写"仰高"二字，故这个门又称为"仰高门"。"仰高"出自《论语·子罕篇》的"仰之弥高，钻之弥坚"之句，以表示对孔子的敬仰。走进大门，有一斯文会馆。斯文会馆之侧有蒋中正书写的"有教无类"四个大字。过去斯文会馆，有一高台，上立着孔子铜像。这座铜像高15尺、重15吨，1975年由中国台湾赠送，据说是当时世界上最高的孔子铜像。孔子铜像前面有一棵高大的楷树。树旁立有一个标牌文字说明，可知这棵树是1914年日本博士白泽

图 10-11　东京孔庙——汤岛圣堂之仰高门

图 10-12　汤岛圣堂孔子铜像

保美从中国曲阜带回种子,到鹿儿岛农商务省林业试验场育苗,成长后移到此地。我在东京八王子市的住处东京留学生会馆里,也见到一棵由中国曲阜移来的楷树,也有标牌说明。中国曲阜孔林中有子贡"手植楷",以纪念孔子,表明弟子对孔子的尊重和热爱,日本人把曲阜楷树的种子在日本培育或者将曲阜楷树移植东瀛,是他们对孔子执弟子之恭的最好证明,由此可见孔子在日本人心中的地位。

从孔子铜像再向前走,又有一座"入德门"。但这个"入德门"平时是不开的，要从侧门过去。"入德门"前面是一个宽阔的庭院。登上一个高高的台阶，台阶两边是郁郁葱葱的花园，花园内植有杏树和花草。上去台阶，有一道大门，大门上写着"杏坛"两个大字。杏坛门宽约 20 米，进深约 5 米。"杏坛"是孔子讲学的地方。这道门以"杏坛"命名，表现出对圣人的尊重。

进入杏坛门，又有一个宽阔的庭院，正中就是孔庙的大成殿。大成殿两边有东西廊庑。大成殿及东西廊庑均髹黑漆。大成殿檐下的匾额上面书写着"大成殿"三个鎏金大字。"大成殿"歇山式的房顶，单檐挑角，殿的屋脊两端饰青铜鸱尾，垂脊末端饰辟邪灵兽，其建筑形式完全仿照中国古代的建筑。大成殿每当土曜日、日曜日、祝日才开放，让人们到大成殿内去参观瞻仰。

图 10-13　汤岛圣堂的大成殿

据有关资料，大成殿里有青铜孔子像，铜像高 38 厘米。这尊孔子铜像为明朝人朱舜水流亡日本时所带的三尊孔子像之一，是朱舜水赠送给日本友人安东的礼物，后有人将这尊孔子铜像献给大正天皇。圣堂修建后，大正天皇把这尊珍贵的孔子铜像赐给汤岛圣堂。但是据说现在汤岛圣堂中大成殿的孔子像是复制的，朱舜水所赠的那尊青铜孔子像作为"国家重要文化财"珍藏于仓库，每年祭孔时才恭敬地请出来供上。青铜孔子像之侧还有四个孔门弟子的像，即颜子、曾子、子思、孟子的像。但汤岛圣堂平时是不开殿门的，因此我也无缘看到这些珍贵的铜像。

杏坛门内，大成殿的院中有一个木架，木架上挂满了小木牌。这些小木牌是祈愿牌，都是即将应试的考生所写的希望考上那个学校的心愿。祈愿牌上写着考生的名字和他们所希望考上的学校，如"东京大学"、"早稻田大学"等。

小木牌上也多写着"合格"的字样。日本的大学也是很难考的，特别是名牌学校。日本青年找工作与他们所就读学校的知名度有很大的关系。日本人把孔子视为斯文，即文化的象征。考学，当然属于斯文中事，故要在孔庙许愿，向孔子祈祷。

东京孔庙也与日本其他的神社、寺院一样，平时冷冷清清，只有在祭日才热闹。但在东京孔庙我注意观察到，到孔庙中参拜（日本人叫做参拜）的人还是连绵不断的。

东京孔庙现在属于财团法人斯文会管理。斯文会在东京孔庙经常举行活动。"斯文"在中国就是读书人的意思。《史记·孔子世家》记载：当孔子在鲁国受挫，带领他的学生周游列国，在匡地受到不明真相的匡人的围攻。孔子说："天之将丧斯文也，后死者不得与于斯文也；天之未丧斯文也，匡人其如予何。"在这里，孔子以"斯文"自居，认为自己是传播文化的人。那么东京孔庙的斯文会，也是传播文化的使者。斯文会每年元日（新年），举行《论语》、中国的唐诗等各种文化与学术讲座，展览朱舜水带至日本的那尊珍贵的青铜孔子像；4月的第4个星期日举行释奠祭祀孔子；10月的第4个星期日举行"先儒祭"活动；11月23日举行"神农祭"。

我到东京孔庙的这天正好是7月14日，即月曜日（星期一），斯文会正在这里举行唐诗讲座。在一个礼堂的讲台正中挂着一个黑板，旁边挂着一张中国地图。一个教授模样的白发苍苍的老人坐在讲台上讲授"江户时期的汉诗"，下面坐着30多个日本人在听讲。有年轻人，也有老人。东京孔庙弥漫着浓厚的中国文化的气氛。

我在东京孔庙停留了足足两个多小时，面对中国的文化圣人在异国他乡的重大影响，我心潮澎湃，感受到了中国文化的巨大魅力和影响。

明治维新后，日本人学习西方，曾下令毁掉儒学和佛学，把汤岛圣堂变成日本文部省的办公室，后又把大成殿改成博物馆；以后又觉不妥，1907年，博物馆又改成大成殿，并恢复了祭拜孔子的释奠仪式。汤岛圣堂也由此产生。1923年，汤岛圣堂毁于关东大地震；1935年，汤岛圣堂重建；落成时，国民政府还派官员前来祝贺。从那时起，汤岛圣堂就是现在的规模，多处模仿山东曲阜孔庙。

三、明朝朱舜水与东京孔庙的关系

东京孔庙，即汤岛圣堂是按照明朝人朱舜水的《学宫图说》监造，大成殿供奉的孔子像是朱舜水从舟山带去的三尊孔子像中的一尊。朱舜水与东京孔庙有密切的关系。

朱舜水是明末人，旅居日本 24 年。由于清政府的排斥与封锁，朱舜水在中国影响不大，然而在日本有很大的影响。日本史家说"德川二百余年太平之治"始于舜水。

朱舜水（1600～1682 年），名之瑜，字鲁屿，号舜水，浙江余姚人。舜水，是在日本取的号。舜水是他家乡的一条河，又名姚江。朱舜水说："舜水者，敝邑之水名也。"朱之瑜以舜水为号，以示不忘故国故土之情。

明朝末年，崇祯皇帝吊死在景山。清兵入关，烧杀掳掠，南明朝廷灭亡。当此国家危难之际，朱舜水毅然走上了反清复明的斗争道路。

顺治十六年，朱舜水与张煌言、郑成功一起率领军队北伐，抗击清政府；但是北伐最终失败。张煌言被俘，郑成功败走中国台湾。朱舜水宁愿死，也不愿剃发留辫，于是亡命日本。在日本，朱舜水仍然穿戴他的明朝服装，刻骨铭心的亡国之痛常常使他在海边遥望故国痛哭流涕。朱舜水在日本 24 年，直到去世也没有回归故里。

梁启超将朱舜水与黄宗羲、顾炎武、王船山、颜元等列为明末清初五大思想家。朱舜水初到长崎，是时，日本已经不允许中国人在日本居住了。但是一个叫安东守约（号省庵）的日本人拜他为师，"执弟子之礼"。朱舜水在《与孙男毓仁书》中说："日本禁留唐人已四十年，……乃安东省庵苦苦恳留，辗转央人，故留驻在此，是特为我开此厉禁也。既留之后，乃分半俸供给我。省庵薄俸二百石，实米八十石，去其半，止四十石矣。"①当我读到此处，不禁为这位日本友人安东省庵真挚的高情厚谊、师生友情所感动，也为安东省庵刻苦好学的精神所震撼。在安东省庵的苦苦恳留之下，朱舜水先生留在了日本长崎，并且有了落脚之地。

1665 年，日本国江户幕府的副将军、水户藩主德川光国，置彰考馆，欲兴儒学之教，并且编著《大日本史》，派使者到长崎请朱舜水到江户（今东京）去讲学，并尊为国师。安东守约等人认为德川光国是一个真正做学问、推行儒学的藩主，力挺舜水先生应承此事。于是朱舜水先生答应了德川光国的请求，抵达江户。德川光国对舜水先生竭诚尽敬，"乃聘为师，亲执弟子礼。舜水时谏光国，其言剀切，光国每纳之"②。日本学者、达官显贵诣门求教，纷至沓来，执弟子礼；朱舜水先生耳提面命，公开讲学。

日本人对朱舜水先生"礼养备至，特于寿日设养老之礼，奉几、杖以祝；又为制明室衣冠使服之，并欲为之起居第。之瑜再辞曰：'吾藉上公眷顾，孤踪海外，得养志守节，而保明室衣冠，感莫大焉！吾祖宗坟墓，久为发掘；每念

---

① 《朱舜水集·与孙男毓仁书》，48 页，北京：中华书局，1981 年。
② 《朱舜水集·附录·友人弟子传记资料·德川光国》，802 页，北京：中华书局，1981 年。

及此，五内惨烈。若丰屋而安居，岂我志乎?!'乃止。"①

由以上记述可以知，日本学者为朱舜水先生做寿日，奉几、杖，礼敬有加；同时也可以看出朱舜水先生"养志守节，而保明室衣冠"的不屈志向。

朱舜水先生不仅有深厚的学术功底，而且拥有高超的工艺技能，如宫室、房屋、桥梁的设计，衣服、祭器的制作，各种礼仪的程序等方面的技能。舜水先生把这些技艺全部传入日本，为促进中日文化的交流做出了巨大的贡献。江户幕府初造学宫，朱之瑜绘画图纸，度量尺寸，亲临施工现场指导。《清史稿·隐逸一》记载：

> （朱）之瑜为日人作《学宫图说》，商榷古今，剖微索隐，使梓人依其图而以木模焉，栋梁枅橡，莫不悉备。而殿堂结构之法，梓人所不能通晓者，亲指授之。度量分寸，凑离机巧，教喻缜密，经岁而毕。文庙、启圣宫、明伦堂、尊经阁、学舍、进贤楼，廊庑射圃，门户墙垣，皆极精巧。又造古祭器，先作古升、古尺，揣其称胜，作籩、簠、笾、豆、登、铏之属。如周庙欹器，唐、宋以来，图虽存而制莫传，乃依图考古，研核其法，巧思默契，指画精到。授之工师，或未洞达。复为揣轻重，定尺寸，关机运动，教之经年，不厌烦数，卒成之。于是率儒学生，习释奠礼，改定仪注，详明礼节，学者皆通其梗概。日人文教为之彬彬焉。之瑜居日本二十余年，年八十三卒，葬于日本长崎瑞龙山麓。日人谥曰文恭先生，立祠祀之，并护其墓，至今不衰。②

东京孔庙——汤岛圣堂就是根据朱舜水先生《学宫图说》而设计建造的。东京孔庙所行使的"释菜"礼，也是朱舜水带去的明代礼制。汤岛圣堂的孔子铜像也是舜水先生送给日本的贵重礼品，现已经成为日本国宝。朱舜水共带到日本三尊孔子铜像，一尊安放在汤岛圣堂，一尊安放在柳川孔庙，一尊安放在安东守约第十一代裔孙安东守仁家中。

朱舜水先生对日本江户时代的文化有重大的贡献，为江户时代水户学的形成培养了大批人才。朱舜水先生在江户，"自国工以下，咸师事之。为建学，设四科，阐良知之教。日本于是始有学，国人称为朱夫子"③。他与水户藩主德川光国结下了深厚的师生情谊。德川光国编写的《大日本史》是日本第一部纪传体的史书。舜水先生的学生山鹿素行是日本有名的学者，著有《圣教要录》、《四书句读》、《武教本论》、《武教全书》、《兵法惑问》、《孙子句读》。另外，安

---

① ② 《清史稿》卷五百，《隐逸一·朱之瑜》，13837页，北京：中华书局，1977年。
③ 《朱舜水集·附录·友人弟子传记资料·德川光国》，640页，北京：中华书局，1981年。

东守约、伊藤仁斋、安积觉等皆是他在日本的学生,这些人都是江户时代日本的俊才,是水户学形成的奠基人。戊戌变法的主将梁启超先生曾撰写《朱舜水年谱》,表现出梁启超对朱舜水的敬仰之情。

朱舜水的纪念碑上刻着"朱舜水先生终焉之地"的红色大字,就立在东京大学农学部院内正门左旁。

在东京孔庙,看着那一派中华风的杏坛、大成殿、仰高门等,我们不能不感谢朱舜水先生这样的中国学者在异邦为传播中华文化所做的贡献。

第四节　横滨中华街

横滨,是一个很大的海港,也是东京的门户。明治维新之后,横滨与神户、函馆是日本最早对外开放的港口城市。横滨集聚着大量的中国人,形成了日本最大、历史最久的唐人街,即横滨中华街。横滨中华街已经有140多年的历史。

横滨中华街上不仅有大量的华人店铺,有寄托华侨思想情感的关帝庙、妈祖庙,还有经孙中山先生提议,并介绍康有为、梁启超到横滨创立的"中华学院"。这所"中华学院"曾经成为戊戌变法失败后变法派流亡日本的避难所,凝聚了几多中国历史变幻的风云。

一、横滨中华街——日本最大的"唐人街"

东京留学生会馆的那些留学生告诉我,到了东京,最好去横滨中华街一趟。不去横滨,那是一个损失。当年中国华侨到日本总是先去横滨,从横滨再转去东京,横滨中华街有上万的中国人。不仅如此,当年无论是同盟会的孙中山、黄兴等辛亥革命党人,还是康有为、梁启超等戊戌变法的代表人物,皆居住在横滨中华街。横滨中华街成为中国近代史的重要组成部分,仅仅这些就够吸引我了。

7月16日,这天风和日丽,我辗转来到横滨中华街。走进中华街,我被中华街那宏大华丽的规模与气势震惊了。横滨中华街相对我曾去过的神户中华街来说,那不是同一个概念和规模。神户中华街只有短短的大约500米一条街,而横滨中华街呈井字形,是纵横都有五六条街的、规模宏大的华人社区。这里聚集着500多家店铺,其中餐馆、酒店、饭店有200多家。

中华街位于横滨市的中部,有9个入口,当然也就有9座高耸华丽的牌楼。东面的牌楼朝阳门与西面的西阳门相对,南面的朱雀门与北面的玄武门相对,东、南之间的天长门与西、北之间的地久门相对,而其他的入口处也立有名为

图 10-14　横滨中华街

善邻门、延平门、中华街的牌楼。这些牌楼把横滨中华街衬托得格外庄严、美丽，并且带有浓厚的中国风格和气派。走进那 9 座牌楼围绕成的中华街，就好像走进了中国一座小小的但又极繁华的城市。

走进横滨中华街，迎面而来的是"扬州饭店"、"重庆饭店"、"台湾茶叶专卖店"、"状元楼"、"福建饭店"、"太湖馒头店"等店铺。铺面极其华丽气派，又听见满耳都是中国话，即使有些用日语在招揽客人的人，但是你只要问一声："是中国人吗？"那人就会马上热情地回答："是，福建的！"或者"山东的！""北京的！"

在中华街上有一家名为"北京堂"的古董商店，只见店内清静、幽雅，摆满了中国的文物和古玩。7 月的天气很热，于是我进入这家古董商店想凉快一会儿，刚好古董商店这会儿没有什么顾客，于是我就与这家店的老板攀谈起来。老板姓张，看起来有 40 多岁，这正是人生中能干的黄金时期。张老板是 20 世纪 80 年代来中华街的，据他说，当时的中华街很多店铺都空着。由于他喜欢古玩，就开了这家古董商店。他说，他在北京还开了三家同样规模的古董商店，都叫"北京堂"。

张老板告诉我，他现在在日本开古董商店，主要任务是收购古玩，根本不是卖古玩，收购后再运回中国，到拍卖行去拍卖。现在国外的古玩远没有国内的贵。他说，日本有很多中国的文物，大多是 20 世纪 80 年代中日建交后，日本人到中国去买的。那时候，中国的东西特别便宜，外国人比中国人有钱，他们用很低的价钱大量收购中国的文物，造成中国的文物外流。而现在这批 20 世纪

80年代到中国买文物的人也都老了，年轻人不懂也不喜欢中国文物，很多老人把那时买的文物拿出来卖掉。有的老人来找他卖古玩时还拿着北京琉璃厂荣宝斋的发票呢！可以说，张老板当是一个使祖国文物回流的功臣。

"北京堂"的南隔壁是一家中国台湾老板开的精品店。这个店很小，主要卖一些小的工艺装饰品。我走出"北京堂"，与这个精品店的老板攀谈了一会儿。老板是一位很谦和的人。他告诉我，他大约20世纪60年代就来这条中华街了。他不会说日本话，但在中华街上生活是没有问题的。我问他生意怎样，他说够吃饭，但发展前景不大。当我和他谈到，中国内地来这里做生意的人时，他说中国内地来的人很能干，也很会赚钱，现在经营的生意都比他的好，发展也快。我想，这大概是中国大陆来的人们更能吃苦耐劳，所以才有较大的成就和发展。

在横滨中华街，我还看见一些看手相、算命、占卜的店铺和摊位。牌子上标明看手相、算命、占卜的价格是1000日元。这个价格是通过鉴定所认可的，看来生意很红火，还有一些人在排队呢。谁能说看手相、算命、占卜，不是一门生意，不是一种海外谋生的手段呢？

中午，我在中华街的"六凤居"吃午饭。六凤居是一家福建人开的饭店。饭店的女服务员也是福建人。她说她是老板的亲戚，来这里给老板打工已经三年了。据她告诉我，老板已经来这里60多年了，如今已是第三代老板了。

在这里有各种各样的中国人前来谋生，他们来的时间虽各有不同，但是他们开辟了中国人的社区聚集地。他们遵守所在国的各种制度，老老实实地做人、做生意。中华街的善邻门上写着"亲仁善邻"四个大字。中华街的宪章上写着：礼貌待人的中华街、创意功夫的中华街、温故知新的中华街、先义后利的中华街、老少平安的中华街、桃红柳绿的中华街、善邻友好的中华街。善邻门上"亲仁善邻"的大字以及宪章上的七条表现了在日本的中国华侨的精神风貌和做人做事的准则。透过这些章程，可以看出中国人在外谋生的谨慎友好的意愿和态度。

横滨中华街每年都要举行很多活动，以宣泄他们思乡的情感。每年的春节期间，中华街全城举行春节庆祝狮子舞、春节展览会，人们穿着皇帝衣装，列着关平将军的队形，跳狮子舞；元宵节举行灯笼祭，3月采青也要跳狮子舞、妈祖祭、子供绘画展，4月份庆祝花鸟节，5月份庆祝端午节，6月份庆祝中华街品尝，8月份庆祝关帝诞，9月份庆祝中秋节，10月1日庆祝国庆节，10月10日庆祝双十节，12月份庆祝迎春灯花等。可以想象，这些节日寄托了海外华侨在异乡的殷殷的思乡情感，和那对故土的怀念。

二、寄托华侨思乡情感的关帝庙

横滨中华街的每一幢建筑都带着浓浓的乡情。横滨中华街上有两座神庙：一座关帝庙，一座妈祖庙，这是每一个到中华街的中国人都必去拜谒的。

中华街的中间偏北处有一座关帝庙。我走过关帝大道，一座宏伟华丽的建筑——关帝庙出现在我的眼前。关帝庙豪华的山门是由四个白色的大理石墩上

图 10-15　横滨中华街关帝庙

图 10-16　横滨中华街关帝庙正殿

竖着四根朱红的柱子而撑起的。山门分为三层，自上而下雕龙画凤、斗拱鸱尾，庄严华丽，颜色鲜艳，光辉绚烂，完全是中国式的建筑，透露着一种富贵和神圣。关帝庙表现出浓厚的中国建筑风格，是与我在日本神社所见到的纯色和暗色是完全不同的风格。

横滨原是一个小渔村，1859年横滨开港，逐渐繁荣。这座关帝庙建于1873年，即横滨开港的第15个年头，是我国赴日的第一代侨民所建。1891年关帝庙扩建，成为一个庄严华丽的庙宇，但1923年关帝庙毁于关东大地震。地震过后，侨胞们捐资重建关帝庙；1945年关帝庙毁于第二次世界大战的战火，1946年侨胞们捐资又重建关帝庙。1986年，一场大火又烧毁了关帝庙；1990年侨胞们捐资又一次重建关帝庙。如今的关帝庙华美壮丽，是旅日侨胞心中的圣地。我想，关帝庙一次次地毁于地震，或毁于战火，或毁于天灾之火，而侨胞们又一次次地重建，这种现象说明了什么呢？它只能说明海湾侨胞的怀念故土的殷殷情怀！

关帝庙正殿门楹联写着：

关怀华夏胸存汉统垂竹帛
圣览春秋志昭义勇壮河山

左侧门楹联：

观望仙乡何处是普陀南海
音宣佛旨此间即般若西天

右侧门楹联：

地灵显坤德四时盛恩普佑
母仪镇后土千秋俎豆馨香

关公像前楹联：

关心纲常扶汉室
圣威忠义伏曹瞒

看到这些楹联，我热血沸腾。这些楹联表现出海外侨胞怎样的思念故土的情怀?! 多少年来，中国侨民为了生计在海外奔波，但他们心灵深处始终怀念着祖国，渴望中华之神保护他们。他们知道自己是中国人，只有得到中国神灵的保护，才有安全感。

关帝庙是三国时期关羽的神庙。史书上记载的关羽是刘备帐下的一个大将，与刘皇叔亲如兄弟。在一次大战中，刘备战败逃走，关羽为了保护刘备的两个妻子，而被曹操俘虏。曹操想争取他投降，封之为"汉寿亭侯"。但关羽不为富贵所动，帮助曹操斩杀颜良、文丑，报答了曹操之后，封金挂印，不辞辛劳，过五关斩六将，千里走单骑，找寻刘备，表现出他一生以"忠义"为行动的准则。

关羽的"忠义"得到历代统治者的推崇，历代统治者对关羽一封再封。宋朝关羽被为"忠惠公"、"义勇武安王"；明代封之为"三界伏魔大帝、神威远镇天尊关圣帝君"。清代顺治加封关羽为"忠义神武关圣大帝"，而且每年致祭，以示尊崇。

关羽讲道义，忠于朋友，生死同心，患难与共，忠义勇武，坚贞不二。关羽的忠义精神得到我国人民的爱戴，因此他被尊为"武王"、"武圣人"，又被世人附会成具有司命禄、估科举、治病除灾、驱邪避恶等具有"全能"法力的"万能之神"，民间各行各业对关帝顶礼膜拜。关羽不贪图富贵，不为金银财宝所动，这正是从事商业所需要的精神。民间、特别是商人也需要他的"忠义"和"勇武"精神来支撑自己的商业活动，于是关羽被尊为财神。世人、商贾们都敬佩关公的忠诚和信义，希望关公作为他们发财致富的守护神，于是关羽被神化，有传说关羽是"解梁老龙"转世。关羽为佛、道、儒三门所崇信。明清时期，我国各个州县几乎全都建有关帝庙，对关羽的信仰与崇拜几乎与孔子等同。

最早来到横滨中华街的中国海外侨胞基本都是商人，他们怀着深厚的思乡情结，希望得到"武王"、"武圣人"、"财神"关羽的保护，于是他们在横滨开港的最初几年中就建立了这座关帝庙。如今关帝庙已经有100多年的历史了。岁月沧桑，关羽忠义精神永远是我们民族精神的寄托和追求。

现在横滨中华街大约有上万的中国人，既有中国内地人，也有中国台湾人。据说中国内地人和中国台湾人还曾经为争关帝庙闹矛盾。其实我认为，无论是中国内地人和中国台湾人，都是血肉同胞，关羽是中华民族共同崇拜的神灵，没有必要争。我看见中华街的节日，既有10月1日的国庆节，也有10月10日的双十节。我个人认为，这两个都是中华民族的节日。10月1日的国庆节是为庆祝中华人民共和国成立的日子，而10月10日打响了辛亥革命的第一枪，宣告了中国最后一个封建王朝灭亡，也应是中华民族庆祝的节日。所以海外的中国人应该团结起来，实现民族的伟大复兴，才是全体中国人的愿望。

三、中华街的妈祖庙

中华街南部的朱雀门内有一座妈祖庙,又称天后宫。妈祖庙也像关帝庙一样华丽庄严,也是横滨中华街的标志性建筑,但与拥有100多年历史的关帝庙不同的是,这座妈祖庙于2007年3月17日首次落成,并举行开庙典礼。

图 10-17　横滨中华街天后宫（妈祖庙）

妈祖庙的山门共分三层,每层皆是挑角飞檐,雄伟壮丽。山门正中书写着"天后宫"三个鎏金大字。妈祖庙的正殿是我国传统的八角形的亭阁。妈祖庙的金面妈祖塑像是台南大天后宫前年致赠。

妈祖庙正殿横额：

　　慈航普渡

妈祖庙正殿楹联：

　　恩被扶桑播千秋母德　　福麻海间浮万里星槎

两侧门楹联是：

　　天后驾东瀛渊源流长　　母仪辉玉阁俎豆馨香
　　鲸波永息缘圣母慈航　　鳌殿常新奉女神宝座

图 10-18 妈祖庙的金面妈祖塑像

从这些楹联中可以看出侨胞们渴望得到妈祖女神保护的心理。妈祖是中国东南沿海地区，包括广东、福建、浙江、台湾，以及东南亚（如泰国、马来西亚、新加坡）等地及各国沿海华裔人民普遍信仰的海神。

妈祖，宋建隆元年（960年）农历三月二十三日出生于福建湄洲，是都巡检林愿之女，相传其原名为林默娘；宋太宗雍熙四年（987年）九月初九逝世。林默娘自小就生活在大海边，传说她生前知天文、识地理，常常在渔民们出航之前告诉他们天气的情况，因此有人说她是"神女"、"龙女"。后当林默娘身亡之时，有人看见彩云瑞霭、仙乐飘飘；还有人说见过林默娘身穿红装，飞翔在海上营救遇难的人，于是出海远航的海船开始供奉林默娘的画像，尊她为海上女神。航海者对于天后娘娘的灵验深信不疑。妈祖成为我国南海一带恩被四方的圣母。南宋高宗曾封林默娘为灵惠夫人，以后元、明、清的历代封其为天妃、天妃娘娘、天后、天上圣母等，对妈祖的祭祀被列入国家的祀典。

如今全世界有5000多座妈祖庙，几乎遍布全球。妈祖信仰早已传到日本，如今长崎等地皆有妈祖庙，但横滨的这座妈祖庙是日本最大的，而且在中华街也是首次落成。

横滨中华街的妈祖庙也像关帝庙一样，凝聚着海外侨胞对祖国的眷恋，以及与祖国血肉相连的殷殷深情和那种渴望得到祖国神灵保护的心理。

四、横滨中华学院的时代风云

中华街最吸引我的还是横滨中华学院。关帝庙的旁边就是那所我慕名已久的中华学院,这是世界上第一所近代华侨学校。学校的大门横额上有"横滨中华学院"六个大字,上面又有一行小字"国父纪念校",表明了这所学校与中国革命伟大的先行者孙中山先生的密切关系。

横滨中华学院自1898年建立,距今已经有100多年的历史。这个古老的学校也凝聚着时代的风云、历史的沧桑,与我国的政治形势有密切的不可分割的关系。

图 10-19 横滨中华学院

横滨是孙中山先生开辟资产阶级革命活动的重要基地。1894年10月1日孙中山领导的兴中会在檀香山成立。1895年10月26日,孙中山领导广州起义失败后,亡命日本。在轮船上孙中山结识了横滨华侨商人陈清,并通过陈清认识了冯镜如兄弟等人,得到横滨华侨商人的支持。在横滨,孙中山剪掉发辫,改着西装,以示革命决心。在横滨,孙中山依靠华侨的支持,成立了横滨兴中会。因美国檀香山距离国内太远,孙中山把革命的基地转移到日本横滨。孙中山先后15次赴日,在日本度过将近十年,且大部分时间在横滨。孙中山曾说过"华侨是革命之母",孙中山的革命活动确实得到了横滨侨胞的无私援助。

1898年,华侨们与孙中山商议,由华侨、华商捐资在横滨建立"中西学校",即现在的"中华学院",其目的是为中华民族培养人才。但孙中山将主要精力放在领导革命方面,没有时间办学,就向当地华侨推荐了梁启超任学校的校长。华侨们拿着孙中山的介绍函聘梁启超时,梁启超正在办《时务报》。于是,康有为就推荐了徐勤为校长。徐勤带领三位老师来到横滨,将学校改名为"大同学校",校名取自康有为的《大同书》,用广东话教学。

戊戌变法失败后,康有为、梁启超逃亡日本,"大同学校"就成为变法派的避难所。康、梁又在横滨成立保皇党。保皇党是拥护帝制、保卫皇帝的;而孙中山领导的同盟会是要打倒帝制,实行民主,推翻清政府。二者的宗旨针锋相对，势同水火。横滨大同学校当时由保皇党控制，于是在学校贴出了"孙文到，不招待"的标语。

当然，随着清政府的垮台，保皇党无皇可保，也随之消失。横滨中华学院成为以孙中山为首的资产阶级活动的基地。但是横滨中华学院饱受历史的沧桑，1923年学校校舍毁于关东大地震，震后华侨们重建了一所"中华公立小学堂"。1945年，横滨遭到美国的空袭，日本为其发动的侵略战争付出了沉重的代价，学校的校舍又毁于战争。1946年，华侨们又重建了新校舍，学校改名为"横滨中华小学校"，改用普通话教学。学校设立有幼稚部、小学部、中学部、高中部等。

横滨中华学校的发展趋向与国内的政治斗争形势密切相关。1949年新中国成立后，旅日华侨也分裂为亲内地派和亲台派，这种情况也同样影响横滨，中华学院分为亲内地和亲台两派。1952年9月，横滨中华学院爆发"学校事件"，亲内地派和亲台派为争夺学校大打出手，据说当时两派人士全部挂彩，甚至是打得头破血流。亲内地派没有斗过亲台派，于是搬到山手町，成立"山手中华学校"。

目前两所学校都认孙中山先生所创立的"中西学校"是自己学校的渊源，都说自己建校有100多年的历史，都用华文教学。但两校的校名目前不一样：亲内地派在山手町的学校名为"山手中华学校"；亲台派承用学校老校址，校名为"横滨中华学院"。

"山手中华学校"的教师来自中国内地，学校用的上课铃声是"东方红"，用的是中国国务院侨办编写的教材。

"横滨中华学院"的教师来自中国台湾，学校用的铃声和日本学校的铃声一样，学校用的教材是中国台湾当局制定的。

自1952年学校分裂以来，这种情况已经有半个世纪了。目前横滨的华侨学校、各省的会馆、华侨总会，皆各有两个，当然一个是中国内地的，一个是中国台湾的。而且双方为了争夺土地和财产所有权，还有些诉讼官司。这种情况绝不是孙中山先生所希望看到的，真可用"日月不圆家难圆"来形容，横滨侨民渴望祖国的统一。只有祖国统一，这种情况才能彻底解决。

第五节　上野公园的故事

上野公园是日本东京最大最早的公园，许多遗迹都唤起人们对历史的记忆。晚清时期，中国爱国志士与留学生大批来到日本，上野公园成为他们经常聚会、散步的场所。上野公园曾留下了中国人的多少泪水，激发了爱国志士的感慨壮志。上野公园集中着日本的许多博物馆，如今在日本上野国立博物馆，我们仍能感受中华文明远播日本的辉煌。

一、上野公园与中国人的泪水

7月天气虽然晴朗，但是炎热如火，但我还是按照计划来到东京上野公园。当我走进上野公园后，只见公园内有正在搭台演出的艺妓，有卖小吃的，还有许多人围坐在一个大大的场地上在听一个人讲演。这种场景似乎只应该出现在江户时代的日本，这种情况在伊势我是从未见到的。在中国，在我的家乡开封环城墙的公园里，每天都有人唱戏，许多人坐在园中的场地上听戏，当然这是改革开放之后出现的现象。在上野公园我见到这些艺妓、小吃、人们围坐场地上听戏……我好像回到鲁迅、郭沫若时代的日本。

图 10-20　东京上野公园

上野公园是东京第一个公园，也是最大的公园。这里原来是德川幕府的家庙和一些诸侯的私邸，明治维新以后，1873年改为公园。至今这里还有东京国立博物馆、国立科学博物馆、国立西洋美术馆、都立美术馆等。园西北有上野动物园，动物园边上建有牡丹园等。另外还有宽永寺、东昭宫、清水堂等古迹，以及西乡隆盛、野口英世的铜像等。

上野公园是日本最大最早的公园，20世纪初我国留日的志士或到日本求学的留学生莫不游览于上野。上野公园留下了他们的感慨和印记，也留下了多少中国爱国志士的屈辱和泪水。

1894年，中国在甲午海战中失败，割地赔款，丧权辱国，使中国人的自尊受到极大的伤害。甲午海战中，中国北洋海军的舰艇或被击沉，或被俘获。如爱国将领邓世昌指挥的"致远"舰被击沉后,邓世昌拒绝以救生圈相救,与"致远"舰一同沉没于大海深处,全舰官兵只有 16 人获救。

甲午海战中,"镇远"舰被日军俘获,"靖远"舰遭日本鱼雷艇袭击搁浅,北洋海军将士自行炸毁。日本人将"镇远"号、"靖远"号两舰的铁锚拆下,将"镇远"主炮弹头 10 枚,置于铁锚四周。弹头上焊上"镇远"锚链 20 寻;寻,是一个长度单位,八尺为寻。《说文》云:"度人之两臂为寻,八尺也。"日本人将这些炮弹头,锚链等战利品运往日本,陈列于东京上野公园,立碑树传,露天展览炫耀,以此羞辱中华民族。

日本人在上野公园展览中国甲午海战的失败实物,令每一个到此处的中国人目不忍睹,感到莫大的耻辱。据说当时来日本的中国华侨和留学生每当经过此处,或转头疾走、热泪盈眶,或感受国耻、掩面痛哭。中国人感到奇耻大辱。

中国人民经过八年艰苦的抗日战争,终于打败了日本强盗,赢得了抗战的全面胜利。1943 年,中国、美国、英国三国在开罗召开会议,会后发表《开罗宣言》。《开罗宣言》明确规定,日本窃取的包括东北四省、台湾、澎湖列岛等在内的领土必须归还中国。1945 年 7 月 26 日,中国、美国、英国三国发表促令日本投降之《波茨坦公告》,宣布日本必将接受《开罗宣言》之条件,"日本的主权必将限于本州岛、北海道、九州岛、四国及吾人决定其他小岛之内。"

1945 年 8 月 14 日,日本政府宣布接受《波茨坦公告》,无条件投降,日本天皇广播投降诏书。联合国发布第一号命令,"在中华民国、台湾、与越南北纬十六度以北地区,日本向中国战区投降"。

1945 年 10 月 25 日,中国代表陈仪奉令接受"台湾、澎湖列岛地区日本陆海空军,及其辅助部队之投降,并接受台湾、澎湖列岛之领土、人民、治权、军政设施及资产"。

至此,令中国半个世纪蒙羞、中国爱国志士愤慨扼腕的《马关条约》终于解除,台湾回归祖国,洗雪了自甲午海战以来中华民族的奇耻大辱。

当中国人民取得了抗日战争的伟大胜利,陈列在上野公园的"镇远"号、"靖远"号两舰的铁锚,以及置于铁锚四周主炮弹头、锚链,仍然令中国人感到莫大的耻辱。1947 年 2 月,中国代表海军少校钟汉波到达日本,就向盟军总部提出中国必须收回铁锚。当时盟军总部认为,陈列在上野公园的舰、锚等是第二次世界大战之前的事,不属于战后处理事宜之列。中国代表海军少校钟汉波据理力争,认为这些关系到中华民族的尊严问题,是中国人民的强烈愿望,日本理应归还。经过多次交涉,盟军总部做出决定,令日本政府将铁锚归还中国。

1947 年 5 月 1 日,盟军总部与中国驻日代表在东京之浦东海码头举行接收典礼,中国在甲午海战中的舰和铁锚、弹头及长锚链,由钟汉波少校代表签收,运返上海。上野公园内的日文碑志,则予以捣毁。如今这些舰、锚在北京中国人民革命战争博物馆中向人们诉说着清政府的无能和中国人民被掠夺侵略的历史。

1947年初，盟军总部决议将日本战后剩余的142艘军舰象征性地赔偿给中国、美国、英国、苏联四国。日本战舰分为四份，中国抽签抽的第二份，共34艘军舰。当钟汉波少校坐镇指挥，由日本高冈部下原日本海军官兵200余人共同开航，驶抵长江黄浦口岸。是时，上海市民奔走相告，万人空巷。民众聚集黄浦江畔，群呼"东洋兵舰来投降了！"

失地回归，舰、锚收回，又接收了日本战后赔偿中国的34艘舰艇，意义重大。自1895年以来，那牵动着中华民族神经的切肤的国耻终于雪恨，中国人扬眉吐气了。

二、梁启超与上野公园

上野公园树有西乡隆盛的铜像。西乡隆盛，鹿儿岛人，萨摩藩武士，近代日本的军事家和政治家。西乡隆盛是明治维新时期著名的倒幕派，是明治政府与新日本帝国的缔造者之一，被授予元帅职衔。西乡隆盛曾参与"废藩置县"和地税、学制改革等各项资产阶级改革，同大久保利通、木户孝允一起被称为日本的"维新三杰"。

1899年，中国的戊戌变法失败之后，梁启超亡命日本。在上野公园看他到了西乡隆盛的铜像，想起了戊戌变法失败后，曾劝谭嗣一同逃往日本。谭嗣同说："月照、西乡，吾与足下分任之。"谭嗣同愿作月照杀身成仁，勉励梁启超能像西乡隆盛一样。梁启超不禁感慨万分、热泪奔涌。

西乡隆盛是日本的武士，享受着明治维新之前的、有关武士的特权。但1873~1876年，明治政府相继实行军制改革，日本全民皆有参军当兵的权利和义务；颁布"废刀令"，规定武士不准佩刀，杀人必须治罪；废除武士的俸禄。这些政策废除了日本武士的许多特权，引起了武士们的激烈反对。西乡隆盛作为下层武士的代表，领导了反对明治新政府的"西南战争"。"西南战争"失败了，西乡隆盛死在枪林弹雨之中。西乡隆盛曾写下"埋骨何须桑梓地，人生无处不青山"的诗句，影响极大。

黄兴在1909年途经西乡隆盛的家乡鹿儿岛时，特地前往祭扫西乡隆盛的坟墓。在那些革命的岁月中，中国辛亥党人对西乡充满了崇敬之情。

1899年冬，梁启超在东京上野公园，看见日本新兵入伍的队伍里有许多标语，其中一条标语是"祈战死"，令他震撼。1899年12月，梁启超在《清议报》上发表《祈战死》和《中国魂安在乎》两篇文章。梁启超说："日本国俗与中国国俗有大相异者一端，曰尚武与右文是也。中国历代诗歌皆言从军苦，日本诗歌无不言从军乐。"梁启超指出中国右文，日本尚武。当然，热爱和平，反对战争，是中国人善良的品德，但在当时那种弱肉强食的形势下，中国应该重铸自己坚强的灵魂。梁启超的《祈战死》一文表现出中国知识分子富国强兵的强烈愿望。

亡命在异国他乡的梁启超先生怀着怎样的对祖国命运的关切与热忱，希望有朝一日中华民族能够振兴富强。

当我站在"西乡隆盛"的铜像前，我想在日本，西乡应该是一个反叛者，是贼，但是日本明治政府在东京上野公园为他所立的"西乡隆盛"的铜像，这种现象使我这个初踏上东瀛土地、有着根深蒂固的"胜者王侯败者贼"情结的中国人无法理解。在北海道函馆，当我看见到处都有"土方岁三"的铜像，甚至还有"土方岁三"酒及其酒瓶上的画像，我不能理解北海道为抵抗明治政府军的日本武士"土方岁三"树碑立传；在上野公园我也同样不能理解日本明治政府在上野公园为西乡隆盛树立铜像的做法。

大概还是西乡那种不怕死、不贪财、坚韧不拔、视死如归的武士精神，引起日本人钦佩的感情和态度；而且盖棺论定，西乡隆盛是明治政府与新日本帝国的缔造者之一，是明治维新的推动者和旗手。他的功劳是主要的，这大概是日本政府为其树立铜像的重要原因。

三、章太炎与上野"精养轩"

在上野公园我见到了一个"精养轩"的标牌，这就是当年章太炎作演讲的地方。顺着标牌向前走去，我发现"精养轩"是一处很漂亮的餐厅，在绿树丛的掩映之中。据说这是明治五年在东京开始营业的一家法国餐厅。这个名为"精养轩"餐厅曾与中国的辛亥革命志士、留日的青年学生、作家，如孙中山、章太炎等有过密切的关系。

但那时候的"精养轩"远没有今日之富丽堂皇。郁达夫在一篇小说中曾写道："在上野不忍池的近边，在一群乱杂的住屋的中间，有一间楼房，立在澄明的冬天的空气里。"这里所说的"上野不忍池"，就是指"精养轩"旁边的"不忍池"，如今这里已经没有了那"一群乱杂的住屋"，代之而起的是美丽的现代化餐厅。据说1972年9月中日复交时，周恩来在北京曾问田中首相：上野公园的精养轩还在否？樱花是否像旧时一样年年盛开？可见上野公园"精养轩"的影响之大。

光绪二十八年（1902年）三月十九日，章太炎、秦力山、冯自由、朱菱溪、马君武、王家驹、陈犹龙、周宏业、李彬四、王私诚等10人署名为发起者，在东京上野公园"精养轩"发起召开"支那亡国二百四十二周年纪念会"，并得到孙中山的支持。章太炎认为南明皇帝朱由榔于1661年被杀,至此明朝灭亡,从此中华帝国沦落在满清异族的手中,那么中国就算亡国了。在这次会上,章太炎准备借纪念明朝灭亡,清算满清贵族在中国的暴虐和罪行,激发留学生对清王朝封建统治的仇恨,以宣传反清革命思想。章太炎亲自撰写的《宣言书》云:

> 以我支那方幅之广,生齿之繁,文教之盛,曾不逮于偏国寡民乎?是用昭告于穆,类聚同气,雪涕来会,以志亡国。凡百君子,蝉焉相属,同兹恫瘝(guan,病患)。愿吾滇人,毋忘李定国;愿吾闽人,毋忘郑成功;愿吾越人,毋忘张煌言;愿吾桂人,毋忘瞿式耜;愿吾楚人,毋忘何腾蛟;愿吾辽人,毋忘李成梁。①

《宣言书》的最后,又有《会约》云:

> 本会无论官商士庶,凡属汉种,皆可入会。和人有赞成者,待以来宾之礼。本会不取捐资,乐助者听。本会每岁开设二次,会期临时择定,要以阳历四月、九月为限。本会此次开会,定期阳历四月廿七号午前十一时。于七日前,先行知照赴会与否。望于接信后三日内示复。本会本部暂设东京牛达区天神町六十五番地,此次开会于上野精养轩。辛丑后二百四十二年。

——支那遗民:章炳麟、秦鼎彝、周逵、唐蟒、马同、冯懋龙、王熊、冯斯栾、李群、朱楞②。

这里有必要解释一下,中国为什么称为"支那"?"支那"之名起源于印度。印度古代人称中国为"chini",是来自"秦"的音译,英文中的China,与法文中的Chine,都是来自这个语源。

《大唐西域记》卷五《玄奘与戒日王》记载:提行戒日王问玄奘曰:"自何国来?将何所欲?"

玄奘对曰:"从大唐国来,请求佛法。"

王曰:"大唐国在何方?经途所宣,去斯远近?"

对曰:"当此东北数万余里,印度所谓摩诃至(支)那国是也。"

王曰:"摩诃至(支)那国有秦王天子,早怀远略,……殊方异域,慕化称

---

① 冯自由:《革命逸史》(上),53页,北京:新星出版社,2009年。
② 《在本邦清国留学生关系杂纂》第3册,日本外务省外交史料馆藏;转引孔祥吉〔日〕村田雄二郎:《一九〇二年东京"支那亡国纪念会"史实订正》《历史研究》,181页,182页,2007年第3期。

臣。氓庶荷其亭育，咸歌秦王破阵乐，闻其雅颂，于兹久矣。盛德之誉，诚有之乎？大唐国者，岂是此耶？"

对曰："然，至（支）那者，前王之国号；大唐者，我君之国称。"①

《大唐西域记》所说的"至那"，就是"支那"，是一种音译，指的是秦朝。"摩诃至（支）那国"，就是伟大的秦国。

辛亥时期，很多革命党人流落海外，当时日本称中国为"清国"，而革命党人不承认清王朝，更不承认自己是清朝人，于是自称"支那人"。当时称中国为"支那"并没有什么贬义。如章太炎、孙中山在东京上野精养轩召开"支那亡国二百四十二周年纪念会"，反而含有对中国汉人的尊敬。

明治维新以后，日本人不忿我国被称为"天下之中"、"居四夷之中"的中国。日本人开始改称中国为"支那"。特别是辛亥革命之后，中国的正式国号由"大清帝国"改为"中华民国"，由此引发了中日之间的"支那"争论。日本给中国取了一个"支那共和国"的汉字国号。一些有识之士对此反感，并且进行抵制。1930年，国民政府训示日本外交部：今后凡载有"支那"二字的日本公文一律拒收。同年10月，日本外务省提请内阁讨论将中国的日文正式称谓改为"中华民国"。

这就是中国被日本称为"支那"的前前后后。我认为，"支那"一称号原无所谓贬义，但是作为一个有鲜明国号的国家，日本人是无权更不应该别有用心地篡改中国国名。

"支那亡国二百四十二周年纪念会"决定在东京上野公园"精养轩"举行，数百名留学生报名赴会厅听演讲，消息震动了整个日本学界。

清朝驻日公使蔡钧闻讯，亲到日本外务省，要求日方干预，取消纪念会。三月十八日，章太炎等被东京牛込区警署传唤，勒令禁止开会。

根据日本外务省外交史料馆所藏资料说，当年日本参谋本部接到谍报人员的报告：

> 四月二十一日，不稳定的清国学生十数名，发起在上野"精养轩"召开"亡国二百四十二年纪念会"，频频诱导学生参加。这些重要的发起人均于牛込天神町附近居住，请迅速采取措施，阻止该会召开。专此敬具。②

---

① 玄奘：《大唐西域记》卷五《玄奘与戒日王》，109页，台北：弥勒出版社，1960年。
② 《在本邦清国留学生关系杂纂》第3册，日本外务省外交史料馆藏；转引孔祥吉〔日〕村田雄二郎：《一九〇二年东京"支那亡国纪念会"史实订正》，《历史研究》，185页，2007年第3期。

关于章太炎举行纪念会的情况，冯自由在《革命逸史》对此记载很是生动：

太炎等十人于开会前一日各接到牛込区警察署通知书，谓有要事待商，请于是日某时至该署一谈。太炎等如约偕行，时衣华服者只太炎及陈桃痴二人。太炎长衣大袖，手摇羽扇，颇为路人所注目。既至神乐坂警察署，警长首问各人籍贯为清国何省人。太炎答曰："余等皆支那人，非清国人。"警长大讶，继问属何阶级："士族乎？抑平民乎？"太炎答道："遗民。"警长摇首者再，乃以严厉之态度发言曰："诸君近在敝国设立支那亡国纪念会，大伤帝国与清国之邦交，应即解散"云云。太炎等以争之无益，无言而退。①

章太炎等人所组织的纪念会被东京牛込区警署阻止，但是很多的留学生并不知道，届时数百人来参加会议，均被日本警署劝散。孙中山带华侨十余人，特从横滨直来参加纪念会。当知道会议被阻之后，他与章太炎、秦力山商议，转移到横滨，在永乐楼补开纪念会。会议由孙中山主持，章太炎致纪念辞。这次纪念会是留日学生第一次规模较大的明确以反清为宗旨的重要集会。中国香港《中国日报》报道了这次会议，并刊载了章太炎的《宣言书》，产生了极大的影响。

上野公园"精养轩"在辛亥革命党人反对清政府的历史上留下了浓重的一笔。

四、野口英世博士铜像前的遐想

上野公园还有一尊野口英世先生铜像。在这尊铜像面前我站了很久。我到日本以后，用的是日元货币。在 1000 日元的纸币上印的就是野口英世博士的头像。

野口英世博士是近代一个医生、伟大的科学家。野口英世博士 1876 年 11 月 9 日生于福岛县翁岛村一个贫苦的农民家庭，1928 年 5 月 21 日卒于黄金海岸（今加纳）阿克拉，享年 52 岁。

野口英世博士，原名野口清作，他因不满自己的名字而改为野口英世。野口英世在其一岁时，母亲到田园耕作，把他放在地炉边，不慎跌入地炉，左手烧伤成为残疾，由此产生了自卑心理。当他小学四年级时，老师让自命题写一篇作文。他写了一篇关于自己手的残疾及痛苦的作文，没想到这篇作文引起了全校老师和同学的关注，大家设立基金会捐款，为他医好了左手，从此他对医生这个职业充满了向往。

野口英世高等小学毕业后到渡部医师的医院当药剂见习生，以拿破仑一天

---

① 冯自由：《革命逸史》（上），54 页，北京：新星出版社，2009 年。

图 10-21　上野公园的野口英世博士铜像

晚上只睡三个钟头的精神鼓舞自己，学习英语、法语、德语和西班牙语，直到能讲、能写，并打下了较为扎实的医学知识，然后来到东京。是时，日本医学界有一个有名的医生血协先生对野口英世非常欣赏。血协先生看到了野口英世那超人的天赋、聪慧和悟性。他第一次参加医生考试，就考了第一名。野口在横滨检疫所工作室，他首次从入境者之中发现了黑死病的病患，使日本医学界在研究黑死病方面取得了很大的成就。不久他又拿到博士学位和行医证书。在血协先生的资助下，1899年野口英世25岁时到美国宾夕法尼亚大学开始了血清学方面的研究，他的一份毒蛇蛇毒实验的报告，震动了美国医学界，使他一举成名。后来，他最先发现了梅毒的病原体，使他一跃成为世界名人，流传后世，成为当世的大医学家。1904年，他进入纽约洛克菲勒医学研究所，在这里，他成功地培养了梅毒螺旋体等，并在血清学、小儿麻痹、脊髓灰质炎、沙眼、狂犬病、黄热病疫苗等研究方面取得显著成绩，驰名世界。

为了进一步研究黄热病原体，野口英世从美国克菲勒医学研究所申请亲到非洲黄金海岸考察。在非洲黄金海岸，他不幸染上了黄热病。1928年5月，野口英世博士为科学献身，死在遥远的非洲。

野口英世在日本被推崇为英雄，是"国宝"、"医圣"，被日本人推崇为自强不息的偶像。是啊，野口英世从一个小学毕业的学生做起，以每天睡三小时的毅力，在梅毒、蛇毒等以及血清学的研究方面，都达到了世界的制高点。在野口英世的身上表现出一种日本人顽强向上的精神风貌。

野口英世死在异国他乡，日本人们在东京上野公园里为他树立了铜像；而且自 2004 年开始，野口英世的头像被印在了 1000 日元纸币上，这当然是日本政府对野口英世医生在科学领域辉煌成绩的表彰，也显示了日本对科学的尊重。我想，野口英世在世界范围内，并不是一个特别出名的学者，远不如牛顿、瓦特、爱迪生出名，但是他们的头像也因此印在本国发行的钞票上了吗？

五、上野国立博物馆

在东京，中国留学生小李告诉我，她们有一次去上野公园的东京国立博物馆参观，看后非常生气，甚至看不下去了，因为那里展出的东西都是中国的。我想，对于我这个研究古代史的人来说，应该去看看日本博物馆，到底有多少中国的东西。

东京国立博物馆，位于上野公园北端，创建于明治四年（1871 年），原为东京汤岛圣堂的文部省博物馆，1889 年更名为帝室博物馆，1900 年又更名东京帝室博物馆。1947 年更名为国立博物馆。

当我到了东京国立博物馆，才知道这个国立博物馆有了好多分馆，内有本馆、东洋馆、表庆馆及法隆寺宝物馆 4 个展馆，共 43 个展厅，陈列面积 1.4 万余平方米，馆藏珍品 10 余万件。

我想还是先看本馆，本馆是展出日本历史的博物馆，这样可以更好地了解日本。青铜是文明产生的重要标志，在本馆，我看了日本石器时代的一些器物，如陶罐、土偶、把手等，更注意到了日本青铜的产生。但我发现在与中国交流之前，日本根本没有青铜器物的出现。比如铜镜，在本馆展出的对式神兽镜，是 238 年的器物，在乌居原古坟出土，为中国所产。画文带同向式神兽镜，是日本黄金冢古坟出土，是魏景初元年（239 年）中国所制。三角缘同向式神兽镜出自卑弥呼时代的蟹泽古坟，是魏正始元年（240 年）中国所制。本馆展出的年代最早的 20 多面铜镜，全是中国所制。

4 世纪之后，日本才开始有国产铜镜，我在本馆见到日本国产铜镜 14 面。毫无疑问，日本铜镜制作工艺是从中国传入的。

本馆展出的奈良时代的器物主要有中国唐朝的唐三彩，如三彩壶、三彩罐、三彩人像等，还有那些彩色的瓦当，这些全是从中国来的。这里展出的平安时代、室町时代、江户时代的器物多是明清时代的瓷器，瓷碗、瓷杯、青瓷莲卉文钵等器物，当然在器物卡上也标注了"中国龙泉窑"、"宋朝官窑"等器物产地的字样。

看完了本馆的展出，我有这样一个印象，日本的青铜器物、民居建筑、妇女的发式、服饰等，差不多都是从中国传入，与中国有一脉相承的渊源关系。

当我回到会馆，见到小李时才知，她看的是东洋馆，而我看的是本馆。在日本，"东洋"这个地域概念所指是东亚地区的国家，但主要是中国。皇学馆大学所开的课程"东洋史"，所讲内容主要就是中国古代史。小李去参观的东洋馆，当然多是中国的东西了。

"东洋馆"设 10 个陈列室，包括朝鲜、埃及、东南亚的一些展品，其中有 5 个陈列室展出中国文物和艺术品。这些展品自新石器时代至明清共有上万件中国文物，包括史前石器和彩陶，商周青铜器，汉代画像石，魏晋南北朝佛像，唐代三彩和金银器，宋、元、明、清瓷器和书画等，都是非常珍贵的文物。这些文物是怎样到日本的？我想，这些文物也有可能是中国与日本历代联系，不乏相互赠送的礼品，但也有可能是日本近代从中国掠去者。中国文物是最受日本人热捧的。目前日本各地上千座博物馆收藏有中国文物，珍品也是数不胜数，有人估计在数十万件。

"法隆寺宝物馆"展出的是法隆寺向宫廷献纳的各种宝物。1868 年，明治政府颁布了"神佛不得混淆令"，解散了大寺院。在这种情况下，法隆寺把自己所藏宝物全部献给明治政府。明治政府为这批宝物专建"法隆寺宝物馆"。由于藏品极其珍贵，只限每周四开放。"表庆馆"是一座明治末年的建筑，为当时皇太子成婚纪念而建造，已被列为"重要文化财"。

通过参观上野博物馆，我理解了古代日本人为什么那么热衷学习中国文化。当中国经历了繁荣的青铜文明时代、铁器时代，金属的出现与发展把中国推向封建社会的鼎盛时期，而日本还处在很原始、很蒙昧的时期。当日本接受了灿烂的中华文明之后，大大地缩短了社会的进程而实现迅速的发展。日本从文明到文字、风俗、文化皆在中国文明的影响下发展起来的。

第六节　东京琐记

东京的"御茶水"、浅草寺、神田神社在东京市民的生活中有非常重要的影响。"御茶水"是东京有名的文化区，这里有世界最大的旧书市场。明治维新后，东京的高等学校多集中在这里。浅草寺、神田神社是人们祈求平安、驱除邪魔之地。特别是浅草寺前那条小吃店林立的商业街，成为东京民众游玩的最佳选择。

一、"御茶水"

据说中国的旅游团到东京时都要去秋叶原，那是一个商业区，电子产品是那里最畅销的商品。而我到东京的目的是为了考察历史文物。东京的一些中国留学生告诉我去"御茶水"看看。"御茶水"是东京有名的文化区，于是我毫不犹豫地选择了"御茶水"。

"御茶水"之得名，源于附近寺院境内有名水涌出。江户时代，地方官将这名水献给德川幕府的将军泡茶，这就是"御茶水"地名的由来。

"御茶水"是由两个台地，即本乡台地、骏河台组成的。德川幕府为了治水疏通河川挖掘本乡台地，即现在的神田川，使骏河台和番町、曲町连在一起。这里原来是日本下层武士的居地。

明治维新后，由于这一块地方地价便宜，学校和医院接连在这片贫瘠荒废的武家屋敷地上建立，如明治大学、日本大学、中央大学前身的法律学校的校园就先后在此建立。一时间，这里变成了一个有名大学区、文化区。因是大学区，这里曾称为学生街。

有人告诉我，"御茶水"有一座"圣桥"。"圣桥"左侧就是原来清政府在那里设的"清国留学生会馆"。清国留学生会馆，1902年建立，东京神田区骏河台铃木町十八番，馆址就在"御茶水"一带。如今那个地方，一点痕迹也没有了。而曾几何，这里就是中国留学生聚集的地方。就是在这里，他们组织集会，组织政党，反对清政府，这里曾是辛亥革命的策源地之一。

中央大学前身的法律学校是中国河南省有名的辛亥革命起义的总司令和领导人张钟端先生留学日本的地方。当年张钟端先生就是在这里完成学业，在他的日本妻子怀孕8个月、即将临产之际，他毅然回到国内参加武昌起义。武昌起义胜利后，他又转到河南开封组织起义。由于开封缩毂南北，地理位置特别重要，是清政府重兵防守之地，河南辛亥起义因叛徒告密而失败，张钟端先生壮烈牺牲。虽然现在中央大学前身的法律学校早已不在，但在这里我还是激动地回忆着张钟端烈士的事迹。

现在的"御茶水"小学原名锦华小学，是日本著名的作家夏目漱石念书的地方。夏目漱石先生的头像也曾被印在日本1000元的钱币上。我想这是日本政府对能够做出成绩的日本人的最高奖励，大概也是鼓舞日本人奋发图强的措施之一。日本千元纸币上的头像可能是经常换的，几年之后，就换一个为科学做出贡献的专家的头像。

在"御茶水"，我最注目的还是那紧紧相连的旧书店。据说这里有140多家书店，是世界上最大的旧书市场。其实我在东京大学门口也看见一些旧书店，但是这里最集中。我迫不及待地进入一家书店。在这家书店里我用3000多日元买了一套《日本书纪》，连同神户女子大学文学部的女教授前田礼子先生送我的一本《古事记》，我就有两套日本的古书了，尽管《六国史》我还不全，但是其他的几套我已经用相机全部拍下了，再加上这两套书，我已经很满意了。

"御茶水"拐弯处小巷子里还有许多复古的茶馆、乐器店，但是我已经没有时间去品味了。从"圣桥"往前就是我要到的汤岛圣堂,即东京孔庙,那是我必须要去的地方(本章第三节已经详述,此处不再赘述)。

在汤岛圣堂的北边,我看见一座神农庙。这个庙很小,但在日本能看见神农庙,还是使我很震惊。这个小庙正在修理,不让人进去,所以我也无缘前去观瞻神农的圣像。在《朱舜水集》中有《神农像赞》三首云:"而烝民有粒食之庆,辨茹药物,而生人损疾疢(chen)之忧,公仔万世,有胡可得而泯也?""手不释耒耜之劳,口不释嚼咀之瘁,且遇七十二毒而不悔,较之股无胈,胫无毛,其桎梏天下者,孰多哉?""其功岂不侔天地哉?!"① 看来,朱舜水先生已经把神农看得比大禹还重了。这座神农庙就在汤岛圣堂的后面,当与朱舜水先生的努力有关。

二、浅草寺

但凡到东京旅游的人,大都要去浅草寺。浅草寺位于东京繁华的闹市区,是东京都内最古老的寺院。"浅草",本为藏语音译,其意为"圣观音居住的地方"。在浅草寺山门前面的横梁上写着"金龙山",所以这个寺院又叫做"金龙山浅草寺"。

当我到东京浅草寺时,只见大街上一排人力两轮车在等待游客。这里其实与中国一样,也有很多揽生意的人力车辆,以满足人们那种仿古游览的心理。

浅草寺山门横梁下挂着一个巨大的红色灯笼。这盏巨大的灯笼,高 3.3 米,重达 100 千克,上面写有大大的"雷门"二字。这就是浅草寺的总门,也叫风雷神门。这个红色的大灯笼是日本实业家松下幸之于浅草观音祈愿之后病愈,作为报答献赠给寺院的。红色的大灯笼挂在雷门之下,特别壮观气派。风雷神门的两边分别是威风凛凛的风神和雷神二将,镇守着浅草寺,为浅草寺增添了几许威武和庄严。人们为了祈祷风调雨顺和五谷丰登而供拜这两座神。风雷神门朝向浅草寺正殿的一边,是守护佛教的一对仁王像,庄严肃穆。

"雷门",在中国古代的传说中是可以避邪的。(宋)陈旸《乐书·乐图论·大鼓》云:"昔吴王夫差启蛇门以厌越,越人为雷门以攘之,击大鼓于雷门之下,而蛇门闻焉。"也就是说,当蛇听见雷门的鼓声之后,就会销声匿迹。因此每当龙不下雨时,就要锁雷门。(明)徐光启《农政全书·农事·占候》云:"五月二十日大分,龙无雨而有雷,谓之锁雷门。""雷门"是避邪之门,也是保证农业丰收之门。东京浅草寺山门横梁下红色灯笼上的"雷门"当有这样的含义。

---

① 《朱舜水集·神农像赞》,555 页,北京:中华书局,1981 年。

图 10-22　东京浅草寺雷门

　　浅草寺山门两边各有一个门楼。左边门楼站着风神，这是一个鬼面蓬发、带着风袋、脚踏云彩、据说可以在天空驱赶风的神。右边门楼站着雷神，雷神的边上有用虎皮幔成的连鼓，雷神做着打鼓的姿态。山门的里侧，右边是金龙，左边是天龙。风神、雷神、金龙、天龙等四神，统称为浅草寺的护法善神，是维护天下太平、五谷丰登的神。根据介绍上说，该门是天庆五年（942年）所建，因曾遭大火的毁坏，1865年重建而成。

　　浅草寺祀奉的神主是"浅草观音"。相传推古天皇三十六年（628年），有两个兄弟出海捕鱼，捞起了一座高5.5厘米的金观音像，他们认为这座金观音像能够驱魔除邪，是观音菩萨派来保护他们的神灵，于是把金观音像供奉在家里，结果两兄弟每天都能打到很多的鱼。附近的人知道这件事后就集资兴建寺庙，供奉金观音像，这就是浅草寺的来历。据说这座金观音像，现在仍然还在，但是从未露过面。江户初期，德川家康大修寺院，东京的许多寺院和神社都带有德川家康的印记。德川家康重建浅草寺，使它变成一座保护农业丰收、驱逐恶魔魂灵的大寺院。

　　走过风雷神门，是一条通往浅草寺的参路。参路两旁摆放着各种小摊点，向人们兜售各种水果、贡品和点心。最著名的是浅草寺的"人形烧"，其实这是一种小点心。浅草寺的第二道门是宝藏门，这是一个四面重阿的宫殿式的建筑，是典型中国式的宫殿建筑。宝藏门的楼顶藏着日本的国宝"纸本墨书法华经"，故此门称为宝藏门。宝藏门的左边是一个高大的五重塔，塔高53米，是日本的第二高塔，只有京都东寺的塔比这座塔高一些。在日本我见到的塔，一般就是

图 10-23　浅草寺正殿

三重塔或者五重塔，而且塔的形状基本一样。

经过宝藏门，就是浅草寺的正殿。正殿巍峨高大，但是仅一重建筑，也是中国式，具有浓厚的"唐风"，正殿供奉着金观音像。

在浅草寺，我到处听见有人说中国话，原来这里来了两个来自中国的旅游团。有一对母子，他们是从北京来的，和我谈起话来很高兴。母亲告诉我，现在是孩子的假期，带孩子到日本来旅游。我听了也很高兴，曾几何时，中国人根本不可能，也没有钱到国外去旅游，现在时代变了，人们的观念也变了。中国人也有条件出来旅游了，这在过去是怎么也想不到的。

这一代地方也因浅草寺而繁华热闹起来，成为一个旅游胜地。人们总是希望有一个能够保护自己的神灵，能够保佑自己幸福，并且驱除恶魔。世界各国人们的心理是一致的。"浅草观音"的崇拜也正是人们这种心理的反映。

三、东京"表鬼门"——神田神社

汤岛圣堂的北面有一天宽宽的大街，大街上有一座北朝南的神社。高大的淡绿色的鸟居上挂着一个蓝色的"神田神社"的匾牌。这个神社表现出中国古典建筑的特色，与一般的日本神社有很大的不同。如前所述，日本神社鸟居、正殿一般是凝重的原色或者银灰色。神社大殿的建筑也像一个高架的粮仓。而这座神田神社是一个两层的楼阁建筑，重檐挑角，红柱绿瓦，斗拱结构，也是朱红色的，显示出皇家的豪华气派。

这座神社原是大己贵神的子孙真神田臣于天平二年（730 年）所创建。神社原来在千代田区大手町将门冢周边。《日本书纪》所记载的古代神话中，大己贵神原是"苇原中国"的统治者，而"苇原中国"就是现在日本的本土。大己贵神，又称为大国主神、大物主神等。大己贵神"经营天下，复为显见苍生及畜产，则定其疗病之力；又为攘鸟兽昆虫之灾异，则定其禁厌之法，是以百姓至今，咸蒙恩赖"①。天照大神的派出使者经津主神、武瓮椎神去平定"苇原中国"。在天照大神的压力下，大己贵神将"苇原中国"让给了天照大神的孙子迩迩艺。大己贵神，即大国主神升高天原。

图 10-24　东京"表鬼门"——神田神社

　　神田神社，就是大己贵神的后代子孙真神田臣为纪念自己的祖先大己贵神所创建的，也可以说是大国主神的家庙。但是后来在这个神社里埋葬了天长之乱（939~940年）阵亡的名将——平将门的首级之后，天灾人祸接踵而至。有人提议，把平将门的英灵也挪到该神社祭祀。德川家康建立江户幕府之后，因这个神社在江户城，于是对该神社特别尊崇。为了防止邪魔恶鬼的作祟，元和二年（1616年），德川幕府将神社从原来的千代田区大手町平将门家周边，移到现在的地方。现在神田神社所处的地方也正在江户城的东北方向，是鬼门方向，即江户城"表鬼门"的位置。德川幕府又建立了神殿，神田神社就成为镇守保护江户城的"表鬼门"。神田神社是神田、秋叶原、大手丸之内、旧神田市场、筑地鱼市等东京108个中心街区，即旧江户城的总镇守神。

　　明治政府建立后，将国都从京都迁往东京。神田神社是大己贵神的御镇座，又是镇守保护江户城的"表鬼门"，受到明治天皇的重视。明治七年（1874），明治天皇亲临神田神社参拜，今神社还竖立着一块"明治天皇御临幸纪念碑"，为神田神社增添了许多荣耀和辉煌。

---

　　①　《日本书纪·神代上》卷一，40页，东京：岩波书库，2000年。

现在神田神社共敬奉着三位神灵。

大己贵神（大国神），730年创立，庇佑国土平安、夫妻和睦、缔结良缘。

少彦名神（大己贵神之子），亦称惠比寿神。1874年创立御镇座，庇佑商业繁盛，身体健康、招福开运。

平将门神，1309年创立御镇座，主事除灾结厄，是江户城的守护神。

现在东京的百姓也经常到神田神社去祈求神灵的保护，祈求招福开运，除灾结厄。神田神社是东京一个非常重要的神社。

神田神社的神田祭被列举为"江户三大祭"和"日本三大祭"之一。但据介绍，神田神社的神田祭，以銮驾神御（即花车）为首组成规模庞大、豪华的祭祀队伍，在受神田神社保护的神田、秋叶原、旧神田市场、筑地鱼市、大手丸之内等东京108个中心街区中巡游一天，以此进行祭祀，称为神田祭。巡游之后，再络绎不绝地返回神社。神田神社的神田祭与伊势猿田彦神社的田植祭并不一样。伊势猿田彦神社的田植祭完全是一种农业性质的插秧祭，而神田神社的神田祭当有一种商业性质。

参考文献

《十三经注疏·周礼》（影印）.北京：中华书局.1980年.
《十三经注疏·礼记》（影印）.北京：中华书局.1980年.
《十三经注疏·周易》（影印）.北京：中华书局.1980年.
《诸子集成·墨子》.北京：中华书局.1983年.
《左传》.上海：上海人民出版社.1977年.
（汉）司马迁：《史记·滑稽列传》.北京：中华书局.1982年.
（汉）董仲舒：《春秋繁露》.北京：中华书局.1992年.
（南朝刘宋）范晔：《后汉书》.北京：中华书局.1982年.
（晋）陈寿：《三国志》.北京：中华书局.1982年.
（晋）晋洪：《.四库全书·抱朴子》.台北：台湾商务印书馆景印本文渊阁.1986年.
（晋）晋洪：《四库全书·金楼子》.台北：台湾商务印书馆景印本文渊阁.1986年.
（梁）宗懔：《四库全书·荆楚岁时记》.台北：台湾商务印书馆景印文渊阁.1986年.
（后晋）刘昫：《旧唐书》.北京：中华书局.1975年.
（唐）魏征：《晋书》.北京：中华书局.1982年.
（唐）玄奘：《大唐西域记》.台北：弥勒出版社.1960年.
（唐）段成式：《四库全书·酉阳杂俎》.台北：台湾商务印书馆景印本文渊阁.1986年.
（宋）李昉：《太平御览（卷三十二）·时序部》.北京：中华书局.1985年.
（宋）孟元老：《四库全书·东京梦华录》.台北：台湾商务印书馆景印本文渊阁.1986年.
（宋）陈祥道：四库全书·礼.台北：台湾商务印书馆景印本文渊阁.1986年.
（宋）马端临：《四库全书·文献通考》.台北：台湾商务印书馆景印本文渊阁.1986年.
（宋）唐慎微：《四库全书·证类本草》.台北：台湾商务印书馆景印本文渊阁.1986年.
（元）脱脱：《宋史》.北京：中华书局.1977年.
（元）陶宗仪：《说郛》.台北：台湾商务印书馆景印文渊阁.1986年.
（明）朱舜水：《朱舜水集》.北京：中华书局.1981年.
（清）朱彝尊：《四库全书·经义考》.台北：台湾商务印书馆景印本文渊阁.1986年.
（清）康有为：《戊戌变法·康南海自编年谱》.上海：上海人民出版社.1957年.
赵尔巽：《清史稿》.北京：中华书局.1977年.
杨伯峻：《论语译注》.北京：中华书局.1984年.
杨伯峻：《孟子译注》.北京：中华书局.1984年.

杨伯峻：《春秋左传注》．北京：中华书局．1983年．
〔日〕佐伯有义校订标注：《日本书纪》．东京：日本出版株式会社．昭和十八年（1943年）
〔日〕佐伯有义校订标注：《续日本纪》．东京：日本出版株式会社．昭和五十七年（1982年）
〔日〕佐伯有义校订标注：《日本后纪》．东京：日本出版株式会社．昭和五十七年（1982年）
〔日〕佐伯有义校订标注：《续日本后纪》．东京：日本出版株式会社．昭和五十七年（1982年）
〔日〕佐伯有义校订标注：《文德天皇实录》．东京：日本出版株式会社．昭和五十七年（1982年）
〔日〕佐伯有义校订标注：《三代实录》．东京：日本出版株式会社．昭和五十七年（1982年）
〔日〕坂本太郎·家永三郎，井上光镇·大野晋：《日本书纪》．日本东京：岩波书店．2001年．
〔日〕真人元开著，汪向荣校注：《唐大和上东征传》．北京：中华书局．1979年．
〔日〕仓野宪司校注：《古事记》．东京：岩波书店．2008年．
〔日〕圆仁著，顾承甫、何泉达点校：《入唐求法巡礼行记》．上海：上海古籍出版社．1986年．
〔日〕森岛通夫著，胡国成译：《日本为什么"成功"》．成都：四川人民出版社．1986年．
〔日〕内藤湖南：《日本文化史研究》．北京：商务印书馆．1997年．
王芸生：《六十年中国与日本》．北京：生活·读书·新知三联书店．1980年．
牛翰杰：《日本侵华史大事记》．香港：香港天马图书有限公司．2000年．
冯自由：《革命逸史》．北京：新星出版社．2009年．
吴廷璆：《日本史》．天津：南开大学出版社．2010年．
《在本邦清国留学生关系杂纂》第3册．日本外务省外交史料馆藏。

后　记

《黄河文化与日本》终于写完了，我松了一口气。这本书自开始动笔至今，持续了五个年头。

2007～2008年，我在日本皇学馆大学做了一年的客座研究员。应该说在日本的一年，我是很辛苦工作的。首先我是带着研究课题而去，必须完成自己的项目；再者在日本我接触了许多在国内见不到的人和事，很多新鲜东西感动着我，使我的心情不能平静。另外我还认为，越洋过海到国外一年，当然应该留下点文字。

在日本，为了完成研究课题，也为了写这本书，我把大部分的时间用于研究和考察。我一连几个小时在皇学馆大学图书馆和神宫文库，阅读日本的《六国史》等古代史书，查阅有关资料。我用许多时间外出考察采风，常常一个人在依山而建、坐落着五六千块墓碑的墓地上，攀上爬下，抄写、拍照、研究日本的墓碑；为了研究日本的丧葬礼仪，我全程参加伊藤家老太太的丧礼；在盂兰盆节的夜晚，我一口气转遍四个寺院，亲见日本人在寺院中为祖先献灯、贡献礼品、念盂兰盆经、跳圆舞的盛况；为了考察猿田彦神社的田植祭，我从上午9点多直至下午4点多，中间可以不吃午饭；为了考察伊势神宫的鬼门金刚证寺，我曾探险般的行走在朝熊山那好似挂在天上的、乱石密集的山路上。

我在奈良、京都的寺院中，看到了中日文化友好交流所创造的辉煌；在大阪天守阁，感受到丰臣秀吉的疯狂；在横滨、神户的中华街，目睹海外华人谋生的艰辛；严冬季节，飞往北海道，考察小樽运河、函馆五棱郭的历史，并体会那滴水成冰的寒冷和冰雪的灿烂；酷暑盛夏，在东京的街头挥汗如雨的寻觅着辛亥革命党人的故迹。在日本，我拍下了2000多张照片，抄写了厚厚的资料，每天记下笔记和重要的心得体会，查阅大量书籍、翻阅资料，追本溯源，认真研究，这些都成为撰写本书的基础资料。

在这里，特别感谢皇学馆大学高等学校竹中老师和巫女朋友饭田美子女士对我的帮助。

竹中老师曾多次和我一起外出考察，当她知道我对"苏民将来"的风俗感兴趣时，开车带我到二见市考察"苏民将来"神社。竹中老师还开车带我到志摩海滨，考察日神遥拜所、安乘崎灯塔、鸟羽牡蛎节，参观伊势的河崎码头、河崎商人馆，看京都的红叶、内宫的黄叶。每次外出，竹中老师都要在汽车里放上食盒，以便我们在外野餐。竹中老师多次请我到她的家里吃饭，共同品尝那些日式、中式的美味，这些都永远留在我温暖的记忆中。

我的巫女朋友饭田美子女士，由于她的神职身份，对于神道学非常熟悉和了解。只要伊势神宫、或有神社举行活动，她都会通知我，并邀我一同前去，如伊势神宫举行的太鼓祭、倭姬宫的春之祭、猿田彦神社的田植祭等。日本朋友的热心相助，不仅使我在日本的生活增加了几多乐趣，也为我的考察提供非常多的条件和方便。

日本皇学馆大学的作息时间是，每天早上7点钟吃饭，9点钟上课。我记得，在日本生活的一年中，每天早饭后，我到皇学馆会馆对面的山坡上做操、舞剑，然后一路小调回到会馆，或者到学校听课，或者在我那小小的住室兼工作室，开始工作。

在那个小小的房间里，笔者在前期工作的基础上，完成《黄河文明历史变迁》的项目，主编定稿了《黄河文明的历史变迁》丛书（一套九本）；除此以外，还开始了《辛亥女革命家刘马青霞评传》的材料收集和撰写。同时在收集大量资料的情况下，也开始了《黄河文化与日本》一书的撰写工作。

在这里还需要提到的是上海的一些朋友，如卞靖宇先生、高耀祖先生、朱明歧先生、傅震先生、蔡沛贤先生、蔡慧女士、陈以良女士、黄琦珺先生、江泉先生、周戌乾先生、兰翩翩女士（排名不分先后）等，他们对本书的出版给予了资助。他们都是上海很成功的企业家，曾赞助过很多地方，包括建学校等；在赞助本书出版的时候说："我们只希望帮助李老师更安心地搞学问，写出更多的好作品。"对于上海诸位朋友的热诚支持，我在这里表示诚挚的感谢！

如今，《黄河文化与日本》已经写成，付梓出版。我认为，在日本的一年是短暂的，很难观察到日本的全貌，本书的研究只是日本社会和文化的部分内容。但我还是诚惶诚恐的把这部不太成熟的作品奉献于读者的面前，与国人一道分享笔者在日本的见闻与研究。

作者

于河南大学闲云斋

2013年6月26日